인권을 만난 교육, 교육을 만난 인권

교사를 위한 학생인권

별도의 표시가 없는 한 교육공동체 벗이 생산한 저작물은 크리에이티브 커먼즈
[저작자표시-비영리-변경금지 4.0 국제 라이선스]에 따라 이용하실 수 있습니다.
http://creativecommons.org/licenses/by-nc-nd/4.0

인권을 만난 교육, 교육을 만난 인권
교사를 위한 학생인권

ⓒ 조영선, 2020

2020년 2월 28일 처음 펴냄
2022년 3월 25일 초판 3쇄 찍음

글쓴이	조영선
기획·편집	서경, 이진주, 공현
출판자문위원	이상대, 박진환
디자인	더디앤씨 www.thednc.co.kr
제작	세종 PNP

펴낸이	김기언
펴낸곳	교육공동체 벗
이사장	심수환
사무국	최승훈, 이진주, 서경, 설원민, 김기언, 공현
출판등록	제2011-000022호(2011년 1월 14일)
주소	(03971) 서울시 마포구 성미산로1길 30 2층
전화	02-332-0712
전송	0505-115-0712
홈페이지	communebut.com
카페	cafe.daum.net/communebut

ISBN 978-89-6880-131-0 03370

교사를 위한 학생인권

인권을 만난 교육
교육을 만난 인권

교육공동체벗

차례

추천의 글   6

여는글 다시, 가장 인권적인 것이 가장 교육적이다   10

1 '교권'이라는 이름의 짐

교권 추락이라는 착시 현상이 가리는 것	24
'수업 방해'와 '수업 참여' 사이	41
주장할수록 추락하는 아이러니	62
Q&A 학생이 갑처럼 느껴져요	77

2 학생인권을 공부해야 하는 이유

왜 학생의 인권이 불편할까?	84
학생인권을 통해서 본 인권의 특성	96
Q&A 교사도 학생도 인권을 달가워하지 않아요	119

3 인권의 눈으로 본 학생의 '문제 행동'

두발·복장 규제는 무엇을 남기는가?	124
규제로 중독을 막을 수 있을까?	144
'생활'은 '지도'될 수 있는가?	154
Q&A 학생인권이 학교를 망친다?	172

④ 인권의 눈으로 본 학교 안의 '힘'

학생을 누르는 힘, 학교폭력과 교권 보호의 대안일까? 178
학교 안의 보이지 않는 힘, 혐오와 차별 217
사법적 접근이 아닌 교육적 접근이 가능하려면 247
Q&A 학생들의 폭력을 어떻게 비폭력적으로 제지할 수 있나요? 263

⑤ 학생이 아니라 교육을 바꾸기 위해

교육을 바꾸기 위해 필요한 힘, 교사의 노동권과 시민권 270
18세 선거권의 시대, '교실의 정치화'가 위험하다? 280
현재, 이곳에서 교사의 역할은 무엇일까? 293
Q&A 교육에 품었던 이상이 내 교실에 녹아들지 않아요 312

맺는 글 **18세 선거권의 시대,
학생인권 보장이 선거교육이다** 316

부록 **학생인권조례, 함께 읽기** 322

추천의 글

배경내
인권교육센터 '들' 상임활동가,
촛불청소년인권법제정연대 공동집행위원장

'교사' 조영선과의 인연은 15년 전으로 거슬러 올라간다. 2006년 서울 양천구의 한 중학교에서 2백여 명이나 되는 학생들의 시위가 일어났다. 두발 규제가 엄격한 데다 단속을 하는 과정에서 강제 이발이나 폭력이 일어나곤 하던 학교였다. 당시 나는 학생들에게 연대의 메시지를 전하고 부당한 징계가 이루어지지 않도록 추이를 살피고자 청소년인권운동 활동가들과 함께 학교 앞을 찾아갔다. '두발 자유'라는 네 글자가 선명하게 적힌 우리의 깃발을 보자 환호성을 지르던 학생들의 모습을 지금도 잊을 수 없다. '고작' 두발 자유가 아니라, 두발 자유가 곧 그들에겐 존엄에 대한 갈망이라는 것을 절감한 현장이었다. 바로 그날, 인근 학교에 재직 중이었던 조영선이 설레는 마음으로 현장을 지켜보고 있었다는 걸 나중에야 알게 됐다. 그때만 해도 그는 학생인권의 주변을 서성거리며 '교사인 내가 들어가도 되는지'를 조심스레 탐색하고 있었던 모양이다. 머지않아 그는 학생인권을 사회적 상식으로 만들기 위한 운동의 장으로 성큼성큼 걸어 들어 왔다. 교사의 위치에서 학생인권을 옹호하는 사람이 무척이나 드문 시절이었다.

한국 사회에서 학생인권을 이야기하는 일은 오랫동안 싸늘한 반응을 감수해야 하는 외로운 싸움이었고 지금도 그리 다르지 않다. 학생을 '열등한 신분'으로, 어린 사람을 '어린 것들'로 대하는 사회에서 학생인권은 '하찮다'는 반응에서부터 '시기상조다', '교육이 우선이다', '나중에 해도 괜찮다', '애들을 망친다'와 같은 인식의 장벽과 공격에 부딪혀 왔다. 교육 불평등에 분노하는 이들조차 학생이 경험하는 인격적 불평등에 대한 무지는 부끄러워하지 않았다. 끊임없이 증명을 요구받으며 지치기도, 빡치기도 했던 우리는 이런 농담을 하며 주억거리곤 했다. "학생인권엔 좌-우가 없다"고. '우'와 격돌하고 '좌'와도 충돌을 빚는 좌충우돌의 시간들 속에서, 조영선은 사회가 교사에게 요구하는 통제자로서의 역할과 이를 위해 덧씌운 허명虛名에서 벗어나려는 고군분투까지 이어 가고 있었다. 그런데 그 시간이 마냥 고되게만 보이지 않았다. 학생인권이 "인간으로서 학생을 만나는 계기"가 되었다는 책에 담긴 '증언'처럼, 그는 벅찬 기쁨과도 동행하고 있었던 것이다.

학생 한 사람, 한 사람의 고유한 이야기를 발견했던 시간들, 학생들과 함께 쿵짝쿵짝 변화를 모의했던 시간들, 학교와 광장의 격차를 좁히기 위해 '교사 시민'으로서 다른 길을 선택했던 시간들이 쌓이고 쌓여 그는 마침내 인권에 기반한 교육론 또는 교사론을 이렇게 써내게 된 것일까. 책을 읽으며 나는 '가장 인권적인 것이 가장 교육적이다'라는 학생인권조례 제정 운동의 대표적 구호를 떠올렸다. 조례 운동이 시작될 때만 해도 이 구호는 어떤 직관에 기초한 구호였지, 정리된 교육론을 바탕으로 한 것은 아니었다. '인권을 짓밟는 교육은 교육이 아니라 폭력'이라는 말을 다르게 채색한 정도라고 해야 하나. 그로부터 10년 뒤 나온 이 책은 가장 인권적인 것이 왜 가장 교육적인지, 인권과 교육은 어떻게 만나야 하는지에 대한 구체적 응답을 담고 있다. 조영선은 "서로의 인격에 스며드는 교육"이라는 언어로 교육과 인권의 만남에 구체적 속살과 색채를 불어넣고 있다.

2019년 국가인권위원회가 교사들의 인권교육 경험과 의식을 조사한 결과에 따르면 교사 인권 연수에서 가장 듣고 싶어 하는 주제가 '학생인권과 교권'이었다고 한다. 그만큼 학생인권이라는 네 글자 앞에서 헤매거나 서성이는 교사들, 교육론(교사론)의 재정비가 필요하다고 여기는 교사들이 많다는 의미로 읽힌다. 같은 해, 촛불청소년인권법제정연대가 전국 중·고등학생 2,871명을 대상으로 교사에게 가장 바라는 것을 조사한 결과, 1순위가 '학생을 존중하는 태도'(50.8%)였고 '학생과 소통하는 수업'(34.8%)과 '차별하지 않는 태도'(32.0%)가 그 뒤를 이었다.[1] 학생의 곁에 서기를, 학생과 소통하기를 원하는 교사라면 학생인권을 공부하지 않을 수 없는 이유다. '교사'이기를 거부함으로써 교사가 된 저자가 써내려 간 이 책이 교사들에게 훌륭한 길잡이가 되어 줄 것이라 믿는다. 각종 대책들이 들어선 학교 현장이 왜 오히려 더 엉망진창이 되었는지, 교사들이 어느 지점에서 학생인권을 불편해하는지 헤아리고 싶은 이들에게도 일독을 권한다.

---

[1] 촛불청소년인권법제정연대, 〈2019 전국 학교생활·인권 실태조사〉.

여는 글

다시, 가장 인권적인 것이 가장 교육적이다

20년 전, 교단에 처음 들어왔을 때 매일매일 마주했던 막막함이 떠오릅니다. 저는 여느 평범한 학교에서 평범한 모범생으로 자라나, 다행히 나쁘지 않은 학교생활을 보냈기에 학교를 직장으로 택할 결심을 할 수 있었습니다. 드라마에서 보는 것처럼 내가 교실에 들어가기만 해도 학생들이 쳐다보고, 바른 자세로 필기할 준비를 할 거라고 생각했습니다. 하지만 신규 교사로서 맞닥뜨린 현실의 수업은, 제가 교실에 들어가도 학생들이 알아차리지도 못하는 상황이었죠. 대학에서 배운 대로 "여러분이 돌아다니면 저는 너무 힘들어요"라며 'I-Message(아이-메시지)'를 시도해 보기도 했지만, 제 말은 떠드는 소리에 묻혔습니다.

그러다 어느 날, 교실에 들어가니 학생들이 그림같이 앉아 있었습니다. 드디어 저의 I-Message가 통했다고 생각했지만, 그 순간 학생들은 "화장실 갔다 올게요", "물 먹고 올게요" 하면서 흩어졌습니다. 시간표가 바뀐 걸 모르고 가장 무서운 선생님의 수업 시간으로 착각해서 앉아 있었던 것입니다. 그 순간, 배신감에 처음으로 소리를 질렀습니다. "지금 너네 나 무시하는 거야?"

그때, 학생들이 해 준 말은 이랬습니다. "선생님, ○○ 선생님 시간에는 한 사람이라도 서 있으면 전체 수행 평가 점수 깎여요. 그리고 선생님 수업 전에는 체육 시간이라 맨날 단체 기합 받고, 다음 시간은 못 자게 하는 시간이라 국어 시간에는 좀 쉬어야 돼요."

담임으로서의 역할 역시 기대와는 영 달랐습니다. 학생들의 이름을 외우는 것조차 버거운데 아침마다 교칙 위반 학생 명단이 날아왔습니다. 이름을 외우기도 전에 두발, 복장에 대한 지적으로 하루를 시작해야 했죠. 이 역시 매일 지적하는 것으로는 나아지지 않았습니다. 체벌을 하거나 청소를 시키라는 조언을 듣기도 했죠.

저는 고민했습니다. '학생들이 왜 이렇게 비열하지? 무서우면 말을 듣고, 안 무서우면 무시하나? 나도 무섭게 할까? 그러면 저렇게 그림같이 수업을 시작할 수 있을까?' 반대로 의문도 들었죠. '저런 방식이 학생들을 가르치는 데 효과적이라면, 왜 그때 배운 태도가 다른 시간에는 유지되지 않는 거지?' 다른 한편으로는 무서움이 지배하는 공간에서 힘을 쓰지 않는 사람은 늘 치일 수밖에 없는 것일까라는 생각도 들었습니다.

그러던 어느 날, 여느 때처럼 저에게 주목하지 않는 학생들 때문에 주의 집중을 시키고자 가장 앞에 앉은 학생의 책상을 발로 찼습니다. 책상은 엎어졌고, 그 학생은 펑펑 눈물을 흘렸습니다. 그때 저는 놀랐습니다. 25년을 살면서 한 번도 사람을 향해 뭘 던져 본 적도 없던 제가 책상을 발로 찼고, 그 책상은 맨 앞에서 제 수업을 가장 잘 들었던, 반항할 줄 모르는 학생의 것이라는 사실 때문이었죠. 힘이 지배하는 공간에서는 자기보다 약자를 찾아 밟을 수 있을 때 생존할 수 있다는 것을 저도 본능적으로 느꼈던 걸까요? 아마 그때, '사람이 되긴 힘들어도 괴물은 되지 말자'라는 마음으로 학생인권에 관심을 갖기 시작했던 것 같습니다.

20년이 지난 지금, 두발·복장 규제나 체벌은 그 당시에 비해 많은 학교에서 완화되거나 줄어들었지만, 학생을 통제하려는 유혹과 통제하지 못했을 때의 열등감은 지속되는 것 같습니다. 언제나 신학기가 다가오면 긴장되는 것도 '내가 통제할 수 없는 학생들을 만나면 어떡하지?'라는 두려움 때문이었습니다. 이런 마음으로 학생을 만나다 보니 학생을 파악하고 장악하는 데 더 많은 힘을 쏟게 되기도 했습니다. 결국 내가 어떤 학생과 만났는지 기억하는 것이 아니라, 내 말을 잘 듣는 학생이었는지 아니었는지의 여부만 기억하기도 했죠. 이러한 과정에서 사람이 사람을 만날 때, 한쪽이 다른 쪽을 통제해야 한다는 생각이 그 만남에서 큰 벽이 된다는 사실을 깨달았습니다. 저에게 학생인권은 이 벽을 뚫고 인간으로서 학생을 만나는 계기가 되었습니다. 학생을 감시하지 않아도 되었을 때, 학생들 개개인이 얼마나 개성 있는 존재들인가 느낄 수 있었죠. 교육이 단순히 지식을 전달하는 것이 아니라 존재를 만나 서로 영향을 주고받는 것이라면 저는 인권을 만나고 나서야 드디어 서로의 인격에 스며드는 교육을 경험할 수 있었던 것입니다. 하지만 여전히 교사에게는 교육이라는 이름으로 학생을 통제하라는 주문이 학교 안팎에서 끊이질 않습니다. 겉으로는 학생인권을 존중하라고 하면서도 어떤 사고나 문제 상황이 발생하면 이것에 대한 모든 책임을 교사에게 떠넘기고, 교사는 다시 학생을 감시해야 하는 상황이 반복되고 있죠. 학생들은 여전히 학교에서의 인권 침해를 호소하고 있고, 다른 한편으로는 학생들의 '문제 행동'으로 지목되는 학교폭력, 교권 침해, 스쿨 미투, 교사의 정치적 발언에 대한 학생의 고발

등의 사건이 보도되면서 '이게 다 학생인권 때문이야'라는 원망 어린 목소리가 들리기도 하죠.

이러한 상황은 학교 밖에서도 지속되고 있습니다. 2020년은 최초로 경기도 학생인권조례가 제정된 지 10년이 되는 해입니다. 두발 자유, 체벌 금지, 강제 야간 자습 금지 등 인권을 원하는 학생들의 목소리가 모아져 학생인권조례라는 법의 형식으로 만들어진 지 10년의 세월의 흐른 거죠. 학생인권조례와 함께 진보 교육의 의제로 떠올랐던 무상 급식은 오세훈 당시 서울시장이 찬반 투표에 서울시장직을 걸었다가 중도 사퇴할 정도로 논란이 극심했었죠. 하지만 지금은 고교 무상 교육이 여야의 합의로 처리될 정도로 보편적인 정책이 되었습니다. 이에 반해 학생인권조례는 "학교 교육과정에서 학생의 인권이 보장될 수 있도록 전국 16개 시·도교육청별로 제정·공포해 시행하는 조례"라는 어느 포털 사이트의 설명과 다르게 경기, 광주, 서울, 전북 단 4곳에서만 시행되고 있습니다. 그리고 2019년, 경남 학생인권조례가 발의되었다가 반대 세력의 격렬한 행동에 부딪혀 무산되었습니다. 주민 발의에 성공했으나 보수적인 도의회 교육위원회에 의해 좌초되었던 10년 전과 달리, '진보 교육감'이 있고 '민주 세력'이 도의회 과반을 차지한 상황이었는데도 말이죠.

하지만 이러한 사실조차 모르는 사람이 많습니다. 즉, 학생인권은 이미 보장되고 있다고 여기는 사람들에게는 지나간 과거이지만, 학생인권을 경험하지 못한 사람들에게는 계속된 반대에 부딪혀 오지 못하는 미래인 거죠. 이런 상황에서 학생인권에 대한 관심은 아직 학생인권조례가 제정되지 않은 지역의 일부 사람들에게만 머물러 있는 듯합니다. 학생인권조례를 제정하고자 애쓰는 사람들에게는 '이미 10년 전에 제정되었어야 할 것이 왜 아직도'라는 지연된 정의에 대한 분노와 체념이 서린 의제인 데 반해, 반대하는 사람들에게는 인권조례를 막아 냈다는 정치적 힘을 보여 줄 수 있는 의제로 자리매김되고 있죠. 이렇게 과거와 미래가 뒤섞여 있는 상황이 교사의 위치를 더욱 어렵게 만들고 있기도 합니다. 학생인권을 존중하려는 노력이 사회적으로 충분히 인정받지 못하고 있는 상황이니까요.

한편 이런 의문도 들었습니다. '합리적인 근거가 없고 폭력적인 수단까지 동원하는 반대 세력의 목소리가 왜 여태까지 이렇게 큰 사회적 영향력을 가지고 있을까?' 이것은 10년째 학생인권조례가 받고 있는 대접인 동시에 현재 학생, 청소년이 사회적으로 받고 있는 대접이라는 생각이 들었습니다. 저를 비롯하여 학생인권을 지지한다는 사람들도 실제 만나는 청소년들의 살아 있는 인권에 대해 확신을 갖지 못하기에 맹목적인 반대의 목소리를 잠재우지 못하고 있다는 반성도 들었죠. 결국 지금 필요한 것은 10년 전 처음 학생인권조례가 생겼을 때, 인권이 교육에 건넨 말이 무엇이었는지 다시 근본부터 살펴보는 것이라는 생각이 들었습니다. 그리고 인권과 교육이 따로 떨어져 있는 것이 아니라 인권이 어떻게 교육을 가능하게 하는지 그 답을 찾아보고자 했습니다. 또 청소년이라는 존재를 인간적으로 존중하는 것이 무엇인지, 그리고 학생인권이 단순히 학생만을 위한 것이 아니라 우리 사회, 그리고 그 사회에서 살아가는 비청소년들에게 어떤 의미가 있는지 함께 고민해 보고 싶었습니다. 어찌 보면 청소년은 주변에서 가장 자주 만날 수 있는 소수자임에도 불구하고, 그들과 함께 살아가는 것이 무엇인지 고민을 나누기는 쉽지 않으니까요. 저는 이 책이 그러한 고민을 나누는 시작이 되었으면 좋겠습니다. 또, 인권을 통해 청소년과 만나는 과정에서 서로가 서로를 해방시키는 교육의 본질에 다가갈 수 있다는 가능성을 발견했으면 좋겠습니다. 이러한 확신이 우리의 내면에 있을 때, 외부의 반대도 이겨 낼 수 있을 테니까요.

마지막으로 저의 미숙한 초고에 무한한 기대를 가져 주고 영감을 북돋아 준 이경은 편집자와 출판을 결정해 준 교육공동체 벗에 큰 감사를 드립니다. 가장 가까운 독자로서 비판과 격려를 아끼지 않았던 짝꿍과 존중이 무엇인지 삶으로 가르쳐 주신 엄마에게도 감사의 인사를 전합니다. 그리고 인권과 교육이라는 주제를 잊지 않고, 이 책을 찾아 주신 독자 여러분께 깊은 감사를 전하며, 이 책이 여러분의 고민을 푸는 데 작은 단초라도 제공할 수 있기를 기원합니다.

2020년 2월
조영선

1부

'교권'이라는 이름의 집

교권 추락이라는 착시 현상이 가리는 것
'수업 방해'와 '수업 참여' 사이
주장할수록 추락하는 아이러니
Q&A 학생이 갑처럼 느껴져요

교권 추락이라는
착시 현상이 가리는 것

학교에서 인권 연수를 하면, 이런 목소리가 들려옵니다.

"전달 사항을 얘기하러 조회에 들어가면,
벌써 지저분한 교실이 눈에 들어오고, 누군가를 불러
시키려 하면 지목당한 학생은 눈에 쌍심지를 켭니다.
수업 종이 쳤지만, 학생들은 앉아 있지도 않고,
수행 평가를 한다고 하면 펜을 빌리겠다고 이쪽 끝에서
저쪽 끝까지 막 돌아다니죠. 앉으라고 하면 누구를
향한 것인지 허공에 대고 욕을 해요."
"점심시간, 밥을 먹으러 가다가 외출증을 끊어 달라는
학생을 만나 도로 교무실로 올라가기 일쑤입니다.
방과 후에도 학부모님들로부터 전화나 카톡이 끊이지

않아요."

"학생인권이 중요한 건 알겠는데, 교권은 어디 있나요? 교사들에게는 누가 관심을 갖나요?"

교권은 정말 추락하고 있을까?

이러한 상황에 대한 주변의 걱정도 많습니다. 언론을 보면, 어느 순간 '교권 침해'는 매우 익숙한 단어가 되었고, 특히 스승의 날이 되면 교권 침해 실태를 보도하는 기사가 쏟아지죠. 이런 기사를 보고 주변에서는 "요즘 학교 힘들지?"라며 걱정 어린 시선으로 말을 건네죠. 교권 침해에 대한 상담 횟수가 증가하고 학부모나 학생의 소송에 대비한 보험 가입도 증가하고 있습니다.

눈코 뜰 새 없는 학교 생활 속에서, 교사들이 겪는 어려움은 분명히 존재합니다. 그렇다면 이러한 보도를 뒷받침하는 통계들은 실제 교사가 감당하고 있는 어려움을 제대로 반영하고 있을까요?

학교 급별 교권 침해 종류[2] ※ 단위 : 건수(비율)

구분	초	중	고	합계
상해·폭행	45(36.89%)	62(5.67%)	58(5.64%)	165(7.35%)
모욕, 명예 훼손	40(32.79%)	692(63.25%)	577(56.13%)	1,309(58.33%)
성적 굴욕감, 혐오감 일으키는 행위	12(9.84%)	75(6.86%)	77(7.49%)	164(7.31%)
공무 및 업무 방해	3(2.46%)	20(1.83%)	46(4.47%)	69(3.07%)
협박	1(0.82%)	27(2.47%)	37(3.60%)	65(2.90%)
손괴	-	10(0.91%)	5(0.49%)	15(0.67%)
성폭력 범죄	1(0.82%)	3(0.27%)	12(1.17%)	16(0.71%)
정보통신망 이용 불법 정보 유통	1(0.82%)	9(0.82%)	3(0.29%)	13(0.58%)
정당한 교육 활동에 대한 반복적 부당한 간섭	9(7.38%)	101(9.23%)	153(14.88%)	263(11.72%)
기타*	10(8.20%)	95(8.68%)	60(5.84%)	165(7.35%)
합계	122(100%)	1,094(100%)	1,028(100%)	2,244(100%)

*기타(학교장 판단) : 무례한 행동(언동), 지속적 지시 불이행, 수업 방해, 폭언 및 욕설, 민원 제기 등
2018년부터 〈교원의 지위 향상 및 교육활동 보호를 위한 특별법〉 등 관련 법에 따른 교권 침해 유형으로 분류

교권 침해 기사에서 주로 언급되는 중·고등학교에서 교사를 대상으로 한 학생들의 상해, 폭행, 성희롱은 5% 내외이고 가장 많은 부분을 차지하는 것은 모욕과 명예 훼손입니다.[3] '상해'가 '일상생활 및 업무를 수행하는 과정에서 부상이나 질병, 사망 등을 초래하는 것'[4]을 의미하고, 폭행이 '다른

---

[2] 시·도교육청 제출 자료(2018).

사람에게 실질적인 유형의 힘을 행사하는 것'임에 비해 '모욕'과 '명예 훼손'은 '자기 자신에 대한 주관적 평가를 깎아내릴 수 있는 사실이나 허위 사실을 다수가 보는 앞에서 적시'했을 때 성립하는 죄입니다. 이는 학생의 발언에 교사가 가지고 있는 약점이나 사회적 평판이 깎일 만한 내용이 담겨 있는지, 다수가 보는 앞에서 이루어진 것인지 등에 따라 주관적 해석이 가능한 영역입니다. 즉, 당한 사람에게 피해를 남긴다고 하더라도 이것을 모욕과 명예 훼손으로 인정할 수 있는지 교사와 학생 사이에 입장 차이가 있을 수 있는 부분인 거죠. 앞에서 말한 이야기에서 '눈에 쌍심지를 켠 학생', '허공에 욕을 한 학생'에게 모욕감을 느꼈다고 해도 그것을 곧장 교권 침해로 판단하기는 어렵다는 겁니다.

---

3   초등의 경우 상해·폭행이 36.89%인 것이 도드라지지만 이는 특수 학급 학생에 의한 교사 폭행 등과 마찬가지로 의도를 가진 폭행이라기보다는 분노 조절에 실패한 상황에서 일어난 폭행으로 교권 침해와는 다른 접근이 필요하다.
4   최상복 씀(2004), 《산업안전대사전》, 골드.

한국교총 연도별 교권 침해 신고 건수 및 상담 건수[5]

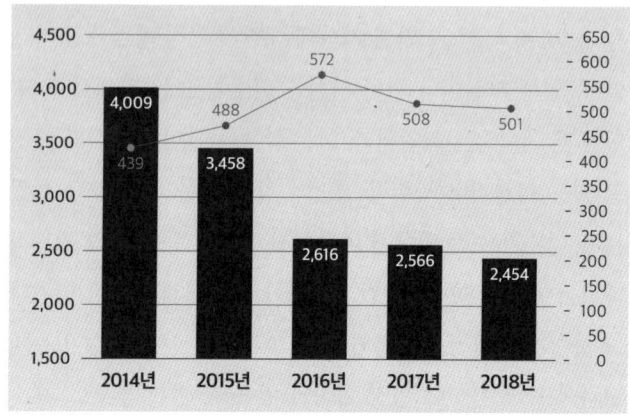

다음으로 주목해야 할 점은 2019년 국가 교육 통계를 살펴볼 때 최근 5년간 시·도교육청의 '교권 침해 신고 건수'는 지속적으로 감소하고 있다는 점입니다. 신고 건수가 감소하는 것이 실제 교권 침해가 줄어들고 있음을 보여 주는 것이라 예단하기는 어려워도, 교권 침해가 날로 증가하고 있다는 세간의 인식과는 다른 수치입니다. 만약 실제 침해 행위가 증가하고 있는데 교사들의 신고 건수가 줄어드는 거라면, 그 이유는 '교권 침해'를 신고하라는 대책이 숨 막히듯 돌아가는

---

5   시·도교육청 제출 자료(각년도) 및 한국교원단체총연합회(2019).

교사의 일상에 별다른 대안이 되지 못하는 현실 때문이겠죠.

이렇듯 스승의 날만 되면 교권 침해에 대한 우려들이 쏟아지지만, 이는 교사들에게 큰 힘이 되지 못하고 있습니다. 말로만 스승이라고 하면서 오히려 현실은 교사를 움츠러들게 하니까요. 어찌 보면 언론에서 제시하는 통계보다 다음의 '스승의 날 폐지' 국민청원[6]이 교사의 삶을 더 잘 보여 주는지도 모릅니다.

스승의 날을 폐지하여 주십시오

정부 포상 계획을 알리며 상을 받고 싶은 사람을 조사하는 것을 보니 스승의 날이 또 다가오나 봅니다. 학폭 예방 유공 교원 가산점처럼 누가 또 이 상을 신청해야 하는지를 두고 교사들은 눈치를 보게 됩니다. 학생들에게는 협력을 가르치며 교사들은 이런 것들로 경쟁하며 어색해지는 학교 분위기가 참 싫습니다.

역대 이느 징부를 막론하고 모두 교육 개혁을 부르짖었지만 교사들은 개혁의 주체는커녕 늘 개혁의 대상으로 취급받아 왔습니다. 모든 교사들이 반대하는 한국사 국정 교과서를 밀실에서 끝까지 밀어붙였던 정부는 말해야 입만 아프고, '교사 패싱'은 민주와 진보를 표방하는 정부도 크게 다르지 않았습니다.

노무현 정부 시절 교원 성과급이 도입되어 학교 현장의 갈등을 유발하더니, 문재인 정부에서 구성한 국가교육회의에 현장 교사가 위

---

[6] "스승의 날을 폐지하여 주십시오", 청와대 국민청원 게시판, 2018년 4월 20일.

> 원으로 단 한 명도 없는 것을 보면 알 수 있습니다. 교육부는 대입 제도 개편안마저도 현장 교사가 없는 국가교육회의에서 결정하라고 책임을 떠넘기는 상황이니 교사 패싱, 정책 토싱의 상황들이 참 서럽습니다. (중략)
> 스승의 날은 유래도 불분명하고 정권의 입맛에 따라 없앴다가 만들기도 했습니다. 우리 헌법이 교육의 자주성, 전문성, 정치적 중립성을 보장하고 있지만 정작 교사는 교육의 주체로 살아 본 적이 없습니다. 모든 책임을 학교에 떠넘기며 교사를 스승이라는 프레임에 가두어 참고 견디라고 하면서 "교사는 있지만 스승이 없다"라는 말은 또 아무렇지 않게 합니다. 왜 이 조롱을 교사들이 받아야 하는지 이유를 모르겠습니다. (중략)
> 정부는 〈각종 기념일 등에 관한 규정〉 제2조를 개정하여 스승의 날을 폐지하여 주십시오.

이 청원 내용은 '스승=교권'이라는 공식이 교사에게도 깨지고 있음을 보여 주고 있습니다. 교육 개혁을 하는 데도 교사를 주체로 보지 않으려니와 각종 정책에서 배제되는 과정에서 교사의 소외감은 더해 가고 있죠. 이뿐 아니라 교사는 기본적인 노동권 보장에서도 소외되고 있습니다. 교사가 최소한 방과 후에 민원 전화에 시달리지 않으려면 업무 외 시간에 대한 휴식권이 보장되어야 하는데, 교사를 스승이라는 자리에 고정시켜 놓으면서 희생을 요구하는 것을 당연히 여기죠.

그리고 학교 현장에서 실제 일어나는, 교사에 대한 모

욕과 명예 훼손의 경우 그 주체가 관리자나 부장 교사 등 경력이 많은 교사일 때가 많습니다. 최근 교사를 과녁 삼아 장난감 활을 쏜 교감이 중징계를 받은 사건도 있었죠.[7] 육아 시간 사용이나 조퇴 신청 등은 교사의 당연한 권리임에도 불구하고, 결재 과정에서 "우리 때는 그런 거 없이 애만 잘 키웠는데", "교사가 그렇게 조퇴를 하면 애들이 뭘 배우겠어" 등의 말을 듣기도 합니다.

교사에 대한 간섭이 비단 학교 내에서만 일어나는 것은 아닙니다. 국정 감사 기간에 수업 내용을 보고하라는 공문을 받기도 하니까요. 일례로 2017년 나경원 당시 국회의원은 전국 일선 학교에 사드 배치, 탈핵, 노동절, 5.18민주화운동, 6.15남북공동선언, 19대 대통령 선거와 〈공직선거법〉 등에 관한 수업 진행 사례와 자료를 제출하라고 요구해 교사들의 항의를 받았습니다.[8] 또한 교사의 교육 활동은 도서 구입, 교육과정, 수행 평가, 고사 관련 모두 학교장의 결재 과정을 거칩니다. 이러한 과정에서 관리자가 수업 내용을 검열하는 일도 일상적으로 일어나죠. 그런데 통계 자료로 수합된 교권 침해는 이렇게 교육 활동의 독립성을 훼손하는 주체들의 행

---

7 "여교사 과녁에 세워놓고 활 쏜 초교 교감 '중징계'", 〈연합뉴스〉, 2018년 1월 28일.
8 "나경원, 전국 학교에 "사드, 5·18, 탈원전 수업한 자료 내라"", 〈경향신문〉, 2017년 10월 17일.

위는 빠져 있고, 주로 학부모와 학생에 의한 행위로 한정되어 있습니다. 언론에 '사건화'되는 사례와 현실 사이에 일정한 간극이 존재한다는 것을 알 수 있습니다.

오랜 시간 동안 교권은 '권력'이었다

교권의 범위와 내용이 명확하지 않은 상태에서 교실에서 일어난 모든 문제를 관리할 권한과 책임은 교사에게 위임되었습니다. 어떤 사건이 발생하면 교사의 기준에 따라 '문제 행동'으로 규정하고, 그것을 멈추게 하기 위해 징벌을 주고, 그 내용도 임의로 정할 수 있었습니다. 교사 개인에게 '학생 행동 통제권'과 그에 따른 '징계권'이 부여되었던 거죠.

교권의 범위와 정의가 모호한 이유는 이전에는 그런 것을 정하지 않아도 될 정도로 교사의 모든 행위를 교권의 범위에 포함시키는 관행이 존재했기 때문입니다. 실제 교사의 행위는 학교장의 명령에 반하지 않는다면 '합법'이었습니다. 1949년 12월 31일 제정되어 50년 동안 한국 교육을 규정했다가 사라진 〈교육법〉 제75조[9]에서 "교사는 교장의 명에 따라 학생을 교육한다"고 규정해 왔으니까요. 교장이 교사에게 명령을 내리고, 교사는 학생에게 명령을 내리는 문화가 50년이나 지속되었고, 명령을 통한 교육이 법적으로 허용된 상황에서는 그 내용이 합리적인지, 방법이 적법한지에 대해 고민할 필요가 없었던 거죠. 표현이 좀 과장되었을 수 있지만, 교사 개인이 생각하는 교육적 목적에 부합한다면 폭력 행위도 금지되지 않았으니까요. 학생들이 '잡는 선생님에 따라 다르다'라고 말하는 교칙의 자의성은 이러한 문화에서 기인한 바가 큽니다. 학생인권조례에 따라 두발 규정을 삭제하자는 요구에 대해 이사장님의 교육 철학이 두발 규제여서 받아들이기 어렵다는 학교도 있으니까요.

이러한 상황에서 자연스레 교사의 행위가 학생들의 인권을 침해하는 일이 빈번히 일어났고 그에 대한 반발로 학생들의 인권을 보장해야 한다는 사회적 요구가 커졌습니다. 그동안 명령을 통한 교육을 가능하게 했던 법률은 1998년에 폐지되고 관련 내용은 〈초·중등교육법〉 제20조 4항의 "교사는 법령에서 정하는 바에 따라 학생을 교육한다"로 바뀌었죠.

이제 교사는 교장의 명을 따라야 하는 의무에서는 벗어났지만, 적법한 범위 내에서 교육할 책임을 갖게 되었습니다. 하지만 이 과정에서 '학생인권이 교권을 축소시킨다', '학생인권과 교권은 서로 충돌한다' 등의 담론이 만들어졌고, 교사

---

9 1949년에 제정되어 해방 후 학교교육의 근간으로서의 역할을 했던 〈교육법〉은 1998년 〈초·중등교육법〉과 〈교육기본법〉 등 유관 법률이 제정되면서 폐지되었다. 특히 전근대적인 학교 문화의 배경이 되었던 75조는 전교협, 전교조 등 교사운동 단체의 지속적인 폐지 요구의 대상이었다.

의 교육 행위는 어느 정도까지 허용되느냐는, '범위'에 대한 논쟁이 생기기 시작한 것입니다. 다시 말해서 오랫동안 교사의 교육 행위의 정당성을 판단하는 기준이 없다가 최근 10년 사이에 판단 기준이 만들어지기 시작한 것입니다. 그러다 보니 교사가 이전에는 당연히 할 수 있던 행위에 대해 금지 신호와 저항을 받게 되고, 이것이 교권 침해가 심해졌다는 감각으로 전환된 거죠.

과연 교육권은 교사의 것일까?
― '교권'과 '교사의 교육권'

'교권'의 정의는 무엇일까요? 포털 사이트에서 찾아본 정의는 다음과 같습니다.

> **교권 [敎權, teachers' right]** : 전문직으로서의 교칙에 종사하는 교원의 권리. 교원의 권위權威로 사용되기도 한다. 넓은 의미의 교권은 교육권敎育權을 의미하는데, 이것은 교육을 받을 권리와 교육을 할 권리를 포괄한다. 즉 교육권으로서의 교권에는 학생의 학습권, 학부모의 교육권, 교사의 교육권, 학교 설립자의 교육 관리권, 그리고 국가의 교육 감독권이 모두 포함된다.[10]

> **교권 [敎權, educational authority]** : 정치나 외부의 간섭으로부터 독립되어 자주적으로 교육할 권리.[11]

첫 번째 정의에서는 넓은 의미의 교권을 교육권이라고 해석하고 있습니다. '교권'이라는 말이 주는 권위주의적인 느낌 때문에 교사가 지닌 권리로서 '교육권'이라는 말을 쓰자는 주장도 있습니다. 하지만 위에서 보듯이 교육권은 교사가 지닌 권리가 아니라 모든 주체의 교육권을 포괄하는 의미로 쓰이고 있죠. 무엇보다도 국가의 교육 감독권도 포함하고 있기 때문에 교사만의 권리로 사용하기 어렵습니다. 공교육 기관에서 교육할 권리는 모든 국민이 교육받을 권리가 전제되었을 때 가능한 것이니까요.

두 번째 정의에서의 교권은 정치와 외부 세력의 간섭에 휘둘리지 않고 독립적으로 교육할 수 있는 권리입니다. 하지만 많은 사람들이 '교권'을 떠올릴 때 피교육자 즉 학생들에게 영향력을 행사할 수 있는 힘을 떠올립니다. 교권에 대한 이러한 오해 때문에 교권을 수장하는 것이 더 어려워졌는지도 모릅니다.

법에서는 어떻게 정의하고 있을까요? 〈교원의 지위 향상 및 교육활동 보호를 위한 특별법〉(〈교원지위법〉)에 교권을 보호하기 위한 조치가 포함되어 있지만, 정작 교권이 무엇을 가리키는지는 정의되어 있지 않습니다.

---

10 서울대학교 교육연구소 씀(1995), 《교육학용어사전》, 하우동설.
11 두산백과.

현재 가장 상위법인 헌법과 그 판례를 통해 교권과 교육권의 의미를 추론해 보겠습니다. 헌법재판소의 판례가 제시하는 교권은 다음과 같은 의미를 가지고 있습니다. 첫째, 자연법적으로 학부모의 친권을 일시적으로 신탁받음으로써 성립하는 권리입니다.[12] 둘째, 국가 자격증 제도에 의해 모든 국민에 대한 교육권을 보장해야 하는 국가로부터 위임받은 권리입니다.[13] 첫째와 둘째를 기준으로 본다면, 교사의 교육권이란 결국 학부모나 국가로부터 위임받은 것이기 때문에 독립적인 '교권'을 주장하는 것은 매우 어려워집니다. 이러한 헌재 결정에 근거한다면, 학부모를 교권 침해의 주체로 상정하는 것도 앞뒤가 안 맞는 것이겠죠.

헌법 제22조 1항에서는 '모든 국민은 학문과 예술의 자유를 가진다'라고 명시하고 있습니다. 이를 근거로 교육할 권리를 학문의 자유에서 파생된 권리로 볼 수 있겠지만, 여기서 주되게 보장하는 것은 연구 활동의 내용과 발표의 자유입니다. 학문 연구는 누구든 어떤 내용으로든 자유롭게 할 수 있지만, 이것을 가르칠 수 있는가는 별도의 영역이라는 의미입니다.[14] 학문의 자유는 연구 행위의 주체에게 보장된 자유인데, 보편적으로 통용되는 교사의 역할이란 연구를 통해 새로

---

[12] 헌법재판소 1991.7.22. 선고 89헌마 106 결정.
[13] 헌법재판소 1991.11.12. 선고 89헌마 88 결정.

운 지식과 이론을 만드는 것보다는 기존의 것을 가르치는 것에 가깝기 때문입니다. 설사 교수라 하더라도 순수한 양심의 자유만으로 자신의 교육권을 주장하기는 어렵습니다. 양심의 자유라는 것이 교육할 권리의 근거가 되려면 상대방인 학생도 동등하게 자신의 양심에 따라 받아들이기 어려운 수업을 거부할 수 있어야 하는데, 수업 불참에 따른 불이익이 존재하는 교육 기관에서 이것은 불가능하기 때문입니다. 2019년, 모 교수의 "위안부는 매춘의 일종"이라는 말에 학생들이 비판을 제기했지만 다음 학기에 교직 이수를 하는 학생들이 필수로 들어야 하는 강의를 해당 교수가 맡는 일이 있었습니다. 졸업생들과 시민단체들의 항의가 이어지자 강의 배정이 보류되었습니다.[15]

교육은 이렇듯 공공적 가치의 실현을 요구받기 때문에 제22조 1항의 학문적 사유보다는 헌법 제31조에 보장된 교육권에서 그 근거를 찾는 것이 합당할 것입니다. 헌법 31조는 모든 국민의 교육받을 권리에 대해 명시하고 있죠.

---

[14] 이에 대해서는 '학문의 자유'는 '연구하는 자의 자유'인데 중·고등학교 교원을 '연구하는 자'로 놓을 수 있는가에 대해 논란이 있다.
[15] "연세대 동문들 "'위안부' 망언 류석춘 강단 설 자격 없다'"", 〈한겨레〉, 2020년 1월 15일.

> **헌법**
> 제31조
> ① 모든 국민은 능력에 따라 균등하게 교육을 받을 권리를 가진다.
> ② 모든 국민은 그 보호하는 자녀에게 적어도 초등교육과 법률이 정하는 교육을 받게 할 의무를 진다.
> ③ 의무교육은 무상으로 한다.
> ④ 교육의 자주성·전문성·정치적 중립성 및 대학의 자율성은 법률이 정하는 바에 의하여 보장된다.

이에 따라 살펴보면, 헌법에 보장된 교육권은 국민의 기본권으로서의 교육권으로 '모든 국민이 균등하게 교육받을 권리'에 가깝습니다. 유엔아동권리협약CRC: Convention on the Rights of the Child에서도 아동의 기본 권리 4가지 중 한 요소로 교육권Rights to education을 규정하고 있습니다. 교육권은 모든 사람에게 교육받을 권리를 보장해야 한다는 의미에서 인권의 목록에 포함되어 있죠.

> **유엔아동권리협약**
> **아동이 가진 4가지 권리**
> **생존권** : 적절한 생활 수준을 누릴 권리, 안전한 주거지에서 살아갈 권리, 충분한 영양을 섭취하고 기본적인 보건 서비스를 받을 권리

> 등 기본적인 삶을 누리는 데 필요한 권리
>
> **보호권** : 모든 형태의 학대와 방임, 차별, 폭력, 고문, 징집, 부당한 형사 처벌, 과도한 노동, 약물과 성폭력 등 어린이에게 유해한 것으로부터 보호받을 권리
>
> **발달권** : 잠재 능력을 최대한 발휘하는 데 필요한 권리. 교육받을 권리, 여가를 즐길 권리, 문화생활을 하고 정보를 얻을 권리, 생각과 양심과 종교의 자유를 누릴 권리 등
>
> **참여권** : 자신의 생활에 영향을 주는 일에 대하여 의견을 말하고 존중받을 권리. 표현의 자유, 양심과 종교의 자유, 평화로운 방법으로 모임을 자유롭게 열 수 있는 권리, 사생활을 보호받을 권리, 유익한 정보를 얻을 권리 등

즉, UN에서 말하는 교육권 'Rights to education'은 교육이 필요한 사람들에게 교육받을 권리가 기본적으로 있다는 의미입니다. 교육에 접근할 권리로서의 교육권인 거죠.

이렇게 모든 사람을 위한 기본권이기 때문에 '교육의 자주성·전문성·정치적 중립성을 보장'하는 것이 중요한 원칙이 됩니다. 모든 사람에게 균등한 교육의 권리를 보장하기 위해서는 교사가 개인이 처한 상황을 살펴 그에 맞게 교육과정을 편성할 수 있어야 하기 때문입니다. 이를 위해 국가 권력으로부터 자유롭게 교육에 집중할 수 있도록 자주성과 전문성을 보장하는 것이겠죠. 따라서, 교육 활동의 전문성과 독립성[16]을 존중받기 위해서라도 교사에게 필요한 권리를 요구해

야 하는 거죠. 즉, 가르칠 권리는 전 국민에게 보장된 인권으로서의 교육권을 보장하기 위한 수단적 권리로서 자주성과 전문성, 정치적 독립성을 보장하는 것이라 볼 수 있습니다. 이것은 5부에서 보다 자세히 다뤄 보도록 하겠습니다.

---

16 5부에서 살피겠지만, 헌법에 명시된 교육의 정치적 중립성은 '독립성'의 의미에 가깝다.

'수업 방해'와 '수업 참여' 사이

앞에서 우리는 '교권'이 교사의 권력으로 오인되어 왔으며 그 본질은 학생의 기본권으로서 '교육권'을 보장하기 위한 수단적 권리임을 살펴보았습니다. 하지만 여전히 남는 질문이 있습니다. '교사가 한 인간으로서 학생(학부모)에게 모욕을 당하는 경우는 어떻게 볼 것인가?', '학생인권이 증진되면서 피해가 늘었다고 호소하는 교사들이 존재하는데 그 대안은 무엇인가?' 등의 문제입니다.

교사들이 흔히 겪는 '교권 침해' 상황은 다음과 같습니다.

> **발생** : 수업을 지속적으로 방해하는 학생이 있다.
> **대응** : 교사가 그 학생의 방해를 제지한다.
> **결과 ❶** : 그 행동을 제어하는 사이, 나머지 학생들은 수업에서 방치된다. 그래서 다른 학생들의 학습권이 침해된다.
> **결과 ❷** : 제지하기 위한 시도를 하는 과정에서 학생들이 교사에게 폭언이나 폭행을 한다.
> **결과 ❸** : 제지하기 위한 시도가 학생인권 침해로 간주되어 학생이나 학부모의 민원으로 돌아온다.

일부 교사들은 떠드는 학생들에게 "왜 떠들어?"라고 말하자 학생들이 "떠든 거 아니거든요! 애가 말 시킨 건데요!"라고 반응할 때, 학생들 앞에서 창피를 당했다고 느끼고 이를 교권 침해라고 명명하기도 합니다. 저 역시 이러한 감각에서 자유롭지 않았지만, 인권 연수를 받고 나서 돌아보니 이런 상황은 학생들의 의도적인 공격이라기보다 눈치가 없거나 목소리가 커서 문제가 된 경우도 많았습니다. 나를 무시해서 하는 말이라고 생각했지만, 실제로는 "야, 지우개 좀 빌려줘"라는 친구의 속삭임에 "어 뭐라고?"라고 크게 대답했다가 주목을 받는 등의 사례가 많았던 거죠.

교사는 학생과 같은 것을 보고 있다고 생각하지만 실제는 다른 것을 보고 있다는 것, 교사가 보지 못하는 것을 학생들이 보고 있고, 교사가 겪지 못하는 일을 학생들이 겪고 있을 수 있다는 것을 인정하게 되었습니다. 보다 정확히 말하면 교실에서 일어나는 상황에서 주목하는 것이 각자 다른데, 친구의 말에 대답을 하는 상황인지 수업을 방해하기 위해 떠든 상황인지 규정하고 해석할 수 있는 힘은 교사가 독점하고 있는 게 현실이니까요. 이것은 수업 시간에 학생을 조용히 시켜야 하는 책임이 온전하게 교사에게 지워져 있기 때문이기도 합니다. 어떤 상황에서 보다 권력을 가진 사람이 상황을 규정할 힘을 가지고 있다는 것은 그 자체로 짐이 되기도 하죠. 따라서, 학생들로 하여금 자신의 행동에 스스로 책임지도록 하기 위해서는 상황에 대해 규정하는 힘 역시 공유할 필요가 있습니다. 이런 면에서 '수업 방해 행동' 역시 누구의 입장에서 상황을 해석하느냐에 따라 전혀 다르게 접근할 수 있습니다. 학생의 입장으로 관점을 옮겨 올 때 수업의 방식과 내용도 새롭게 보이시겠죠.

'수업 방해 행동' 들여다보기

> **사례**
> 지구과학 교사인 K는 수업에서 중생대 백악기에 대해 설명하고 있다. 백악기 시대 공룡의 종류에 대해 나열하는 순간 일짱인 P가 영화 〈쥬라기 공원〉에 대해 이야기해서 수업을 이어 나가지 못하게 한다. 설명을 계속하기 위해 K 교사는 P에게 "떠들지 마"라고 말한

> 다. P는 "제가 〈쥬라기 공원〉에서밖에 공룡을 못 봤는데요"라고 뻐 딱하게 대답한다.

위 사례의 경우 K 교사는 설명에 끼어들어 학생이 영화 애기를 한 것을 '문제'로 지목하였습니다. 하지만 P의 입장에서는 자신의 배경지식 안에서 수업과 가장 연관된 이야기를 한 것일 수도 있습니다. P는 자기 수준에서의 '수업 참여'를 했는데 교사 입장에서는 '수업 방해' 행위가 된 것입니다. 수업 시간의 소통은 다차원적으로 일어납니다. 교사들의 언어는 일 대 다로 전달되기에, 청중인 학생들은 교사의 말을 일부만 듣고 일부는 흘리기 쉽습니다. 그 일부를 듣고 자극된 자신의 경험이나 지식을 말할 때 그 일부와 교사가 수업에서 원래 의도했던 목표 사이를 연결하는 것이 필요한 거죠. 이때, 교사의 어떤 말이 학생의 배경지식을 자극했는지 묻고, 원래 하려던 설명의 의도에 가깝게 유도할 수 있을 때, '수업 방해 행위'는 '수업 참여 행위'가 될 수 있겠죠. 오히려 이 상황이 '문제화'된 이유는 학생의 배경지식과 교사의 설명을 연결할 시점을 학생도 교사도 놓쳤다는 것입니다. 〈쥬라기 공원〉에서 본 어떤 공룡이 오늘의 수업과 관련 있는지에 대해 서로가 공유하지 못한 채 수업과 연관된 하나의 소재가 방해의 원인이 되어 버린 거죠.

가장 큰 문제는 학생 스스로 이것이 문제라는 것을 자각할 과정이 제시되지 않은 것입니다. 어느 것이 문제인지 자각하는 과정 없이는 다음번에도 같은 행동을 반복할 수밖에 없을 테니까요. 중요한 것은 '문제의 기준을 교사와 학생이 공유'하는 것인데 말이죠.

실제로 '수업에 참여하지 않는 것', '수업을 방해하는 것'이 정확히 어떤 행동을 지칭하는 것인지 기준은 명확하지 않습니다. 예를 들어, 수업의 형태가 일제식, 강의식 수업으로 고정되어 있을 때 수업에 참여하는 모습도 '눈을 반짝이며 가만히 있는 모습'으로 정형화됩니다. 그리고 조금이라도 소리를 내거나 다른 행위를 하는 것은 모두 수업을 방해하는 행동으로 간주됩니다. 그러나 모둠별 프로젝트식 수업이나 과제 완성식 수업의 경우 수업의 흐름에 따라 활발히 움직여야 하죠. 소리를 내거나 옆 친구와 이야기하는 것도 수업 참여 행위의 보조적인 행위일 뿐, 적어도 다른 사람의 학습을 방해하는 행위로 간주되지는 않을 겁니다. '꼼짝없이 조용히 가만히 있는 것'만이 유일한 수업 참여 행위로 간주될 때는 생리적으로 이런 태도를 오래 취할 수 없는 학생들의 자연스러운 반응이 '수업 방해 행위'로 간주되겠죠.

수업 방식이 다양하다면, 그에 따라 방해 행위의 기준도 달라질 것입니다. 자신의 의견을 적극적으로 발표해야 하거나 사진이나 영상을 찍어서 결과물을 제출해야 하는 경우에 큰 소리로 말하고 자리를 벗어나 돌아다니는 것은 적극적으로 수업에 참여하는 행위가 됩니다. 이러한 경우에는 '꼼짝없이 가만히 있는 것'이 수업 방해, 불참 행위가 되는 거죠. 물론 이러한 유형의 수업에서도 활동에 참여하지 않으려고 하는 학생들이 있습니다. 하지만 적어도 자거나 가만히 있거나 둘 중 하나가 아니라 참여의 수준을 본인이 결정할 수 있겠죠. 활동 중간중간의 여백에서 "야, 너도 좀 참여해"라는 친구의 원망 섞인 격려의 말을 들으며, '친구들에게 방해가 되지 않기 위해서', '내가 그나마 할 수 있는 활동이니까' 등의 수업 참여 동기를 발견할 수도 있을 겁니다.

수업 방해 행위의 기준이 매시간 일관되게 존재한다는 것은 오히려 학교 수업이 천편일률적이라는 것, 배우는 과정 사이에 '쉼'과 '회복'이 포함되지 않고 있다는 것을 보여 주는 것일 수도 있습니다. 결국 문제 행동은 어떤 일탈 행위라기보다는 이 순간에 일어나는 배움에 참여하지 못한다는 신호일 수 있습니다. 이러한 신호에 응답할 수 있는 체계가 수업 안에 없을 때 문제 상황이 생기는 거죠. 즉, 배울 준비가 되어 있지 않거나 또는 다른 이유로 이 수업에 참여할 수 없는 학습자에게 대체 공간이나 '쉼'과 '회복'의 과정을 보장해 줄 수 없는 상황에서 수업이 일방적으로 진행되는 것이 '문제 상황'은 아닌지 되짚어 볼 필요가 있습니다.

이렇게 본다면 앞에서 언급한 '교권 침해' 상황에 대해서도 이렇게 질문해 볼 수 있겠죠.

- 그 학생의 행위는 수업을 방해할 목적으로 행해진 것인가?
- 이 수업 방해 상황은 학생이 의도한 행위인가, 또는 학생이 그간의 수업에서 겪어 온 소외의 결과인가?
- 교사가 그 학생의 행동을 어떻게 제어하는지를 다른 학생들이 보는 것은 수업의 일부인가, 아닌가?
- 학부모가 학생의 입장에서만 사건을 보고 항의하는 이유는 무엇인가?
- 교사의 판단과 제지하기 위해 한 행동은 정당한가?
- 교사의 제지 행동에 대한 학생의 반응은 '폭언' 또는 '폭행'이라고 불릴 만한 것이었나?

첫째, '수업 방해 행위'가 일어났을 때, 그것이 '교권을 침해할 목적으로 행해진 행동인가? 아니면 학생이 수업을 견딜 수 없거나 지금 배울 만한 상태가 아닌데 교실에 머무를 수밖에 없어서 교사 학생 간의 갈등이 일어난 것인가?'에 대해 살펴볼 필요가 있습니다. 수업 시간에 자거나 휴대전화를 보는 행위도 이 행위 자체가 교권을 침해하는 것인지, 스스로 학습권을 포기하거나 어느 시점부터 '포기당한' 결과인지 따져 봐야 한다는 거죠. 이런 행위를 무조건 방관하고 허용해야 한다는 것이 아니라 어떤 행위를 공격으로 보느냐, 아니면 결핍의 결과로 보느냐에 따라 문제에 접근하는 방식이 달라질 테니까요.

둘째로, 교사가 그 '문제의 학생'을 대하는 태도는 교육과 동떨어져 있는 것일까요? 지식 자체는 수업이 아니더라도 책이나 인터넷 등의 다른 방법을 통해 알 수 있지만, '교사가 어떤 과정을 거쳐 지식을 전달하는가?', '그 과정에서 일어나는 돌발 상황에 어떻게 대처하는가?'는 수업 시간에만 배울 수 있습니다. 진도를 나가기 위한 설명을 할 때는 무관심하던 학생들이 교사와 학생 사이에 갈등이 일어났을 때는 매우 집중하곤 하죠. 물론 싸움 구경만큼 재미난 구경이 없으니 그러려니 할 수도 있겠지만, 공식적인 공간에서 일어난 갈등을 교사가 어떻게 해결하느냐에 학생들이 큰 관심을 갖고 있다는 것을 보여 줍니다. 이러한 과정은 잠재적 교육과정으로서 때로는 지식 교과 수업보다 큰 영향력을 미친다고 볼 수 있죠.[17]

제 수업 시간에는 이런 일이 있었습니다. 국어 시간이 통합 수업 시간이라 개별반(특수 학급) 학생이 들어왔는데

---

17 '잠재적 교육과정'이란, 일반적으로 문서화된 교육 의도 즉, 의도하는 학습 결과를 중심으로 표면적 교육과정(manifest curriculum)이 진행되는 중에 우연히 부수적, 산발적으로 나타나 교육적 영향을 끼치는 영역을 의미한다.

수업 내내 큰 소리를 질러 댔습니다. 저는 어떻게 대할지 몰라 당황한 가운데 학생들은 "걔 내려 보내요!"라며 더 크게 소리를 질렀습니다. 아마도 개별반 선생님이 그 학생이 수업을 방해하면 개별반으로 데리고 오라고 주의를 준 것 같았습니다. 그런데 저는 왠지 그렇게 하면 안 될 것 같아 그 시간 내내 그 학생의 눈을 맞추려고 노력하고, 어떻게 해 주기를 원하는지 계속 묻고, 설득하려고 했습니다. 한 20분이 지난 후 상황이 종료되었고, 앞에서 표현한 대로라면 나머지 학생들은 '수업에서 방치'되었죠. 그 학생이 좀 조용해지고 나서 수업을 진행하지 못할 것 같아 학생들에게 이렇게 말했습니다.

"저는 개별반 학생을 위해 그 학생이 국어 시간에 배워야 할 것을 따로 준비하여 가르치지 못했습니다. 개별반 선생님이 제 시간을 견디라고 함께 준 학습 만화책이 있어 늘 다행이라고 여겼죠. 지금까지 그 학생을 위해 어떤 교육과정도 마련하지 못한 제가 그 학생을 제 수업에서 내보낼 권한은 없는 것 같아요. 오늘은 예상치 못한 사건이 있었으니, 나머지 시간은 좀 쉬겠습니다."

저는 원래 매일 수업 시간에 있었던 수업 내용과 과정과 소감을 나누는 '수업일기'를 돌아가면서 쓰게 하는데요. 학생들이 제 수업에서 무엇을 느끼는지 궁금하기도 하고, 지난 시간을 되돌아볼 수 있는 효과도 있기 때문입니다. 그래서 매 시간마다 학생이 수업일기를 쓰고 다음 시간에는 그 일기를 읽으면서 시작하곤 했습니다. 그런데 그날 수업은 제 생각에도 안 한(?) 것과 마찬가지여서 그날 수업일기를 쓰는 차례였던 학생이 마음이 쓰이는 상황이었죠. 다음 시간 수업을 시작할 때, 그 학생이 수업일기를 쓰지 않았을 거라고 생각하고 넘어가려는 순간, 그 학생은 지난 시간의 상황을 상세하게 묘사한 수업일기를 발표했습니다. 그리고 마지막 문장을 이렇게 쓰며 마무리했습니다.

"선생님이 이명박처럼 굴지 않아서 좋았다."

교사인 저조차도 수업을 안 한 것으로 느끼는 상황에서도 학생들은 무언가를 배워 간다는 것, 내용을 전달하는 것을 넘어 수업을 둘러싼 여러 변수들이 어떻게 잠재적 교육과정이 되는지 느끼게 된 사건이었습니다.

그런데 이런 모든 상황을 '수업 방해(교권 침해)'로 봉합해 버리면 문제 해결의 길은 안 보이고 교권 침해를 당했다는 모욕감만 남게 됩니다. 따라서 과연 '교권 침해를 당했다'는 판단이 정말 학교 안에서 일어나는 다양한 갈등의 문제를 해결할 수 있는 방법이 되는지, 다양한 원인을 바탕으로 한 복합적인 사건을 단순화하는 것은 아닌지 생각해 볼 필요가 있습니다. 흔히 '교권 침해', '수업 방해'로 단순화하여 해석하는 교실 내 상황들이 실제로는 다양한 변수를 통해 재현되는 갈등이라는 사실이 가려져 있지는 않은지 살펴봐야 한다는 거죠.

셋째, 왜 학부모는 학생 입장에서 사건을 볼 수밖에 없을까요? 학부모가 교사에게 이런저런 민원을 제기하는 경우는 대부분 교사와 학생의 갈등이 제대로 처리되지 않았을 때입니다. 학생이 학교에서 부당한 일이 있을 때 직접 문제를 제기하고 해결할 수 있는 창구가 마련되고 그 창구를 신뢰할 수 있다면 굳이 부모님께 도움을 청하지 않을 것입니다. 물론 학부모의 입장에서도 학생에게 생긴 문제가 정당하게 해결되는 공식적인 절차가 존재한다면 학생의 말만 믿고 교사와 학교에 대해 불신을 갖는 일도 줄어들 것입니다. 하지만, 학교에는 학생 입장에서 억울한 일을 호소할 만한 창구가 마련되어 있지 않습니다. 부모 입장에서는 자신이 학생의 억울함을 해소해 줄 수 있는 유일한 역할이니 외면하기 어렵습니다. 학부모가 공식적으로 항의를 할 수 있는 창구 역시 '민원'의 형식입니다. 다른 채널을 통해 일상적으로 참여가 어려운 상황에서 민원을 교권 침해로 규정하면, 학부모 입장에서는 통로 자체가 막혀 있다고 여겨 불신하거나 더 거세게 항의하게 되죠. 학생의 정당한 발언권이 보장되고 이것이 학생인권의 관점에서 다뤄진다는 신뢰를 받을 수 있을 때 정보가 부족한 학부모가 교사에게 부당한 항의를 하는 일이 줄어들 수 있지 않을까요?

중등보다 초등 교사들이 학부모에 의한 '교권 침해'를 두드러지게 호소하는 것도 이런 이유에서입니다. 나이가 어릴수록 관련 지식과 경험이 부족하고 발언이 존중과 신뢰를 충분히 받지 못하는 등의 이유로 더욱 학교에서 자신이 겪은 문제를 제기하기 어려운 경우가 많습니다. 초등 저학년, 유치원 학생들은 특히 당사자의 발언권이 취약하기 때문에 오히려 학부모가 학생이 당한 일을 과도하게 해석하여 교사에게 책임을 묻는 등의 사례도 나타납니다. 다시 말하면, 소위 교사의 말을 잘 따른다는 저학년에서 오히려 아동학대라고 교사를 고발하는 현상이 두드러지는 거죠.

학생들이 자신이 겪은 학대나 인권 침해에 대해 문제를 제기할 언어를 가지고 있지 못할 때, 학부모의 걱정이나 두려움은 교사에 대한 원망과 공격으로 이어질 가능성이 높아집니다.

마지막으로, '교사가 어떤 행위를 교권 침해 행위로 판단하고 그를 제지하기 위해 한 방식은 정당한가? 그리고 그에 대한 학생의 반응은 '폭언' 또는 '폭행'이라고 불릴 만한 것이었나?'의 문제를 짚어 볼 필요가 있습니다. 학생을 훈계하다가 말이 잘 통하지 않을 때, '부모님 모셔 와'라는 이야기를 흔히들 합니다. 하지만, 모셔 올 부모님이 계시지 않거나 계셔도 모셔 오기 힘든 학생도 있죠. 또, 학교에 오라는 말을 하기 위해 학부모로부터의 폭행을 감수해야 하는 경우도 있습니다. 즉 관행적인 표현이 학생의 처지에 따라서는 가장 아픈 상처를 자극하는 말이 될 수도 있습니다. 이러한 상황에서 학생이 "씨×"이라고 할 때, 이것을 교사에 대한 '폭언'이라고

만 규정하기 어려울 겁니다. 폭행 역시 마찬가지입니다. 교사가 잡은 팔을 학생이 뿌리칠 때, 담배를 소지하고 있는지 검사하기 위해 학생의 주머니에 넣은 교사의 손을 학생이 잡을 때, 이 모든 것은 상대에게 가한 신체 접촉이기에 교권보호위원회에 '폭행'으로 넘길 수 있습니다. 하지만 학생의 입장에서 다시 살펴보면, 교사의 자의적 판단에 따른 인권 침해에 대한 정당방위일 수도 있죠.

이른바 학생과의 갈등을 문제 행동으로 낙인찍는 것이 교사에게 효과적인 방어막이 되는지, 아니면 새로운 갈등의 씨앗을 뿌리는 것인지 살펴볼 필요가 있습니다.

'교권 침해' vs '의사소통 역량이 필요한 상황'

> **사례**
> 모둠 학습을 하는데 A는 계속 휴대전화로 딴짓을 하면서 참여하지 않는다. 모둠장인 B가 이에 대해 불만을 토로하다 말다툼이 벌어진다. 교사가 다가가 A에게 학습에 참여할 것을 요구하자 A는 교사가 B의 편을 든다고 욕을 한다.

아마 현재의 교권보호위원회에서는 A가 교사의 말 끝에 한 '욕'을 문제 삼아 학생에게 징계를 내릴 것입니다. 하지만, 지식이 아니라 역량을 중심으로 교육을 다시 구조화하는 최근의 경향 속에서 '수업 방해' 행위를 무엇으로 볼 것인가에 대한 질문은 달라질 것입니다. '역량competency'이 '능력skill'과 구분되는 점은 문제 상황과 동떨어져 지식만을 학습하는 것이 아니라 상황과 맥락에 맞게 그 지식을 활용하여 문제를 해결하는 힘을 의미한다는 점입니다. 즉 능력이 문제를 푸는 상황에서 지식의 활용 여부에만 관심을 갖는다면 역량은 그 지식을 얻은 대상과의 관계, 또 함께 학습하는 공동체의 구성원들과의 관계와 연관되어 있습니다.[18] 즉, 개인 내적으로 계발되기보다는 사람들 사이에서 발달하는 속성을 띠는 거죠. 이것은 최근 현대 사회에서 일어나는 다양한 문제들을 해결하기 위해 분절화된 개인의 능력만으로는 한계가 있다는 것, 개인의 학습도 사회적 작용을 통해 일어난다는 사회적 구성주의 학습이 주목을 받게 되면서 떠오르게 된 개념입니다.

비고츠키의 사회적 구성주의 학습 이론에 따르면, 학습자의 배움에 있어 가장 중요한 것은 사회적 상호 작용입니다. 이러한 상호 작용은 물리적, 문화적, 사회적 환경이 인간의 행동에 어떤 영향을 끼치는지에 대한 이해를 포함한다는 것입니다. 비고츠키는 6세 아동이 장난감을 잃어버리고 아버지에게 도움을 청하며 자신의 기억을 복기해 내는 과정에서 사

---

[18] 손민호·조현영 씀, 《교육과정, 교육의 과정》, 학지사, 200쪽.

회적 상호 작용을 통해 지식을 획득하는 방법을 배운다고 말합니다. 아버지와의 대화를 통해 마지막으로 놀았던 장소에서 장난감을 찾는데요. 아이는 혼자서 기억해 내는 것이 아니라 아빠와의 상호 작용을 통해 장난감을 찾았던 사실을 기억하고, 다음번에도 문제가 생겼을 때 누군가와 상호 작용을 통해 문제를 해결할 수 있다고 예측한다는 거죠.[19]

실제로 이러한 역량 개념을 바탕으로 도입되고 있는 수업 방식 중 하나인 디자인 씽킹Design Thinking[20]은 대상과의 인터뷰를 통해 대상이 처한 상황에 대해 공감하고, 그 상황에서 가장 필요로 하는 바를 끌어내서 문제를 해결하는 방식입니다. 당사자들에 대한 '공감'을 통해 문제 해결 방법을 찾아낸다는 거죠. 이 과정에서 대상이 처한 물리적, 문화적, 사회적 환경을 폭넓게 이해하고, 그러한 배경에 대한 이해를 바탕으로 대상의 행동에 숨겨진 욕구를 파악하는 것입니다. 즉, 주체와 대상이 갖는 정서적 공감이 문제 해결의 중요한 단서인 거죠.

최근 개정된 2015 교육과정 역시 OECD에서 4차 산업혁명의 시대에 필요한 4가지 역량으로 제안한 비판적 사고력Critical Thinking, 창의력Creativity, 의사소통 능력Communication Skills,

---

19 애니타 울포크 씀, 김아영 옮김(2015),《교육심리학》, 박학사.
20 우영진 외 씀(2018),《디자인씽킹 수업》, 아이스크림.

협업 능력Collaboration[21]을 바탕으로 성취 기준을 제시하고 있습니다. 습득해야 할 지식이 아니라 지식과 능력과 태도가 결합하여 학생이 도달할 총체적 역량을 중심으로 교육과정 목표를 기술한 거죠. 이를 위해 '메이커교육', '거꾸로수업', '프로젝트식 수업', 'PBL Problem-solving Based Learning'[22] 등 여러 가지 수업 방식이 도입되고 있습니다.[23]

이러한 변화 속에서 수업의 목표 역시 도달해야 할 지식만이 아니라, "학습 과정에서 벌어지는 '문제 상황'을 공동체가 어떻게 해결해 나갈 수 있을 것인가?"로 전환할 필요가 있습니다. 예를 들어, "A는 이 수업에 왜 참여할 동기를 갖지 못하는가?"라는 질문을 통해 '모든 학생은 수업에 참여할 준비가 되어 있다'는 전제에 대한 비판적 사고를 할 수 있습니다. 그 결과 이 학생이 수업 방해 행위를 했다는 평면적인 판단을 넘어서 왜 모둠 학습이 이루어지지 못했는지 입체적으로 분석할 수 있겠죠. 예를 들어, 모두에게 학습 주제와 수준이 적합했는지 또는 모둠 안에서의 역할을 결정하는 과정에서 어

---

[21] 2015 개정 교육과정에서는 '역량 중심 교육과정'이라는 이름하에 ① 자기 관리 역량 ② 지식·정보 처리 역량 ③ 창의적 사고 역량 ④ 심미적 감성 역량 ⑤ 의사소통 역량 ⑥ 공동체 역량을 목표로 제시했다.
[22] 학습자 스스로 문제를 설정하여 문제 제시 → 문제 해결 방안 탐색 → 문제 해결 → 발표 및 평가의 단계를 통해 배우는 학습 방식을 말한다.
[23] 강인애 씀, 〈4차 산업시대에 PBL의 재조명〉, 《서울교육》, 229호.

떤 이의 의견이 무시당했는지에 대해서 종합적으로 다시 살펴볼 수 있을 것입니다. 그리고 이를 바탕으로 A가 이 수업의 내용과 맺고 있는 관계는 어떠한지, 모둠을 함께 하는 학생들과의 현재의 상태는 어떠한지에 대해 소통할 수 있을 것입니다. A는 오래전부터 그 과목 자체를 포기한 학생일 수도 있고, 모둠 학생들과 친하지 않아서 어떻게 상호 작용을 해야 할지 난감한 상황일 수도 있으니까요. 이렇게 의사소통하는 과정에서 과제 분담을 다시 한다든지, 문제 해결 과정의 순서를 바꾼다든지 하는 방법을 찾아낼 수 있겠죠. 이를 통해 원래 이루고자 했던 협력을 이뤄 낸다면, 그 시간 안에 모둠 학습을 통해 목표로 했던 '지식'을 습득하지 못하더라도 문제 상황을 해결하는 과정에서 '역량'을 키울 수 있는 것입니다. 이것이 비고츠키가 말했던 사회적 상호 작용을 통해 배움의 전략을 습득하는 과정이기도 하죠.

이것은 학생이 도달할 목표라는 점에서 교사가 시범으로 보여 줘야 할 역량이기도 합니다. 즉, '욕'이라는 표면적 행동에 집중하기보다 그러한 표현이 나오게 된 이면적 맥락과 의도를 알아내고 궁극적인 해결책을 찾는 모습을 보여 줄 때, B도 단순히 A에게 불만을 토로하는 것이 아니라 함께 학습을 할 동료로서 관계를 맺는 방법을 배울 것이기 때문입니다. 그렇게 A가 교사와 B로부터 받아들여지는 경험을 할 때, '욕'이라는 행동에 대해서도 사과할 수 있을 것입니다. 교사의 인권을 보장받기 위해서라도 교사가 먼저 의사소통 역량을 보이는 것이 필요한 거죠.

근대 교육의 역사 속에서의 교사의 역할 변화와 '교권'

현재의 공교육은 시민 혁명의 결과물이지만, 고도화되는 산업 혁명 시대에 필요한 숙련된 노동자들을 길러 내기 위해 만들어진 제도이기도 합니다. 해가 뜨면 일하고 해가 지면 일을 멈추고, 자연환경에 따라 자신의 노동을 집약적으로 하기도 하고 일정 기간 쉬기도 했던 농민의 몸을, 1년 365일 분 단위로 짜인 시간표 속에서 일하는 노동자의 몸으로 만들기 위해 탄생한 제도이기도 한 것입니다. 근대 공교육이 생긴 이후 공장의 아동 노동은 점차 줄어들었지만, 여전히 학교는 공장의 시간표처럼 일(수업)과 짧은 휴식을 반복하며 이러한 일과를 학생들에게 습관화하도록 함으로써 장시간 노동이 가능한 몸이 되도록 설계되어 있습니다. 이러한 기원에서 태어난 근대 학교의 교사에게 지식의 전달만큼이나 자연 상태의 학생의 몸을 출퇴근이 가능한 학생의 몸으로 만들어야 하는 소임이 중요했던 것입니다. 현재도 담임 교사의 가장 큰 임무는 학생의 출결 관리와 지각, 조퇴, 외출을 통제하는 거죠.

이러한 면에서 볼 때 '교권'은 노동자의 몸을 만들기 위해 감시하는 자본가의 권력을 대신 수행했다고도 볼 수 있습니다. 즉 근대 학교에서 발전한 학교교육 시스템은 19세기에서 20세기 초 시대의 필요에 맞춰서 설계된 산업 교육 industrial education 형태를 취하고 있고 이러한 산업 교육 시스템이 유지되는 도구로 교사가 이용되어 왔다고 볼 수 있죠.

하지만 이제 교육은 이러한 산업 교육 시스템에서 벗어나고 있습니다. 집약적인 지식은 이미 웹 사이트에 넘쳐 나도록 존재하고, 필요한 내용은 언제든지 검색하여 알아낼 수 있습니다. 노동의 시간과 공간도, 물리적으로는 감독자의 시공간을 벗어나 '접속'을 통해 통제되기도 하죠. 요즘 활성화되고 있는 재택 근무나 유연 근무는 이러한 노동 환경의 변화를 보여 줍니다. 인간이 해 왔던 단순 노동들을 기계가 대체하는 속도가 빨라지면서 교육에 대한 요구 역시 다양해지고 있죠. 이러한 시대 변화 속에서 교사의 역할 역시 이전의 산업화 시대에서처럼 지적 권위를 가지고 지식 자체를 주입하는 것이 아니라 학생들 스스로 사회에 필요한 지식을 창조하는 역량을 키우는 교육을 하는 것으로 바뀌고 있습니다.

단순히 일제식 수업 방식에서 변화하지 않으려는 교사의 나태함 때문에 교사의 역할 변화가 지체되고 있다는 것은 아닙니다. 교육 방식의 전환이 쉽게 이루어지지 않는 이유는 교사들이 게을러서가 아니라 사회의 중요한 자원을 분배하는 입시 시스템이 여전히 지식을 암기한 양을 측정하는 데 머물러 있기 때문입니다. 21세기인 지금도 대학 졸업장 없이 사회 안전망 안에 포함되는 것이 어려운 사회에서 원래 학문 연구라는 특수한 목적으로 만들어진 대학은 '보통의 삶'에 진입할 수 있는 유일한 관문이 되고, 대다수의 사람들이 이에 목맬 수밖에 없습니다. 이런 상황에서 전국민의 관심사가 된 대학 입시에서 '의미 있는' 상위권 대학 입학의 '공정성'을 담보하기 위해서는 학생들의 능력을 0.1점 간격으로 변별해 내는 데 초점을 맞출 수밖에 없죠. 능력이 엇비슷한 상위권의 학생들을 상대로 이것이 가능하도록 하기 위해서는 동일한 학습 범위를 전제로 한 객관식 시험으로 줄 세우기 하는 것 외에는 다른 방법이 없을 테니까요.

생활기록부는 교육에 대한 이러한 이중적 요구를 그대로 보여 줍니다. 산업화 시대의 정량적 평가 방식이라고 할 수 있는 출결과 성적은 물론 상대적인 위치를 알 수 있는 등급까지 아주 자세히 나와 있습니다. 그와 동시에 소위 말하는 '4차 산업 혁명'의 인재상과 연관된다고 할 수 있는 과목별 세부 능력 특기 사항과 비교과 영역이 동시에 기술되어 있습니다. 정성 평가라고 할 수 있는 이러한 영역도 대입의 근거가 되기에 생활기록부가 몇 페이지인가, 교사가 몇 자를 썼나 등의 정량적 요소가 민원의 원인이 되기도 합니다. 즉 학생들과 교사들은 19세기와 21세기의 이중적 압력을 동시에 받고 있는 셈입니다. 대입을 둘러싼 수시와 정시의 논란도 이러한 구조와 연관되어 있죠.

이렇듯 이중적인 압력 속에서 학교의 교육 방식이 왜곡되고, 도태되는 학생들을 '수업 방해' 학생으로 간주하기에 이르렀습니다. 대학 입시만이 안정적인 삶을 향한 유일한 신기루이고 그것을 위한 기회가 개인들에게 얼마나 균일하게 주어지는가가 공정성의 잣대가 되는 한, 교사들이 동네북처럼 사회 불만의 방패막이로 이용되는 현실이 바뀌기는 어려울 것입니다.

주장할수록 추락하는 아이러니

흔히, "담임을 안 하면 학생들이 예뻐 보인다"는 말을 하곤 합니다. "한 학교에 근무하는 5년 내내 담임을 하면 악마가 된다"라는 말을 농담처럼 하기도 하죠. 이런 농담들은 왜 생겨났을까요?

현재 담임 교사의 업무는 입법, 사법, 행정의 총체입니다. 예를 들어, 학급 구성원이 지켜야 할 규칙을 민주적으로 정한다고 하지만, 그 규칙의 구속을 받는 대상은 학생입니다. 교사에게 부과되는 의무는 없고, 규칙을 위반하는 행위가 발생하면 교사들이 그 행위의 위법성을 판단하는 경찰의 역할을 하게 되죠. 위반 행위에 대해 적절한 벌을 주는 사법의 역할도 대행합니다. 생활기록부 조회 등 학생의 개인 정보에 관한 것, 조퇴·외출 등의 출결 관리까지 수업 외 대부분의 학교의 행정이 담임 교사를 통하도록 되어 있습니다.[24] 아무리 인자한 교사도 학생에게는 '선한 군주'일 수밖에 없죠. 그래서 '담임을 안 하면 학생들이 예뻐 보인다'라는 말은 감시자의 의무에서 벗어날 때 오히려 학생과의 관계가 회복된다는 의미로도 읽을 수 있습니다.

실제 '학생들에게 행동의 모범을 보이기 위해' 교장이 교사를 체벌했던 사립 고교의 예에서 알 수 있듯이 행정과 입시 경쟁은 교사에게 학생들을 무리하게 지도할 것을 요구합니다. 이 요구가 교사를 통해 구현되는 과정에서 학생들의 반발을 사게 되고 이 중 일부는 역으로 교사에 대한 폭언과 폭행으로 돌아오기도 합니다. 문제 행위의 기준을 교사가 정하기에 기준에 대한 반감은 교사에 대한 반감으로 이어집니다. 기준에 대한 문제 제기가 자유롭지 못한 상황이기에 학생들은 교사를 공격하면서도 인간적인 죄책감을 갖지 않게 되죠. 학교의 억압에 저항하는 학생의 행동을 교사가 강제로 저지할 때, 학생들은 교사를 한 인간을 넘어 '권력'으로 생각하여 함부로 대해도 양심의 가책을 덜 느끼게 되는 것입니다. 대통

---

[24] 이런 면에서 교사와 학생의 관계는 교장과 교사의 관계와 유사하다. 교사의 근태 관리와 교사의 교육 행위가 모두 교장의 결재를 통해 이루어지고, 근무 평가와 다면 평가 등이 성과급 기준과 통합되었기에 교장은 교사에게 엄청난 권력을 행사한다.

령 등 권력자에 대한 조롱이 풍자로 여겨지고 그 사람들에 대한 희화화가 개인에 대한 인권 침해가 아니라 정치에 대한 비판의 의미를 담고 있다고 여기는 것과 마찬가지입니다.

게다가 학교공동체에서 지켜야 할 규칙은 교사, 학생, 학부모, 관리자 등 모두가 지켜야 하는 민주적인 방식으로 제정된 것이 아니라 학교 권력을 대행하는 교사 개인의 지도에 맡겨져 있습니다. 때문에 큰 틀은 유사하나 구체적인 내용 면에서 교사 간에 차이가 나는 경우도 있고, 그것을 지도하는 방식에 있어서도 일관되지 않은 경우가 많습니다. 즉 교사의 인격으로 허용할 수 있는 범위가 교실 규칙의 범위가 되었던 것입니다. 교칙은 포괄적으로 제시되어 있고, 학생 행동의 전반에 대한 세세한 판단 기준을 교사가 독점하고 있기 때문에 결국 학생들 입장에서는 학교에 어떤 문제가 있어도 그것이 학교교육의 문제라고 느끼기보다는 교사의 문제라고 보게 되는 경우가 많았던 것입니다.

교사가 학생들 사이에서 '공공의 적'일 때 집단의 억눌린 분노가 교사에 대한 공격으로 표출되기도 합니다. 많은 사람들이 교권 침해 현상에 대해 해석할 때 '학생이 교사들을 간보고 덤빈다'라고들 합니다. 교사들 중에서도 상대적으로 약한 여교사나 기간제 교사들이 주로 교권 침해를 당한다는 거죠. 그렇지만, 학생들이 주로 교사들을 공격하는 경우가 휴대전화 등의 물건을 압수당할 때나 흡연 등을 이유로 소지품 검사를 당할 때라는 것을 생각해 보면, 학생들에게 동의받지 않은 교육을 교사가 강제하려 들 때, 이에 대한 저항이 상대적으로 힘이 없는 교사에 대한 공격으로 표출됨을 알 수 있습니다. 다른 한편으로 물리적인 힘에 있어서 약자인 '여성'과 신분의 불안함을 대변하는 '기간제'라는 지위에 대한 무시가 '교권'에 대한 도전으로만 해석되는 것은 한계가 있습니다. 이러한 복합적인 상황을 '교권에 대한 도전'으로만 해석할 때, 젠더와 지위에 대한 차별은 가려지게 됩니다.

그럼에도 여전히 어떤 사람들은 학생인권을 존중하라는 주문을 교권 침해로 받아들이거나 교육할 때 사용하는 모든 수단을 금지하라는 것으로 받아들이기도 합니다. 학생인권이 제안하는 것은 '아무것도 하지 말라'가 아니라 인권 침해를 제외하고 교사가 할 수 있는 교육 행위의 범위를 확대하자는 것입니다. 교사의 입장에서 학생 개개인의 처지와 소질과 관심을 반영하여 교육과정을 구성하기 위해서는 다양한 교육적 방법을 구안하고 시도할 수밖에 없습니다. 물론 모두가 만족할 만한 수업이 만들어지면 가장 좋겠지만, 현실적으로 모두를 만족시킬 수 없기 때문에 다양한 시도들 속에서 학생 개개인의 인권을 존중하는 것을 기준선으로 삼자는 것입니다. 즉, 〈초·중등교육법〉에서 규정한 '법령에 따라' 교육하는 범위가 바로 학생인권이 될 수 있다는 거죠. 인권을 존중하는 교육을 하려면 학생들을 강제하지 않고 자발적 동의를 이끌어 내야 하기에 학생 개개인의 상태를 존중하여 학습 내용이나 방식을 다양화할 수밖에 없습니다. 이러한 면에서 인권을 존중하는 교육은 '어떤 것을 금지하는 교육'이 아니라 '인권을 존중하는 바탕 위에서 모든 것이 가능한 교육'이라고 할 수 있겠죠.

물론 가르치는 사람으로서의 권위는 중요합니다. 하지만 권위는 타인이 상대의 전문성과 인격 등으로 감화를 느껴 부여하는 것이지 스스로 주장하는 것은 아닐 겁니다. 멘토는 멘티가 그를 찾을 때 될 수 있는 것이지, 스스로 멘토라 지칭할 수 없는 것과 같습니다. '내가 ○○이야'라고 자신의 지위를 내세울 때 오히려 권위는 왜소해지죠.

교사와 학생의 관계는 고정되어 있는 것이 아닙니다. 어떤 계기를 통해 만났는지, 현재 어떤 영향을 주고받고 있는지, 서로 존중하는 태도를 보이는지에 따라 변화하는 거죠. 이러한 변수들은 순간순간 영향을 미쳐 관계가 가까워지기도 하고, 멀어지기도 합니다. 관계에서의 거리 두기는 소통의 수단이 되기도 합니다. 상대가 잘못을 하고 사과하지 않을 때 사과하지 않으면 절교하겠다는 경고를 하는 것처럼요. 이것을 권한으로 규정하는 것은 서로의 말에 귀 기울일 필요를 없앤다는 점에서 소통에 장벽이 될 수 있습니다. 교무 회의에서 언쟁이 있을 때, "이것은 교장의 권한이에요"라는 말이 주는 느낌을 떠올려 보면 쉽게 이해가 되죠. 이렇게 볼 때 교권을 주장하는 것은 소통에 대한 노력 없이 관계를 고정하려는 욕구로 비칠 수도 있습니다. 오히려 교사와 학생의 만남에서 학생을 먼저 존중할 때 교육자로서의 '권위'가 살아날 수도 있죠. 이렇게 볼 때, '장악하는 권리', '주장하는 권리'로서의 교권은 실제 권리의 탈을 쓴 의무가 아닐까요? '장악이 가능한 권리'가 아니라 '교실을 장악해야 하는 의무'가 교사를 옭아매 왔던 것은 아닐까요?

권리라는 이름으로 집중된 의무의 해체

이렇듯 학교의 문제를 모두 교사에게 책임을 전가하는 것은 교사가 다양한 역할을 동시에 맡고 있는 데서 기인합니다. 지금 교사는 행정적 업무 담당자, 교실 시설 관리자, 학생 상담가, 학생 징계자, 사회 복지사, 수업 담당자 역할을 모두 겸하고 있습니다. 아침에 와서 학생들의 출결을 관리하고 학교 지시 사항을 전달하며 바로 수업에 들어가고 공강 시간에는 행정 업무를 처리하고 급식 시간에는 급식 지도를 하고, 반에 사건이 생기면 상담과 징계에까지 모두 관여하는 교사의 역할 모델은 비현실적입니다. 이것은 마치 교실이라는 작은 사회에서 여성가족부, 보건복지부, 법무부, 행정안전부의 일을 교사 1인이 모두 담당하고 있는 것과 마찬가지죠.

실제 학생 간 폭력 사건이 발생했을 경우, 학교폭력자

치위원회가 있다고 해도, 가해자와 피해자가 같은 학급 학생일 경우 초기의 가해, 피해의 진실을 밝혀내는 경찰의 역할부터 사후에 가해·피해 학생의 심리적 상담까지 교사가 책임져야 합니다. 그런데 이러한 상황은 교사에게 모순된 역할을 동시에 요구하기도 하고, 어떤 역할에도 집중할 수 없게도 만들고 있습니다. 죄를 추궁하다가 속마음을 보여 달라고 하는 일이 쉽지는 않으니까요. 따라서, 역할 분담 없이 교사의 권한이 강화된다면 과다한 책임을 강요받는 틀에서 벗어나기 어려울 것입니다. 한 아이를 기르기 위해서는 하나의 마을이 필요하다고 합니다. 교사 개인에게만 맡겨진 교육이 아니라 다양한 교육 전문가의 협업 체제 구축이 필요한 시점인 것입니다. 다음 기사는 이러한 접근을 보여 줍니다.

> 한국에서 어떤 학생이 아버지가 자주 술을 먹고 난폭해서 정서적으로 삐뚤어져 있는 경우에 사랑 넘치는 선생님이 점심을 사 주거나 방과 후에 숙제를 봐 주고 따뜻한 말로 격려를 한다는 이야기는 하나의 '미담'이 될 수 있지만, 영국인의 시각에서는 단지 자기 주제 파악을 못 하는 선생님으로 몰릴 수가 있다. 특히 영국에서는 학교에서 카운셀러와 사회 복지사 역할을 겸임하려다가 아동에게 사고가 났을 때 교장이 문책을 당하고 구청 교육감이 책임져야 할 수도 있다. 사정이 이렇다 보니 학교에서는 정신보건센터와의 원활한 협력을 위해 SENCo Special Educational Needs Coordinator라는 선생님을 두고 모든 연락을 담당하게 한다.[25]

이를 위해서는 교사와 역할과 권한과 의무를 분산할 수 있는 상담 교사 배치와 지역 사회 전문가 배치 등 교육 활동을 지원할 수 있는 실질적인 제도가 뒷받침되어야 하겠죠. 2006년 학교에 학교 사회 복지사를 파견하는 정책이 있었습니다. 하지만, 사람보다 사업을 중심으로 진행하여 사업이 끝난 후 그 존재감도 사라지고 현재는 몇몇 학교나 일부 지역에만 존재하고 있습니다. 그 이후 사회 복지사를 통한 학생들에 대한 지원 사업은 축소되거나 다시 담임 교사의 짐으로 돌아왔습니다.

담임 교사에 따라 학생들이 달라진다며 그 역할과 권한을 강조하는 논리는 교사로 하여금 학생을 현재 그대로 받아들이기 어렵게 만듭니다. 이러한 논리는 학생을 아직 완성되지 않은 존재, 뭔가 되어야 할 존재로 보고 그 완성의 책임을 교사에게 떠넘기기 때문이죠. 이러한 상황에서는 교사도 자신의 책임을 다하느라 학생들에게 '너, 오늘 괜찮니?'라는 현재의 안부를 묻기 쉽지 않죠. 미성숙한 존재를 성숙시키기 위해 교사가 모든 수단을 다 써도 된다는 교권은 학생에 대한 무한 책임을 교사에게 지우는 짐이 될 수도 있는 겁니다.

학생의 현재의 삶을 궁금해하고 긍정하는 교사가 있을

---

25 "청소년과 정신건강 1. 영국 학교와 불량 청소년", 〈코리안위클리〉, 2009년 4월 22일.

때, 학생 스스로도 자신의 삶을 긍정하고 가능한 변화를 꿈꿀 수 있을 것입니다. 이러한 과정을 거쳐 학생 스스로가 자신의 삶을 변화시키고자 할 때, 그에 맞춰 지원하고 격려하는 것이 교사의 역할이 아닐까요?

'교권 침해'가 가리는 현실

교권을 '가르칠 권리'라고 할 때는 그 가르침과 배움의 공간에서 어떤 교사와 학생을 상상한 것일까요? 흔히 교육학 이론서에서 교사와 학생은 현실에 존재하는 교사와 학생이 아니라 사회적 맥락과 무관하게 이상적으로 존재하는 사람들로 그려집니다. "기본적인 돌봄을 충분히 받고 동일한 배움의 욕구를 가지고 있는 존재"들로 학생을 전제하고 있죠. 하지만, 실제 교실에서 만나는 학생들은 계급에 따라 돌봄의 토대도 다르고, 가지는 문화 자본도 다 다릅니다. 때로는 서로 다른 배경이 교수-학습에서 이루어지는 담화의 내용을 결정하기도 합니다. 예를 들어, 영어 수업 시간에 공항에서의 대화를 듣고 실제 해 보는 것을 수업 활동으로 한다면 영어 능력과 관계없이 실제 해외 여행을 위해 국제 공항에 가 본 학생과 가 보지 못한 학생이 보이는 역량은 전혀 다를 것입니다. 그런데 교육학의 이론서들은 모두가 동일한 배경을 가지고 있을 것이라고 전제하죠.

교사 자신의 유년 시절에 부모가 읽어 줌으로써 들었던 동화들을 전혀 들어 본 적이 없는 학생들과 마주할 수도 있습니다. 실제 유아기에 자기 전에 엄마가 책을 읽어 주는 경험을 했던 학생들을 만나는 것은 흔치 않은 경험입니다. 《신데렐라》, 《백설 공주》, 《이상한 나라의 앨리스》 등의 외국 동화나 한국의 전래 동화 등 상식이라고 전제하고 예로 든 이야기를 처음 듣는다는 학생들을 만나게 되기도 하죠.

엄마, 아빠, 형제자매로 구성된 4인 가족으로 대표되는 소위 '정상 가족'이 등장하는 예시를 현실에서 전혀 경험할 수 없는 학생들도 많습니다. 학생들이 교사의 발화에 대해 이해하지 못하거나, 이해했지만 자신의 삶과 맞지 않아 반감을 표현할 때 교사와 학생의 만남은 미끄러집니다. 이럴 때 보이는 학생의 반감 어린 태도에 모욕감을 느껴 '교권 침해'를 당했다고 판단하는 경우도 있습니다. 〈Entre les murs〉(2008), 한국에서 〈클래스〉라는 제목으로 개봉한 프랑스 영화를 보면, 교사가 예문을 만들 때 주어를 '빌'이라고 하자 아프리카 배경의 학생이 왜 그런 예만 쓰냐며, 아프리카어인 '아이싸타'라는 이름을 쓰자고 제안합니다. 또, 교사에게 순종적인 중국계 학생인 웨이에 대해서만 편애한다며 인종 차별이 있다고 지적하지만, 교사는 숙제를 해 왔기 때문에 칭찬한 것이라며 지적 자체를 이해하지 못합니다. 한국에도 다문화 배경 학생의 비율이 급속하게 늘어나고 있습니다. 영화의 일화는 우리나라에서도 교사의 의도하지 않은 언행이 학생을 차별할 수도 있고, 문화적 충돌이 교권 침해로 받아들여질 수도 있다는 것을 보여 주고 있죠.

다른 한편으로는 사회 양극화가 급속하게 진행되고 있습니다. 매년 교실에서 만나는 한부모 가정이나 기초 생활 수급자, 차상위 계층의 비율은 증가하고 있고, 이러한 빈곤 계층과 중산층은 부동산 가격을 중심으로 분리되어 살고 있습니다. 경제적 이유로 돌봄에서 소외되는 계층의 학생들이 특정 지역에 몰리는 현상이 가속화되고 있는 것입니다.

하지만, 상대적으로 교사의 경제적 지위나 배경은 중산층 이상으로 균질해지고 있습니다. 실업난으로 학업 성적이 높은 학생들이 사범대와 교대로 진학하는 경우가 많습니다. 공무원 시험이나 임용 시험에 도전하는 사람이 많아지면서 시험 합격 확률은 실패를 견딜 수 있는 재력에 비례한다고 합니다. 재수를 반복하고도 포기하지 않을 수 있는 경제적 배경이 있을 때 합격이 가능하다는 거죠. 이러한 상황에서 여러 층위의 경쟁을 뚫고 교단에 선 교사들은 고등학교 때부터 우수한 성적으로 임용 시험까지 통과한 사람들로 실패를 견딜 수 있는 사회·경제적 배경을 가지고 있을 확률이 높습니다. 학생들이 가진 다양한 사회적 배경에 대해서 교사가 이해할 수 있는 여지가 줄어들고 있는 것입니다.

교사-학생 간의 갈등은 지역별로 다른 양상을 보입니다.

중산층 이상이 모여 있는 도시 지역에서의 교사는 대학 입시와 관련된 공식적인 민원 과다에 대한 고통을 호소합니다. 이에 비해 열악한 지역의 교사들은 대입에 관심이 없는 학생들의 욕설이나 폭행 등의 거친 행동으로 인한 고통을 호소합니다. 학생들 사이, 그리고 교사와 학생 사이에 존재할 수 있는 문화 자본의 격차는 가려져 있죠. 특히 열악한 지역에서 벌어지는 교사에 대한 학생의 공격은 교사가 가지고 있는 계급적 배경과 학생이 가지고 있는 계급적 배경의 격차에서 오는 문화 자본의 차이에서 빚어지는 경우도 많습니다.

현실적으로 중산층 이상의 문화 자본을 지닌 교사나 교수 집단이 자신이 속한 집단의 기준으로 정한 학습 기준과 난이도에 맞춘 표면적 교육과정을 아무리 다양한 방식의 예시 자료와 학습 방법으로 접근해도 학습 목표에 도달하지 못하는 학생이 존재할 수밖에 없습니다. 앞에서 말했듯, 학생들은 수업 시간에 목표로 했던 지식을 얼마나 전달하느냐와 더불어 교사가 학생과의 갈등을 어떻게 해결하고, 학생 개개인을 어떻게 대하는가를 보면서 배웁니다. 즉, 학습 목표에 도달하지 못하는 학생도 교사나 동료 학생들로부터 이해받고 환대받느냐, 아니면 외면당하고 무시당하느냐에 따라 정반대의 잠재적 교육과정이 펼쳐질 수 있겠죠.

- 어떤 성취를 이루든 인간적으로 무시당하지 않고,

자신이 이해하지 못하는 것에 대해 언제든지 질문할 수 있고, 자신이 그 수업에서 중요한 존재라는 것을 끊임없이 확인받는 공간
- 지금 배움을 놓쳐도 언제든 어디서든 약간의 보충 수업을 받으면 따라갈 수 있는 공간
- 무엇보다도 그러한 과정을 거치면 알 수 있는 것들 때문에 내가 어느 위치에 있는지 다른 사람과 비교당하지 않을 수 있는 공간

학생 누구에게나 이런 공간이 있다면 단순히 그 교실뿐 아니라 이 사회가 자신을 포용하고 있다고 느낄 수 있을 것입니다.

하지만 한국에서는 정반대의 상황이 벌어집니다. 교실은 철저히 평가받는 공간이고, 이러한 상황에서 보충 수업의 대상이 되는 것은 학교에서의 사회적 위치에까지 영향을 줍니다. 학생 자신이 학습 결손에 대해 가장 큰 피해를 입음에도 불구하고, 학습 결손을 인정하는 것은 학교 사회의 인정이라는 다른 자본을 까먹기 때문입니다. 또, 대부분의 학습자들이 어떤 기준에 도달하지 못했다는 사실 때문에 자신을 부끄러워하고, 교사들에게도 미안해합니다.

이러한 격차가 어느 정도 낮은 수준일 때는 부러움과 자극이 되지만, 학년이 높아질수록 격차 자체를 극복할 수 없다

는 결론에 이르면 배움 자체를 거부하게 되고, 배움으로 나아가는 매개인 교사에 대한 무시로도 나타나게 되죠.

학생인권 담론이 징계 과정에서도 인권적 절차를 중시하고, 배제적 징계에 대해 비판적 입장을 갖는 것도 문제적 상황을 연출하는 학생들이 현재의 구조적 모순을 보여 주는 징후일 수 있기 때문입니다. 그리고 앞에서 언급한 것처럼 이러한 모순을 어떻게 대하느냐가 표면적 교육과정보다 강력한 잠재적 교육과정의 내용과 방향을 결정할 것이기 때문입니다.

이러한 면에서 '교육 활동 침해 행위'[26]를 한 학생에게 강제 전학과 퇴학 조치를 가능하게 한 법률이 어떤 교육을 상상하고 있는가에 대해 질문하지 않을 수 없습니다. 물론 입법을 진행한 사람들은 단순히 수업 시간에 방해한 정도가 아니라 교사에게 지속적으로 폭언과 폭행을 한 경우 적용되는 최소한의 조항이라고 주장할 것입니다. 하지만 학생이 교사에게 폭언과 폭행을 하기까지는 서로를 돌볼 수 없는 교육 환경 속에서 소통이 끊임없이 미끄러져 온 과정이 있습니다. 아마도 이러한 법이 생긴 후에 결국 그 소통의 끝에 내뱉을 수 있는 말은 '너는 그런 행동 때문에 전학 가거나 퇴학당할 수

---

26   교육부의 교육활동보호매뉴얼상 명칭이다.

있어'일 것입니다. 대부분의 교권 침해 사건은 '교사의 정당한 지시 불이행'이라는 죄목을 달고 있습니다. 그런데 '정당성'은 누가 판단할까요? 교사들은 그 '정당한' 지시를 이행할 수 없는 학생의 안부를 묻고 상태를 살펴야 하는 것은 아닐까요? 단순히 처벌만 강화한다면 모순이 누적되어 온 결과이자 피해자인 학생들을 거꾸로 가해자로 모는 결과를 가져오지는 않을까요?

Q&A

학생이 갑처럼 느껴져요

최 선생님

저는 자율형 사립고 교사입니다. 우리 학교는 일반적인 학교와 다르게 학생들은 약자가 아니라 고객님들이고 교사는 마트 직원으로 비유할 수 있다고 생각합니다. 이런 학교 현장에서도 학생인권이 필요할까요? 굳이 '학생'이라는 말을 인권에 붙여 교권과 대립하는 개념처럼 보이게 하는 것 같아요. 인권교육이 필요하다는 데에는 동의하시만, 교사와 학생 모두에게 적용될 수 있는 보편적인 인권교육으로 충분하지 않을까요?

조영선

인권은 어떤 위치와 맥락에 처하느냐에 따라 다르게 느껴지기도 합니다. 제가 볼 때 선생님은 학생인권과 교권 사이의 대립을 경험하신 것이 아니라, 학생들이 교사의 임금을 포함한 학교 운영비를 모두 부담하는 자율형 사립고의 구조 속에서 서비스 제공자와 구매자로 만나는 관계의 모순에 혼란을 느끼시는 것 같군요. 교육의 공공성이 중요한 이유가 여기에 있습니다. 역할이 무엇이든 재원이 어디에서 나오느냐에 따라 관계의 틀이 만들어지기도 하지요. 실제 자사고 학생들은 일반고에 간 다른 학생들보다 세 배는 더 많은 등록금을 내고, 그만큼의 서비스를 기대하지요. 그 구조 안에 있는 교사가 한 교육은 그 의도와 관계없이 학생이 구매한 만큼의 서비스로 여겨지고요. 실제 자사고에서 전학 가려는 학생을 만류하자, 학생이 "선생님, 월급 안 나올까 봐 그러세요?"라고 말했던 일화는 이러한 구조가 교사-학생의 관계를 어떻게 일그러뜨리는지 보여 줍니다. 이렇듯 인권의 눈으로 세상을 본다는 것은 개인과 개인과의 관계를 넘어 구조 안에서 어떤 권력관계를 갖고 있는지 성찰하는 것에서부터 시작합니다.

 박 선생님

남학교 교실에서 학생이 여 선생님 앞에서 '○○년' 등 여성 비하적인 말이나 욕을 사용하는 일이 자주 있습니다. 이러한 욕설에 대해 지적하면 학생은 친구나 스스로에게 욕을 한 것이라고 해명합니다. 나중에는 "선생님들도 저희한테 '이 ○○놈들아' 이러시잖아요"라고 말하더라고요. 이런 경우에는 어떻게 처분해야 할까요?

조영선

교사이지만 또한 여성으로서 남성으로만 둘러싸인 교실에서 여성 혐오 발언을 듣는 것이 어떤 느낌일지 짐작이 됩니다. 여성을 무시하는 성차별적인 행위이니 성희롱으로 교권보호위원회에서 일벌백계해야 한다고 생각하시는 마음도 이해가 되고요. 하지만, 이것을 교권보호위원회에서 다투는 것이 학생에게 자신이 남성으로서 여성에 대한 혐오 발언을 한 것이라는 것을 가르치기에 적절한지 고민이 됩니다. 교권보호위원회는 통상 교사의 권위에 도전했을 때 벌을 받는 곳으로 인식되어 있죠. 이러한 상황에서 학생은 본인이 남성이어서가 아니라 학생이어서 이 위원회에 회부되었다고 생각할 것입니다. 즉 자신의 남성으로서의 권력이 교사이지만 여성인 상대에게 모멸감을 준다는 것을 이해하기 어려운 자리라는 거죠. 그래서 선생님한테 한 말이 아닌데 왜 피해 의식을 갖느냐는 주장을 반복할 확률이 높습니다. 선생님한테 그렇게 말하는 게 문제가 아니라 남성이 서로를 비하하는 표현으로 여성을 지칭하는 말을 쓰는 게 문제라는 본질을 교육하기 어려운 상황인 것입니다. 이렇게 자신의 잘못을 이해하고 인정하기 어려운 상황에서는 학생들이 자신의 잘못을 반성하기보다 억울해하는 경우가 많아서 자신의 행위를 돌아볼 여지가 생기지 않는 것이 사실입니다. 자신이 저지른 잘못보다 더 큰 대가를 치렀다는 감각은 자신이 한 행위에 대한 정당화를 강화시키기도 하니까요. 징계를 안 하는 것이 능사는 아니지만, 적어도 젠더 권력에 대해 이야기할 수 있으려면 교사와 학생이 아니라 인간 대 인간으로 이야기할 수 있는 기회가 필요하지 않을까 싶습니다. 실제 이 학생은 선생님들이 학생들한테 쓰는 표현에 대해서도 억울함을 갖고 있군요. 이 말은 선생님의 지적에 말꼬리를 잡기 위해 썼을 수도 있겠지만, 학생들이 일상적으로 어떤 환경에 놓여 있는지 보여 주기도 하죠. 선생님은 교사이지만 여성이기도 하고, 남학생들이 쓰는 여성 혐오 발언을 들으면 더 큰 모멸감과 위축감을 느낄 수 있다는 것을 전하려면 교사들도 학생들에게 그러한 표현을 썼을 때 사과하고 책임지는 모습을 먼저 보이는 것이 필요하겠죠. 그때 학생들도 교사들로부터 인권을 지닌 한 인간으로서의 면모를 발견할 수 있을 것 같습니다.

2부

학생인권을 공부해야 하는 이유

왜 학생의 인권이 불편할까?
학생인권을 통해서 본 인권의 특성
Q&A 교사도 학생도 인권을 달가워하지 않아요

왜 '학생'의 인권이 불편할까?

학생의 '현재'에 관심을 기울이는 교육에 접근하기 위해서는 학생의 삶을 공부해야 할 텐데요. 학생의 삶을 공부한다는 것은 아마도 학생들이 인간다운 삶을 살고 있는지, 인권의 기준에서 다시 들여다보는 일일 것이고 그 열쇠는 '학생인권'이 될 것입니다. 그런데, 학생인권을 공부한다는 것은 왜 이리 낯설고 불편할까요?

인간이라면 누구나 온전히 살아가는 데 필요한 기본적인 권리를 보장받아야 한다는 생각에 반대하는 사람은 아무도 없을 것입니다. 하지만 '누구에게', '어떤 상황에서', '어떤 권리를' 보장할 것인가를 따지기 시작하면, 의견이 나뉩니다. 학생들은 이렇게 질문합니다.

"왜 학교에 등교할 때 머리랑 복장 검사를 받아야 해요?"
"왜 학교에 가면 휴대전화를 걷어요?"
"왜 화장실 가는데 허락을 받아야 해요?"

이런 질문에 대해 사람들은 이렇게 대답합니다.

"너희가 어려서 그래."
"다 너희를 위한 거야."
"나중에 크면 다 알게 될 거다."
"그렇게 안 해서 사고 치면 내 책임이야."

나이가 어리기 때문에 당연히 겪는 일이지 차별이나 인권 침해라고 여기지 않는 거죠. 인간의 가장 기본적인 욕구 실현에 대해서 검사를 받거나 허락을 맡고, 이를 어겼을 때 벌을 받을 수 있다는 현실을 '학생들이 인권을 존중받지 못하고 있다'고는 인정하지 않는 것입니다. '차별'에 반대하기는 쉽지만, '차별'이 무엇인지 말하는 것은 어렵다고 말한 이유가 여기에 있죠.

전 국민이 겪은 인권 침해에 대한 반응

물론, '차별 금지'에 대해 비교적 명확하게 규정하고 있는 〈국가인권위원회법〉상 차별 금지 사유에도 '학생'이라는 이유는 포함되어 있지 않습니다.[27] 대부분의 차별 금지 사유는 벗어나기 어려운 정체성을 포함하고 있는 데 반해, '학생'이라는 처지는 일정 나이를 먹으면 자연적으로 벗어나게 되는 정체성이기 때문이죠. 그래서 많은 사람들이 청소년이나 학생 때 경험한 인권 침해를 '그때는 그럴 수 있는 것', 때로는 '그때는 그래야만 하는 것'으로 생각합니다.

아이러니하게도 문제는 바로 그 지점에 있습니다. 학생이라는 처지는 모든 사람이 일정 기간 경험하는 사회적 신분에 가깝습니다. 사실 '신분'이라는 말은 그 신분에 속해 있다는 이유만으로 인간적인 대우를 포기하던 근대 이전 시대에 생긴 말입니다. 즉 같은 인간이지만, 신분이 다르다는 이유만으로 모든 자유를 통제당했던 삶을 일정 기간 모든 국민이 경험하는 거죠. 큰 변화를 겪었던 한국 근현대사 속에서 청소년기만은 늘 '미래를 위해 현재를 준비해야 하는 시기'로 남아

---

27 〈국가인권위원회법〉 제2조 3항.
"평등권 침해의 차별행위"란 합리적인 이유 없이 성별, 종교, 장애, 나이, 사회적 신분, 출신 지역(출생지, 등록기준지, 성년이 되기 전의 주된 거주지 등을 말한다), 출신 국가, 출신 민족, 용모 등 신체조건, 기혼·미혼·별거·이혼·사별·재혼·사실혼 등 혼인 여부, 임신 또는 출산, 가족 형태 또는 가족 상황, 인종, 피부색, 사상 또는 정치적 의견, 형의 효력이 실효된 전과(前科), 성적(性的) 지향, 학력, 병력(病歷) 등을 이유로 한 다음 각 목의 어느 하나에 해당하는 행위를 말한다.

있습니다. 학교교육과 입시가 힘든 육체노동에서 벗어나 경제적 안정과 명예를 동시에 얻을 수 있는 유일한 통로였던 한국 사회에서 이를 위해 모든 것을 포기하고 경쟁하는 것이 일상화되었던 거죠.

이러한 경쟁 때문에 학생들이 자신의 성적을 비관하여 자살하는 문제가 처음 사회 문제화되었던 시기가 1980년대 후반입니다. 1986년 1월 15일 중학교 3학년 학생이 '행복은 성적순이 아니잖아요'라는 유서를 남기고 자살을 했죠. 이것은 당시에 큰 공감을 불러일으켰으며 우리 교육을 돌아보는 계기가 되었습니다. 1989년에는 영화화되어 크게 흥행을 하기도 했죠. 그리고 이러한 사회적 공감은 1980년대 후반 전교조 창립 등 교육 개혁의 요구로 이어졌습니다.

그 후 30년이 지난 21세기에도 수능 날이면 학생들의 자살이 보도됩니다. 하지만 이제는 사회 문제로 조명되지도 않습니다. 전 국민 자살률이 OECD 1위인 나라에서 'OECD 10대 자살률 1위', '10대 행복지수 꼴찌' 등의 지표가 큰 영향력을 갖지 못하는 것은 새삼스러운 일이 아닐지도 모릅니다.[28] 학생인권 문제는 '미래를 위해 그 정도는 참고 견뎌야 한다'는 암묵적인 동의 속에 여러 가지 장벽에 가로막히고 있죠.

---

28 ""빈곤 아동, 미래도 기대 안 해"…청소년 행복지수 OECD 꼴찌", 〈서울경제〉, 2019년 6월 27일.

30년 전에 비해 경제력과 과학 기술은 발전했지만, 개인이 스스로 생명을 버릴 정도로 고통받는 사회 시스템은 별반 나아지지 못하고 있는지도 모르겠습니다. 이렇듯 고통을 철저히 개인화시키는 문화는 어디에서 시작된 것일까요?

태어나면서부터 자격 심사의 장으로

대한민국 국민으로 살아간다는 것은 전 국민이 대학과 취업을 위해 인권을 반납하는 데 익숙해진 채로 성장기를 보내는 것과 같습니다. '인권'이란 '자격을 묻지 않고 보장하는 인간으로서의 권리'임에도 불구하고, 한국에서는 '인간의 자격'을 증명해야 하는 의무를 타고난 듯 살아야 하는 게 현실이죠.

흔히 취학 전 유아는 존재 자체로 예쁨을 받는다고 하는데, 그들을 대상으로도 영어 유치원이 성업합니다. 자라서 청소년이 되었을 때 투자에 비해 영어 과목의 성적이 저조하면 '등골 브레이커'[29]라는 딱지가 붙습니다. 인간적인 존엄을 빼앗는 고통을 당연하게 경험한 사람들은 그것이 사실은 자신을 파괴한 고문이었다고 인정하는 것을 어려워합니다. 그것

---

29 부모의 등골이 휠 정도로 부담이 가는 돈을 요구하는 청소년을 지칭하는 말. 비하의 의미로 쓰이기도 한다.

이 곧 자신의 인내에 대한 폄하라고 느끼기 때문이죠.

최규석의 만화 《송곳》에 이런 장면이 등장합니다. 노동운동가 주인공이 비정규직 노동자들을 상대로 노동권 강의를 하면서 구조적인 문제를 개인에게 떠넘기는 시스템을 비판합니다. 그러자 듣고 있던 한 젊은 노동자가 말합니다. "경쟁에서 져서 그런 걸 어쩌라구요. 본인이 책임져야죠!" 많은 노동자들이 저임금과 위험한 노동 환경에 처해 있는 원인을 그러한 곳에 투자하지 않는 사업주가 아닌 자신이 공부를 열심히 하지 않은 탓으로 돌립니다. 자신이 공부를 못하고 대학을 못 갔기 때문에 열악한 환경에서 목숨을 걸고 일해야 하는 상황을 당연하게 여기죠. 주인공은 이렇게 대답합니다.

"패배는 죄가 아니요! 우리는 벌 받기 위해 사는 게 아니란 말이요!"

'벌 받듯이 일히느냐, 아니냐'의 경계는 비정규직과 정규직의 경계로 드러나기도 합니다. 즉 상대적으로 공부를 '잘해서' 비교적 안전하고 안정된 정규직 직장에 간 사람들은 그러한 '벌'을 피할 수 있었던 것은 자신들 역시 학창 시절 기본권을 침해당하고, 아니 자발적으로 포기하고 노력한 대가라고 여깁니다. 그러한 비인간적인 학교생활을 대학 입시와 취업을 위해 잘 견뎌 냈기 때문일 것입니다. 그래서 비정규직 노동자들이 권리를 요구하면 노력도 안 하고 무리한 요구를 한다고 생각하죠. 자신들도 정규직에 들어오기 위해 기본권을 포기하며 노력했으니까요. 최소한의 인간관계조차 사치라고 여기는 공시생들의 문화는 절박한 그들의 마음을 그대로 보여 줍니다. 이러한 과정을 겪은 사람들은 비정규직들을 권리를 요구할 자격이 없는 존재로 취급하죠.

전 사회적으로 널리 퍼져 있는 '고통에 대한 무감각'은 아동·청소년기에 인간답게 대접받지 못한 것과 밀접한 관련이 있습니다. 성장기에 인간의 존엄을 경험하지 못하고, 성장한 이후에도 벌 받듯 극심한 노동에 시달리는 사람들에게 '고통'은 일상적인 것이 됩니다. 오히려 그러한 고통을 이겨 내지 못한 사람은 이 세상에서 살아남을 수 없는 나약한 존재로 치부되죠.

학창 시절 동안 겪은 폭력은 낭만화되고, 그 폭력은 사회에서 더 많은 모욕을 겪을 것에 비하면 겪을 만한 일, 그것을 대비하기 위해 연습하는 일이 됩니다. 최근 아이큐가 높다고 인정받은 연예인들이 퀴즈를 푸는 프로그램에서 기숙사 생활을 하는 명문고에 방문한 적이 있었습니다. 학생들 대다수가 국내나 해외의 명문 대학으로 진학하는 이 학교의 특징으로 소개된 것 중 하나는 '연애를 하는 즉시 퇴학'이라는 교칙이었습니다. 사적인 관계를 어떤 기준으로 잘못으로 판단하여 그러한 처분을 내릴 수 있는지도 의문이었지만, 더 놀라운 것은 교사와 학생들이 그 교칙을 별 저항감 없이 학교의 특징으로 소개했다는 점이었습니다. 목적이 뚜렷한 집단생활에서 '자연스러움'의 감각이 어떻게 변질되는지를 보여 주는 장면이었죠.

드라마 〈SKY 캐슬〉에 등장한 스스로 가두는 뒤주와 같은 책걸상이 '예서 책상'이라는 이름으로 화제가 되기도 했습니다. 유일한 삶의 안전판이라고 여겨지는 대학 간판을 얻기 위해, 입시에서 성공하기 위해 오늘날 학생과 학부모들은 자발적으로 고통의 올림픽에 출전하고 있는 셈이죠.

학생인권이 갖는 사회적 의미

'나는 인간이라는 자각'은 어떻게 생기는 것일까요? 누구나 자신이 인간이라는 것을 안다는 점에서 이 질문은 이렇게 바뀌어야 합니다. '나는 인간이라는 자각'은 '어떻게 지워지는 것일까요?' 이 감각은 역설적으로 비인간적인 대접을 받았을 때 존재를 드러냅니다. 인간다운 대접을 받지 못할 때 느끼는 모멸감과 비참함이 어찌 보면 인간임을 자각하게 하는 감각인 거죠. 그런데 '내가 못나서가 아니라 이 공간이 날 부당하게 대접했기 때문이다'라고 느끼려면 비교 가능한 다른 공간에서 존중을 받는 경험이 필요합니다. 그리고 그러한 기준에 비추어 이 불쾌감의 원인을 곱씹을 여유가 있어야겠죠. 또 그런 과정을 통해 내린 결론에 대해 공유할 동료가 있을 때 내가 당한 인권 침해의 경험은 부당함으로 인정받게 됩니다.

그런데 아침에 출근할 때마다 자신의 머리 모양과 복장이 '누구'의 마음에 들지 안 들지를 생각하는 사람, 자신의 신체마저 누구의 눈높이에 맞춰 꾸며야 하는 사람들은 이러한 감각을 곱씹을 여유가 없습니다. 명령과 복종이 일상화된 군대와 감옥에서 신체에 대한 통제를 가장 먼저 행하는 것도 이러한 이유 때문일 것입니다.

많은 기업들은 노동자들이 회사가 요구할 때마다 인간다운 노동 조건을 포기하고 잔업에 동원되고 생산성 향상을 위해서라면 관리자들이 가하는 모욕도 감수할 수 있기를 바랍니다. 취업 과정에서 군필자를 선호하는 이유 중 이미 군대에서 그러한 모욕을 겪었던 사람이 회사에서의 모욕도 견딜 가능성이 높다는 생각도 있는 것은 아닌지 의심스럽죠. 만약 회사에 들어오기 전부터, 아니 태어날 때부터 대다수의 사람들이 스스로 인간됨을 주장한다면 무척이나 부담스러울 것입니다. 그래서 "호의가 계속되면 권리인 줄 안다"는 말을 믿는 기득권층은 누구든, 어떤 상황에서든 인간다운 대접을 받아야 한다는 생각을 일반 사람들이 하는 것이 매우 꺼려질 것입니다.

학창 시절, 대다수의 시간 동안 신체가 통제되는 것이 당연하게 여겨지는 사회에서 성장한 사람들은 '이 사회가 누구에게나 살 만한 사회인지, 생산성 향상은 누구를 위한 것인지' 생각할 겨를이 없습니다. 이러한 과정에서 학교에 다닐 때부터 강제 보충 학습과 야간 자율 학습을 당연하게 생각한다면 야근도 당연하게 받아들이게 될 것입니다. 또 학교에서 누군가 힘 있는 존재는 나를 '때릴 수 있다'고 생각한다면 힘 있는 관리자의 부당한 해고도 '그럴 수 있다'고 수용할 것입니다.

이렇듯 어린 시절부터 인간다운 대접이 무엇인지 경험해 보지 못한 존재들은 힘 있는 사람들의 지시나 조종에 무력해집니다.

외국에도 학생인권조례가 있을까?

가끔 '외국에도 학생인권조례가 있냐'는 질문을 받습니다. 아마도 한국 교육을 개혁하고자 하는 많은 주장들이 선진국의 사례를 소개하기 때문일 것입니다. 외국에도 학생인권조례가 있을까요? 결론부터 이야기하자면 없습니다. 국가별로 시기는 다르지만, 학생이라는 이유만으로 개인의 자유를 제한받게 하는 것이 사회적으로 보장된 인권 기준에 어긋나는 것으로 규정되었기 때문입니다. 외국 학교에서 한국 학생의 비참한(?) 현실을 발표한 학생의 이야기는 왜 외국에 학생인권조례가 없는지 보여 줍니다.

외국에는 왜 학생인권조례가 따로 없을까?[30]

뉴질랜드 학교가 체벌만 금지했던 것은 아니다. 복장 규제도 없었고 아이들의 머리색을 지적하는 일도 없었다. 학생들이 화장을 진하게 하는 것에 대해 지적을 하는 선생님들 또한 보지 못했다. 그렇다고 내가 학생들이 머리를 염색하고 화장을 진하게 하는 것을 바라는 것은 아니다. 나는 단지 학생들의 차림새로 그 학생의 도덕성까지 평가하는 우리나라 선생님들의 편견이 잘못되었음을 알리고 싶은 것이다. 뉴질랜드 학교에서 '스피치 콘테스트'에 나가서 한국의 학교와 학생들을 주제로 발표를 한 적이 있었다. 내 스피치의 내용은 대략 이러했다. "한국 학생들은 날마다 시험에 치여 공부를 하고 밤까지 학원에 남아 있다. 그리고 선생님들은 학생들을 어떻게든 체벌할 수 있고 화장, 염색 등의 불손한 행동은 일절 허용되지 않는다." 그때 내가 어려서 그랬는지는 몰라도 반 아이들이 내 연설을 듣고 경악을 금치 못하는 것에 대해 나는 너희들과 다르다는 왠지 모를 자부심이 느껴져 매우 뿌듯했다. 지금 생각해 보면 내가 왜 그 아이들에게 한국의 자랑스러운 전통 문화나 사람들의 좋은 면모를 알리지 못하고 굳이 문제가 많은 우리나라 교육을 주제로 이야기했을까 하는 후회도 든다. 분명 다른 나라에서 태어나고 다른 기후에서 생활하고 다른 문화, 다른 피부를 가지고 있지만 똑같이 꿈과 희망을 가지고 있는 학생임이 확실한데, 왜 우리는 그들에 비해 이렇게 다른 대우를 받을까? 내가 말하고 싶은 것은 서양의 학생인권을 맹목적으로 따라 하자는 것이 아니라 충분히 논란거리가 되었던 심

---

30 필자가 가르쳤던 학생이 쓴 글의 일부를 발췌했다.

> 각한 우리나라 교육과 학생인권의 현실을 그냥 지켜보기만 하기보다는 좀 더 시야를 넓혀 현재의 학생인권을 개선해 나가자는 것이다. 내가 알기로는 뉴질랜드에는 학생인권조례조차 없다. 모든 학교에서 학생들이 권리를 보장받는 것이 당연시되어 있기 때문에 학생인권조례 같은 것을 굳이 만들 필요성조차 느끼지 못하는 것이다.
>
> - K고 정○○

이러한 현실 속에서 학생인권 침해에 저항해 온 청소년들의 운동이 꾸준히 일어났고, '학생'도 '인간'이라는 당연한 명제를 제도화하려는 노력의 결과로 학생인권조례가 만들어지기도 한 것이죠.

학생인권을 통해서 본 인권의 특성

 누군가를 평등하게 존엄한 존재로 대하는 것은 다양한 차원의 맥락을 포함하고 있습니다. 이것은 "무엇을 기준으로 '인간의 범주'를 설정하고자 하는가?"와 더불어 "그 기준에 따라 어떤 대접을 하고 있는가?"의 질문이기도 합니다.

 우리는 사람을 만날 때 순간적으로 그들을 어떻게 대할 것인지 판단합니다. 같은 사람이라도 어떤 시간과 공간에서 만나느냐에 따라 대하는 태도가 달라집니다. 그리고 그러한 다른 태도 속에는 각각의 근거들이 숨어 있습니다.

 상대를 어떻게 대할지 탐색하는 과정에서 나이를 묻거나 고향이나 졸업한 학교의 이름을 묻기도 합니다. 나와 비슷한 정체성을 가지고 있거나 친숙하게 여기는 정체성(직업, 성별, 고향, 학연 등)을 공유하는 사람에게 호감을 느끼고, 그렇지 않은 사람에게 거리감을 느낍니다. 왜냐하면, 내가 가진 정체성을 이 세상에서 '보통의 기준'이라고 무의식적으로 생각하기 때문입니다. 그런데 어떤 사람들은 고향이나 학벌 등을 묻는 질문을 많이 불편해합니다. 자신의 정체성이 드러났을 때, 대접받기보다 차별받을 가능성이 높기 때문이죠. 오히려 침묵을 지키면서 다른 사람들이 당연하게 묻는 바로 그 질문을 받을까 봐 전전긍긍합니다. 이렇듯 친목을 위해 하는 사소한 질문들도 그런 질문에 답했을 때 차별받을 가능성이 덜한 사람들이 하기 쉬운 접근입니다. 내가 관심 있는 정체성을 알아내 친숙해지려고 하는 자연스러운 시도도 차별이 될 수 있죠.

한국에서 '나이'는 감출 수도 없고 어떤 관계에서든 자연스럽게 우위를 결정하는 절대적인 권력입니다. 그러다 보니 학생이라는 처지를 도드라지게 드러내는 교복을 만나면 말을 섞기도 전에 어떤 '태도'가 결정되죠.

비슷한 나이의 청소년을(이)

학교 안에서 만날 때와 학교 밖에서 만날 때,
여성 청소년을 대할 때와 남성 청소년을 대할 때,
교복을 입고 있을 때와 사복을 입고 있을 때,
교사-학생 관계로 만날 때와 동네 주민으로 만날 때,
그리고 공적인 모임에서 만날 때,
어떻게 대하게 되나요?

아마도 각각의 상황에 따라 다른 행동을 하게 될 것입니다.

학교 안에서 또는 학교 밖에서도 교복을 입고 있는 학생들을 만날 때, 사람들은 처음 본 사이라도 쉽게 반말을 합니다. 학교 밖에서 만났는데 사복을 입고 있어 학생인지 알 수 없을 때는 '그/녀'의 나이와 성별을 탐색하게 되죠. 하지만 많은 사람들이 상대가 교복을 입고 있으면 이렇듯 태도를 결정하기 위해 탐색할 필요를 느끼지 않습니다. 많은 '상식'들이 상황과 맥락에 관계없이 나이 많은 사람에게는 존댓말을 쓰고, 나이가 적은 사람들에게는 반말을 쓰는 것을 당연하게 여기도록 하며, 처음 보는 청소년의 교복 명찰을 보면서 이름을 부르며 반말을 하는 행동에 대해 거리낌이 없도록 만드니까요. 교복을 입었을 때와 입지 않았을 때 받는 대접에 차이가 나기 때문에 학생들이 '학생다운 옷차림'에 거부감을 드러내는 것일지도 모릅니다.

학생들을 단체로 호명하며 통제하는 관행은 세월호 참사에서도 드러났습니다. 참사 당시 "승객 여러분, 특히 단원고 학생들은 선내에 대기해 주십시오"라는 선내 방송이 거듭 나와 탈출을 주저하게 만들었죠. 학생들은 소속이 노출된 데다 콕 집어 주의를 받았기 때문에 위험을 감지하고 나서도 방송에서 시키는 대로 따라야 한다는 압력을 강하게 받았으리라 추측할 수 있습니다.

이렇듯 사람을 만날 때 각각의 상황에서 내가 상대를 어떻게 대하는가의 문제는 내가 '세상에서 어떤 위치에 서 있는가?', '세상을 어떻게 바라보고 있는가?'와 연관되어 있다고 볼 수 있습니다. 또, '내가 가진 상식을 지배하는 기준이 무엇일까? 어떤 기준에서 벗어났다고 판단되는 존재들은 과연 누가 정한 기준에서 벗어난 걸까?'를 생각해 보고, 내가 '누구의 입장에서 이 현상을 보고 있는가?'를 확인하는 것이라고 할 수 있습니다.

즉, 인권의 눈으로 세상을 다시 본다는 것은 이미 내 머릿속에 들어와 있는 '세상'인 '인간의 자격', 내 머릿속에 암암리에 있는 기준 등을 발견하고 알아차리는 과정에서 자신을 다시 살핀다는 의미이기도 합니다.

인권의 보편성을 통해서 본 학생인권
— '미성숙'해도 인간입니다

사람들이 흔히 인권에 대해 배운다고 하면 자유권, 사회권, 참정권 등 권리의 목록을 배우는 것이라고 생각합니다. 하지만 인권의 보편성은 "인간이면 누구나 보장받아야 할 권리들이 사실 '누구'에게만 보장되고 있는 것은 아닌가?"에 더 많은 관심을 두고 있습니다. 그 인권을 누리는 주체가 누구인가에 대한 질문을 담고 있죠.

올랭프 드 구주는 이제는 너무나 당연해진 여성의 참정

권을 주장하며 이렇게 말했습니다. "누구도 자신의 기본적 의견에 대해 침묵할 것을 강요받아선 안 된다. 여성은 단두대에 오를 권리를 가졌다. 마찬가지로 여성은 법이 규정한 공공질서를 어지럽히지 않는 한, 연단에 오를 권리를 가져야 한다"라고 주장하였습니다.[31] 그녀는 단두대의 이슬로 사라지기 전에 "여성이 단두대에 오를 권리가 있다면, 의정 단상에도 오를 권리가 있다"라는 유명한 말을 남겼습니다. 사실 교수대에 오를 권리는 권리보다 의무에 가깝습니다. 뭔가 죄를 지었을 때 그것을 책임져야만 하는 상황에 놓이는 것이기 때문입니다. 이렇듯 행동에 대한 책임은 동일함에도 왜 연단에 올라 정치를 하는 권리의 장場에서 여성은 배제되어야 하는가에 대해 질문했던 것입니다. 이렇듯 누구에게는 당연하게 보장되는 권리가 누구에게는 박탈되고 있는지에 대해서 생각해 봐야 한다는 것이 인권의 보편성입니다.

그리고 이것은 선언적으로 외치기만 하면 되는 것이 아니라 실제 누구나 누릴 수 있는 구조를 만드는 것까지 내포합니다. 장애인에게 교육권과 이동권이 있다는 것을 부정하는 사람은 없을 것입니다. 하지만 실질적으로 장애인이 비장애인과 큰 차이 없이 자유롭게 이동할 수 있도록 지원하는 체

---

[31] 올랭프 드 구주(1791), 〈여성과 여성시민의 권리선언〉.

계(엘리베이터 또는 휠체어가 이동하는 데 필요한 모든 설계들)가 얼마나 존재하는가를 돌아보면 왜 장애인들이 법적으로 보장된 이동권을 현실적으로 누리지 못하는지 알 수 있습니다. 이것은 일시적으로 유모차나 휠체어를 이용해 보기만 해도 쉽게 경험할 수 있죠. 그런데도 계단밖에 없는 육교를 고칠 때 예산 낭비라고 비난하기도 하고 우리 집 근처에 발달장애인을 위한 학교가 생기는 것을 반대하기도 합니다.

그래서 말로만 모두에게 인권이 있다고 선언하는 것으로 끝나는 것이 아니라 실질적으로 누구나, 예외 없이, 기본적으로 이 공간에서 인권을 보장받고 있는가를 살펴봐야 한다는 것이 인권의 보편성입니다.

평범한 학생들의 삶을 위한 지렛대인 학생인권

학교 역시 마찬가지입니다. 성적이 좋거나 부모가 학교를 자주 올 수 있는 학생들은 규율을 어겨도 비교적 관대한 처분을 받거나 처벌을 면제받기도 했죠. 수업 내용을 잘 이해해서 교사의 질문에 대답할 수 있는 학생들에게 교사의 비하 발언은 피해 갈 수 있는 것이었습니다. 이러한 분위기에서 "꼴등이 자고 있으면 혼나고, 전교 1등이 자고 있으면 밤샜냐고 물어본다"는 우스갯소리가 생겨나기도 했죠. 그래서 학생들은 성과를 위해 스스로 자유나 존엄을 포기하도록 만드는 학교 규율을 받아들이기도 합니다.

최고의 성적을 얻기 위해 모든 것을 포기할 준비가 되어 있지 않은 평범한 학생들의 삶은, 최선을 다해 살아가고 있음에도 불구하고 늘 '벌 받는 삶'입니다. 그래서 학생인권은 어떤 학생이든 존재 자체로 살아갈 수 있도록 인간으로서의 최소한의 권리는 보장하자는 것입니다. 탁월한 능력을 지녔거나 부모의 버팀목이 있는 학생들만의 권리가 보장되는 학교에서 힘이 없는 보통의 학생들의 버팀목이 되기 위해 만들어진 거죠.

그럼에도 불구하고, 학생인권에 대해서도 사람들은 "권리를 주장하기 전에 인간다운 자격을 먼저 갖춰야지"라고 말합니다. 하지만 인권을 자연적으로 주어진 천부인권으로 정의하는 것은 '인간'으로 태어난 모든 존재에게 보장해야 할 최소한의 선이 있다는 것입니다. 프랑스 대혁명 때 만들어진 프랑스 인권 선언문에 이런 생각이 반영되었고, 제2차 세계 대전 뒤 탄생한 유엔 인권 선언문도 이런 정신을 이어받았습니다.

유엔 인권 선언문은 "나는 생각한다. 그러므로 존재한다"라는 이성의 틀로 인간을 규정했던 역사 속에서 서로 죽고 죽이는 세계 대전이라는 광기를 통제하지 못했다는 뼈아픈 역사적 성찰의 결과물이기도 합니다. 즉 이성을 가진 존재로서의 인간이 인간다움을 지켜 내지 못했기에 '인간다움'을 최우선으로 할 때만이 인간성을 지켜 낼 수 있다는 깨달음을 엄청난 희생을 통해 배우게 된 것입니다.

인간다운 권리가 인간다움을 지켜 낸다

인권은 인간의 자격이 있어야 권리를 보장받는 것이 아니라 거꾸로 인간다운 권리를 보장받을 때 인간다움을 지켜 낼 수 있다는 깨달음을 전합니다. 노르웨이의 교정 시설은 시간의 제약과 이동·통신의 통제를 받을 뿐 바깥 사회에서의 일상생활을 비슷하게 누릴 수 있는 시설과 프로그램을 운영하는 것으로 유명합니다. 생활 공간이 구금 시설이라고 믿기 어려울 정도로 훌륭하고 학교 기숙사와 큰 차이가 없습니다. 방 안에서 TV도 볼 수 있고, 글을 쓰거나 책을 읽을 수도 있습니다. 직업교육 프로그램이 주어지는 것은 물론, 음악을 연주하거나, 도서관에서 공부도 할 수 있습니다. 일반인의 삶과 다른 점이 있다면 정해진 시간표대로 생활해야 해서 시간에 대한 자기결정권이 박탈되는 것과 이동의 자유를 제약받는 것, 그리고 인터넷과 휴대전화를 사용할 수 없는 것입니다.[32] 비인간적인 범죄를 저지른 사람들을 가두는 교정 시설을 가장 인간다운 삶의 공간으로 설계한 이유에 대해 바스토이 교

---

[32] "노르웨이는 재소자를 인간으로 대하는 게 효과가 있다는 걸 증명했다", 〈허핑턴포스트〉, 2016년 8월 8일.

도소장 톰에버하트는 이렇게 말합니다.

"우리는 수감자들을 좋은 이웃으로 만들고자 합니다. 모두가 언젠가는 석방될 것이며, 그들을 가능한 한 최상의 상태로 대접했을 때 좋은 이웃이 될 수 있다고 생각합니다."[33]

이러한 생각에 대해 인간의 악한 성향에 대해 의도적으로 관심을 갖지 않으려 하는 것이라고 비판하는 사람들도 있습니다. 인간에게는 억압해야 할 악한 본성이 있고, 이것은 비인도적인 처벌을 통해서 사회적으로 통제될 수 있다고 보는 것이죠. 인간은 선천적으로 선한 존재일 수도 있고, 악한 존재일 수도 있습니다. 다만 인권적 접근이란 인간이 선한 존재인가 악한 존재인가 하는 개인의 특성에 집중하는 것이 아니라, 인간이 어떤 환경에서 선하게 살고자 하고 어떤 환경에서 악한 행동을 선택하게 되는지를 고민하는 것입니다. 즉 인간답게 행동하면 이용당하거나 무시당하는 것이 아니라, 인간다운 환대가 되돌아오는 공간에서 인간은 선하게 살고자 한다고 믿는 것입니다.

이러한 철학은 이 사회가 청소년을 대하는 태도에도 많은 시사점을 줍니다. 청소년들 역시 성숙해서 인권을 보장하자는 것이 아니라 "미성숙해도 이미 인간"이라는 것입니다.

---

33 마이클 무어 감독(2015), 〈다음 침공은 어디?〉.

인간은 어떤 상황에 미성숙한 행동을 보일까요? 아마도 무언가 시도할 수 있는 기회가 부족할 때일 겁니다. 인간은 자신의 욕구와 필요에 따라 무엇을 할지 선택하고, 이를 주체적으로 실행하는 과정을 통해 성숙합니다. 시행착오를 겪으면서 자신의 장단점, 세상을 대하는 태도, 현실의 어려움 등에 대해 알게 되는 거죠. 그런데 청소년에게는 자신의 욕구와 필요에 따라 경험을 결정할 자유가 없습니다. 대부분 보호자의 허락 아래에서만 경험이 가능하고, 보호자의 허락을 받는다 해도 학교와 학원으로 빽빽이 채워진 시간 속에 자신에게 필요한 것을 주체적으로 찾을 여력이 없죠. 무엇보다 이러한 경험을 위해 학업을 게을리하게 되면 앞으로의 인생 전체가 잘못될 수도 있다는 강박에 시달립니다. 실패와 실수를 통해 성숙할 수 있을 텐데 무언가 시도를 하려면 너무나 많은 대가를 각오해야 하는 상황인 거죠.

청소년뿐만 아니라 누구라도 성숙할 기회를 갖기 위해서는 스스로 결정할 수 있고, 잘못된 결정이라고 하더라도 안전한 실패를 통해 배울 수 있는 환경이 필요합니다. 그 과정에서 조건과 자격을 따지지 않고 누구나 예외 없이 기본적인 권리를 보장받아야 할 것입니다. 하지만, 경쟁을 통해서 자원을 배분하는 데 익숙한 사회에서는 실패는 곧 낭떠러지입니다. 실패를 통해 성숙할 기회는 안전망이 되어 줄 자원이 있을 때 가능하죠. 요즘 '부모 찬스'라는 말이 생기면서 함께 회자되는 '유리 바닥'[34]은 안전망이 없는 사회에서 실패할 자유조차 특정 사람들에게만 허용된 현실을 보여 줍니다.

'미성숙하다'는 말이 일시적인 단면이 아닌 한 인간 또는 일정 세대 전체에 대해 쓸 수 있는 표현인지도 의문입니다. 경험과 학식이 높은 비청소년이라고 하더라도 자신이 경험하지 못한 분야에 대해서는 미성숙할 수밖에 없으니까요.

고등학교 3학년 학생을 대상으로 노동인권 수업을 한 적이 있습니다. 교사인 제가 〈근로기준법〉이나 근로 계약서 등의 지식을 설명하고, 3년 내내 아르바이트를 했던 학생이 구인구직 사이트에서 노동 조건이 좋은 '꿀알바 찾기'를 진행하는 것이었습니다. 놀랍게도 학생이 진행한 수업이 제 수업보다 노동 조건에 대한 상세한 통찰을 담고 있었습니다. 그는 청소년 노동자로서의 다년간의 경험을 바탕으로 '블랙 기업' 리스트를 알려 주었습니다. 그가 제시한 좋은 노동 조건은 높은 시급이 아니라 '꺾기'가 없는 것이었습니다. '꺾기'란 노동 시간 중간에 휴게 시간을 넣어 놓고, 그 시간만큼 지불해야 할 임금을 제하는 관행을 가리키는 말입니다. 육체노동의 현

---

[34] "사회적 약자의 신분 상승을 막는 유리 천장의 반대 개념이 '유리 바닥(Glass Floor)'이다. 사회적 자본을 축적한 기득권층이 자신들에게 유리한 정책을 통해 사회·경제적 신분의 하락을 막으려 만들어 놓은 방지 장치를 뜻한다. '보이지 않는 혜택'이라는 의미도 담고 있다."
하현옥, "유리 바닥 판도라 상자", 〈중앙일보〉, 2019년 9월 30일.

장에 대해 글로만 배운 교사의 미성숙함과 현장에서 잔뼈가 굵은 청소년 노동자의 성숙함이 대비되는 상황이었던 거죠. 어떤 사람이 어떤 부분 또는 사건의 국면에서 미성숙한 면을 보일 수 있으나, 몇 살 이하의 모든 존재가 미성숙하다고 명명하는 것이 과연 옳을까요?

인권이 존재의 자격을 묻지 않는 것은 이렇듯 한 인간이 어떻게 인간다움에 도달하는가, 사회가 무엇을 지원해야 인간답게 성숙하는가라는 질문과 연관되어 있습니다. 즉 자격을 묻지 않고, 모든 존재의 인권을 보장하는 것을 그 인간의 존엄을 지키는 열쇠로 보는 것입니다.

이것은 인권의 기본성과도 연결되어 있습니다. 인권은 가장 기본적인 권리이기에 어떤 상황이든 먼저 우선적으로 존중되어야 한다는 것이 인권의 기본성입니다. 난민으로 인정을 받든 못 받든, 불법 체류자이든 아니든 생명을 다투는 위급한 상황이라면 의료적 지원이 먼저라는 것입니다. 이것은 학생들이 학교에서 가장 기본적인 권리를 존중받고 있는가 하는 질문과 연결하여 생각해 볼 수 있습니다. 학생들에게만 강요되는 두발·복장 규제는 교문 밖만 나서도 그 어느 공간에서도 경험하기 어려울 만큼 기본적인 신체의 자유를 침해하는 것입니다. 또, 면학 분위기 조성을 위해 휴대전화 등 소지품을 수거하는 행위 역시, 경찰에 연행되는 등의 예외적인 상황이 아니면 경험하기 어려운 일입니다. 이러한 규제가 면학 분위기 조성으로 이어지는지도 의문이지만, 설사 그 목적을 달성하는 데 도움이 되더라도 기본적 신체의 자유와 사생활의 권리를 침범할 수 있는가에 대해 질문하는 것입니다.

헌법에서는 이렇듯 기본권 제한이 불가피한 경우를 매우 특수한 상황으로 규정하고 있습니다. 제37조 2항에서 "국민의 모든 자유와 권리는 국가안전보장, 질서유지 또는 공공복리를 위해 필요한 경우에 한해 법률로써 제한할 수 있다. 단 제한하는 경우에도 자유와 권리의 본질적인 내용을 침해할 수 없다"라고 말이죠. 또, 제한을 할 때도 자의적인 방식이 아니라 법률에 의거해 제재하도록 하고 있습니다. 과연 학교에서의 기본권 제한이 이에 부합하는지 살펴봐야 할 것입니다.

자유와 평등은 하나 - 인권의 상호불가분성

"청소년들은 자유와 방종을 구분하지 못합니다. 자유를 제한 없이 주장하다 보면 무절제한 방종에 이르게 된다는 점에서 자유의 반대는 방종입니다."

학생인권을 이야기하다 보면 이런 주장을 만나기도 합니다. '방종'의 의미는 무엇일까요? '아무 거리낌이 없이 제멋대로 함부로 행동함'입니다. 자신이 가진 힘을 바탕으로 자신의 자유라며 함부로 행동하여 다른 사람의 자유를 침해하는 경우를 뜻하겠죠. 이것은 사실상 힘으로 타인을 억압하는 상태를 말하는 것입니다. 즉 '자유'의 반대는 '방종'이 아니라 '억압'이라고 할 수 있겠죠.

억압이 벌어지는 이유는 무엇일까요? 대다수가 자유롭다고 여기는 현대 민주주의 사회에서도 각자가 누리는 자유의 크기는 다릅니다. 장소 이동의 자유만 보더라도 공공장소를 제외하고는 자신이 그 공간에서 시간을 보내기 위해 대부분 돈을 내야 합니다. 따라서 모든 사람의 자유를 주장하지 않을 경우 힘이 있거나 자유를 누릴 여력이 있는 사람만 자유를 누리는 상황이 벌어집니다. 그래서 사회 전체적으로 돈이 있거나 권력이 있는 사람들은 자유롭고 그렇지 않은 사람은 상대적으로 자유롭지 않은 상황이 되죠. 이러한 부작용을 없애기 위해서는 개인의 자유를 제한하거나 절제하는 것이 아니라, 자유가 억압된 사람들의 목소리에 자유를 부여해야 합니다.

각 나라의 물가를 비교하는 것으로 빅맥 지수라는 것이 있습니다. 간편하게 한 끼를 해결할 수 있는 끼니 대용품인 맥도날드의 빅맥 세트 가격과 최저임금을 비교하여 각 나라의 최저임금의 수준을 가늠하는 것입니다. 최저임금이 오르기 전 한국은 1시간의 노동으로 빅맥 1세트를 살 수 없었습니다. 거꾸로 말하면, 하루 세끼 햄버거만 먹는다고 해도 반나절은 노동을 해야 했습니다. 여전히 최저임금의 상승률은 물가상승률을 따라가지 못합니다. 변진경 기자의 리포트 《청년 흙밥보고서》[35]는 편의점에서 파는 음식의 종류가 접근할 수 있는 음식의 범위를 결정한다는 청년 식생활의 현실을 보여줍니다. 밤이 되면 누구나 돌아갈 곳이 되어야 할 주거에서도 역시 마찬가지입니다. 서울에 살기 위해서는 지옥고(지하방, 옥탑방, 고시원)를 겪더라도 최소 한 달에 30만 원 이상을 부담해야 합니다. 2020년 최저임금으로 따지면 그 공간에서 쉬고 잠들기 위해 35시간의 자유를 박탈당해야 하는 것입니다. 이렇듯 최소한의 삶의 조건인 의식주가 인간다운 삶의 기준으로 평등하게 보장되지 않을 때, 그 삶은 자유를 갉아먹습니다. 그래서 진정으로 자유로운 사회가 되기 위해서는 자유를 평등하게 누리려는 노력이 필요한 거죠.

불평등은 어떻게 해소될 수 있을까요? 불평등이 존재한다는 것은 기득권이 존재한다는 것입니다. 이미 권력을 가진 존재들이 과도하게 자원을 독점하고 있다는 비판의 목소리가 있을 때, 자원의 재분배가 일어날 수 있습니다. 즉 불평등을 사회 문제로 드러내고 여론을 만들기 위해 언론의 자유가 필요한 거죠. 또, 당사자인 노동자들에게 노동3권 및 집회·결사의 자유가 있을 때, 노동자들의 목소리는 실질적으로 이러한 문제를 해결할 수 있는 힘이 됩니다. '자유롭게 문제를 제기하는 목소리'가 나와야 좀 더 평등한 사회를 향해 한 발짝

35 변진경(2018),《청년흙밥보고서》, 시사인.

이라도 나아갈 수 있죠. 평등을 요구할 자유가 있을 때 불평등의 상황에서도 벗어날 수 있다는 뜻입니다. 반대로 일정 수준의 경제적 평등을 토대로 사회 문제에 관심을 쏟을 수 있을 때 자유와 권리를 행사할 수 있습니다. 일례로 투표일이 유급 휴무인 직장을 가진 사람들이 사는 지역일수록 투표율이 높습니다. 반대로 유급 휴무를 받지 못하는 사람들은 투표에 참여하기 어렵죠. 이런 차이가 더 어려운 여건의 이들을 대변하는 정치인이 당선되지 못하게 만들고, 정치는 기득권이 있는 사람들의 자유를 중심으로 흘러갈 가능성이 높아지게 하죠. 자본주의 사회에서 제대로 된 자유를 누리기 위해서는 경제적인 평등이 필요하고, 경제적인 평등을 앞당기기 위해서는 불평등에 저항할 수 있는 자유가 필요한 것입니다.

교육의 경우에도 마찬가지입니다. 소위 진보 교육감이 있는 지역에서도 학생들의 평등에는 관심을 갖는 데 비해 자유의 확장에는 인색합니다. 무상 교육, 무상 급식 등 평등한 교육에 관한 요구에는 우호적이면서도 두발 자유, 언론의 자유, 집회·결사의 자유, 양심의 자유 등 학생의 자유에 대해서는 미적지근한 거죠. 진보 교육감 3기에 이르는 지역에서도 두발·복장 규제를 없애는 것에는 소홀하면서 무상 교복에 대한 논의는 무성합니다. 하지만, 무상 교육, 무상 급식 등 현재 학생을 위한다며 집행되고 있는 정책들에 당사자인 학생의 목소리는 얼마나 반영된 것일까요?

학교에서 학생들과 이야기 나눠 보면 학생들은 무상 교복이나 무상 급식보다 복장 규제 철폐와 질 좋고 맛있는 급식을 원한다고 말합니다. 교복이 있더라도 교복을 입든 사복을 입든 그날그날 자신이 원하는 대로 입을 수 있고, 설령 공짜가 아니더라도 매일 질 좋고 맛있는 급식을 먹을 수 있으면 좋겠다는 것이 학생들의 기본적인 욕구입니다.

학생들의 입장에서 공짜 교복은 질이 안 좋아도 입을 수밖에 없는 옷입니다. 급식 역시 마찬가지입니다. 학생 수가 상대적으로 적은 학교일수록 급식을 만드는 시설비와 인건비는 그대로인 상황에서 학생당 급식비 지원이 늘어나지 않은 채로 무상화만 된다면 급식의 질은 열악해질 수밖에 없습니다. 열악한 급식에 불만이 많은 학생들은 무상 급식이 되면 급식의 질이 더 떨어질까 봐 걱정하기도 합니다.

무상 급식이 이슈가 되는 과정에서 학생을 지칭하는 단어로 '급식충'이라는 말이 생기기도 했습니다. 이는 공짜로 세금을 축내는 사회적 존재로 학생을 비하하는 말입니다. 학생들을 '위해서' 만들었다는 정책이 학생들을 세금을 축내는 존재로 격하시킨 셈이죠. 아이러니하게도 이 말을 가장 많이 쓰는 사람들이 학생들이기도 합니다. 왜냐하면, 이러한 정책들이 실행되는 과정에서 무상으로 제공된다는 생색을 내기 위해 학생의 욕구는 반영될 틈이 없었고 이러한 학생들의 욕구를 담아내는 참여 과정도 없었기 때문입니다. 학생들을 위한다는 정책조차 학생들 의견이 반영되는 과정이 없는 상황에서 여전히 목소리 없는 존재들로서 스스로를 비하할 수밖에 없는 거죠. 무상 급식을 통한 경제적 평등이 실행되는 과정에서 자유가 실종되어 오히려 권리의 주체인 학생의 지위를 시혜의 대상으로 전락시켰습니다.

급식에 불만이 있어도 "공짜니까 그냥 먹어"라는 말에 입을 다물게 되는 현실은 자유 없는 평등이 학생들에게 예외 없이 '평등하게' 받아들여야 하는 열악함으로 이해되고 있음을 알려 줍니다. 복지를 제공받는 대상인 학생에게 정치적 힘이 없을 때 또 다른 객체화를 경험하게 되는 것입니다. 평등 없는 자유는 약육강식을 정당화하고, 자유 없는 평등은 예외 없는 열악함에 굴종하게 만듭니다.

인권의 역사성과 저항성 그리고
상호 의존성을 통해서 본 학생인권

인권을 요구하는 직접행동에는 법을 지키라는 주문이 따라옵니다. 하지만, 인권을 보장하는 대부분의 제도들은 당사자들의 행동을 통해 제도화된 것들입니다. 기존의 사회 제도가 소수자에게 불리하기 때문에, 인권의 가치를 알고 스스로 인권의 주체임을 선언하는 사람들의 요구가 최소한의 법의 형태로 제정되는 거죠. 앞에서 장애인 이동권을 예로 들었는데요. 현재 장애인 이동권을 보장하기 위해 도입된 저상버스, 지하철역 엘리베이터, 장애인 콜택시, 활동보조서비스 역시 지하철이 달려오는 선로에 자신의 몸을 묶었던 장애인들의 투쟁으로 만들어졌습니다.

많은 경우 소수자들의 투쟁은 법을 어기고 질서를 무너뜨리는 것처럼 보입니다. 이러한 '불법 시위'는 익숙한 기득권을 흔들고, 소수자들의 현실은 그제서야 사회적으로 조명받습니다. 어찌 보면 인권에서 가장 중요한 권리는 '불의를 바로잡을 권리'이고, 인권 선언 역시 혁명이라는 끊임없는 저항의 과정을 통해 가능한 것이었습니다. 그래서 마틴 루터 킹은 직접행동에 대해 이렇게 말했습니다.

"왜 직접행동이냐고요? 왜 연좌 데모를 하는 거냐고요? 협상이 더 나은 방도가 아니냐고요? 이러한 그대들의 의견은 전적으로 옳은 것이며 협상이야말로 우리의 행동이 원하는 궁극의 목표입니다. 비폭력 직접행동은 위기와 긴장감을 조장시켜, 협상을 거부하는 사회를 곤경에 빠뜨리고 더 이상 협상에 응하지 않을 수 없게 만드는 데 그 의의가 있습니다. 즉 사회의 쟁점들을 본격적으로 부각시켜 더 이상 흐지부지되지 않도록 만드는 것이 바로 우리 직접행동이 추구하는 바이기 때문입니다."[36]

이미 기득권을 누리고 있는 사람들은 소수자가 제기하는 문제를 흐지부지 넘어가고 싶어 합니다. 변화를 거부하는 사람들이 협상 테이블로 나오게 하는 것이야말로 직접행동의 가장 큰 역할이라고 할 수 있습니다. 사람들은 대화로 해결할 수 있는데 왜 거리로 나와 사회적 불편을 일으키느냐고 하지만, 역설적으로 사람들이 저항을 하는 이유는 협상을 하고 대화를 하기 위해서입니다. 이미 권리를 갖고 있는 사람들은 행동하지 않아도 협상 테이블에 앉을 수 있지만 그렇지 못한 사람들은 끊임없이 행동을 보여야 비로소 대화할 상대로서의 자격을 얻을 수 있기 때문입니다. 이러한 역사는 아직 인권의 무대에 오르지 못한 이들이 자신의 권리를 위해 행동할 때 중요한 근거가 됩니다.

학생인권의 제도화 과정에도 끊임없는 직접행동이 있었습니다. 학생인권운동은 1995년 한 고등학생이 강제 자율 학습이 헌법에 보장된 기본권을 침해하고 있다는 헌법 소원을 내겠다고 밝힌 것이 중요한 계기가 되었습니다. 당시 강원도 춘천고등학교 1학년에 재학 중이던 최우주는 학교의 강제 자율 학습과 보충 수업 시행과 관련해 청와대, 교육부, 강원도 교육청 등에 민원을 제출하고 온라인 게시판에 '학교가 학생의 기본권을 짓밟고 있다'고 글을 올렸습니다. "저의 바람은 아주 상식적인 것입니다. 방과 후의 시간을, 방학 동안의 시

---

36 ["[인권문헌읽기] 시민 불복종의 고전들", 〈인권오름〉, 2008년 6월 17일]에서 재인용. 마틴 루터 킹, 〈버밍햄감옥으로부터의 편지〉 중에서 발췌해 구성.

간을 당연히 학생들 자신의 적성에 따라 활용할 수 있도록 학생 개개인에게 돌려달라는 것입니다."

최우주의 시도는 학생들에게 큰 반향을 일으켰고, 이를 계기로 PC통신에 중·고등학생복지회가 만들어지면서 학생이라는 이유로 침해받아 왔던 인권의 문제에 대해 지속적으로 문제를 제기하는 흐름이 만들어졌습니다. 이는 1998년 학생 인권 선언, 2000년 노컷 운동, 2003~2004년 NEIS 반대 운동, 2002~2005년 18세 선거권 운동, 2005년 내신등급제 반대·두발 자유 운동, 2006~2007년 학생인권법 운동, 2008년 촛불 집회, 2010년 기호 0번 청소년 후보 운동, 2008~2009년 일제 고사 반대 운동, 2010~2011년 서울학생인권조례 주민 발의 운동, 2018년 선거 연령 하향을 위한 삭발 농성으로 이어졌습니다. 이렇게 청소년들이 지속적으로 행동하는 과정에서 지금의 학생인권이 보장받게 된 것입니다. 이러한 역사를 다루고 있는 책《인물로 만나는 청소년운동사》에서 필자들은 이렇게 이야기합니다.

"언론에서 교사의 체벌이 문제시될 때, 머리카락을 염색한 청소년들이 야간 자율 학습도 하지 않고 거리를 지날 때, 우리는 '시대가 변했다'라고 이야기한다. 그렇다. 시대는 변한다. 세상은 변한다. 하지만 가만히 있는데도 알아서 변하는 것은 아니다. 그 변화의 바탕에 청소년 당사자들이 학생인권을 이야기하며 싸워 온 역사가 있다."[37]

청소년의 권리를 제한하는 근거 중 하나는 아직 충분한 교육을 받지 못했기 때문에 미성숙하다는 것입니다. 특히 청소년의 참정권이나 자유권을 이야기할 때 강력한 논리로 작동하죠. 이는 이주 노동자들에게도 그대로 적용됩니다. "한국말을 잘 못하고 한국 사회에 능숙하지 못하다. 그래서 다른 한국 노동자들과 똑같은 대접을 할 수가 없다." 다른 노동자들과 똑같이 대접하기에는 한국의 문화에 제대로 적응하거나 성숙하지 못했다는 것입니다. 장애인의 경우 다르면서도 비슷한 논리가 작동합니다. 장애인, 특히 발달 장애인은 자유가 주어져도 누릴 능력이 없기 때문에 스스로 무언가를 결정하기보다는 보호자나 국가에 위임하는 것이 안전하다는 인식이 팽배합니다. 청소년에게도 미성숙한 존재가 자유를 누리는 과정에서 위험해질 수 있기 때문에 어느 정도 권리를 제한해야 한다는 논리가 작동합니다. '권리를 누릴 능력을 증명하지 못하면, 그 권리를 누릴 자격이 없다'는 논리에서 이주 노동자, 청소년, 장애인 모두 자유롭지 못합니다.

이렇듯 소수자를 차별하는 근거들은 각각 다른 것 같지만 본질은 닮아 있습니다. 그래서 하나의 차별 근거가 전복될 때 다른 차별도 개선될 실마리를 얻을 수 있습니다. 반대

---

37 공현·둠코 씀(2016),《인물로 만나는 청소년운동사》, 교육공동체 벗.

로 어떤 소수자가 억압받는 사회에서는 다른 정체성을 가진 소수자 역시 그 억압에서 자유롭기 어렵습니다. 권리 보장에 있어 차별을 둘 수 있는 어떤 예외가 인정되기 시작하면 내가 지닌 어떤 정체성도 예외의 영역이 되기 쉬워지기 때문입니다. 어떤 누구에 대해서든 차별을 용인하지 않는 사회에서는 나의 인권을 주장하기가 훨씬 쉬워집니다. 다른 이의 자유가 평등하게 존중받을 수 있도록 연대하는 것이 나의 자유를 지키는 길이기도 합니다. 그래서 연대는 자유, 평등과 더불어 인권을 지키는 중요한 기둥입니다.

누군가 자신의 인권을 위해 행동을 할 때 기억할 필요가 있습니다. 그 행동은 대화를 하기 위한 몸짓이라는 것, 그리고 그의 인권이 확장되는 것은 나의 인권이 확장되는 것과도 연결되어 있다는 것을 말입니다.

Q&A

교사도 학생도 인권을
달가워하지 않아요

 박 선생님

학생 생활 규정 관련하여 주변 선생님들과 이야기하다 보면, 좋은 마음을 가진 선생님들이 '학생을 보호하려면 이렇게 해야 한다'며 학생의 권리를 침해할 때가 많습니다. "(학생인권 운운하는) 당신의 말은 알겠고 맞는 말이지만, 학생을 보호하려면 이렇게 해야 한다"라고 말씀하십니다. '학생은 보호받아야 하고, 교사는 학생을 보호해야 한다'라는 생각을 어떻게 깰 수 있을까요?

조영선

교사든 학생이든 위협이 있는 상황에서 보호받아야 하고, 안전하게 생활할 권리가 있습니다. 다만, '보호'를 어떤 방식으로 할 것이냐에 따라 의견이 갈리겠죠. '규제'를 통한 보호는 감시를 피하는 순간 보호망이 뚫린다는 점에서 사각지대가 생기는 것을 막을 수 없습니다. 그리고

위협을 받는 피해자를 규제하여 조심하게 만드는 방식은 늘 당사자를
약자의 위치에 서게 해서 보호를 어렵게 만들죠. 매점이 없는 학교에서
교통 안전을 이유로 길 건너 편의점에 못 가게 한 적이 있습니다.
필요에 의해 학생들이 몰래 가거나 담을 넘는 일이 있었고, 더 큰
위험에 봉착하기도 했죠. 결국 그러한 조치는 철회됐지만, 학교에
매점을 만들거나 횡단보도의 통행 시간을 늘리는 방식이 아니라 개인을
규제하는 방식으로 접근할 때 오히려 학생에 대한 보호가 어려워질
수도 있음을 알게 해 준 일화였습니다.

구 선생님

학교에서 인권교육을 하는데, 학생들이 다음과 같은 말들을 하기도
합니다. "우리 주변에서 성차별이 일어나지 않는데, 왜 여성 편향적인
교육을 진행하는가. 여성이 약자라니?" "정치교육을 하는 것 같다."
"차별과 혐오에 반대하는 것은 좋은데, 왜 다른 사람들이 역차별을
당해야 하는 것인가?" 이런 말을 하는 학생들에게 어떤 말을 해 줘야
할지 모르겠습니다.

조영선

성차별에 대한 교육에 대해 남학생들이 밀어내는 반응을 보이는 이유는
자신이 당한 차별에 대해서는 공감받지 못하는데 자신에게 혐의를

두는 행위에 대해서만 차별이라고 교육한다고 느끼기 때문이죠. 실제 학교에서 이루어지는 인권 침해는 성차별을 조장하기도 합니다. 예를 들어, 체벌이 금지되기 이전에도 남학생에 대한 체벌은 보다 강도가 높고 빈번했으며, 체벌 금지 이후에도 오리걸음, 엎드려뻗쳐 등의 기합은 남중과 남고에서 더 오래 남아 있었습니다. 반대로, 복장 규제는 '여성은 몸을 조신하게 관리해야 한다'는 이유로 여중과 여고에서 더 강하기도 합니다. 학생들이 성차별에 대해 인정하지 못하는 것은 어찌 보면 그동안 성차별에 노출되어 살아왔기 때문일지도 모릅니다. 학생이 경험한 인권 침해에서부터 살피기 시작하는 것이 방어적인 마음을 누그러뜨리는 데 도움이 될 것 같습니다. 자기가 당한 차별에 대해 인권 침해라고 명명할 수 있을 때, 자신이 하고 있는 행위도 돌아볼 수 있는 눈이 생길 테니까요. 정치교육을 하냐는 비난에 대해서는, 당연히 교사는 정치를 교육할 책임이 있다고 답할 수밖에 없을 것 같네요. 특히 차별에 대해 반대하는 교육을 하는 것은 공교육의 목표인 민주 시민 양성의 한 축이라는 점을 이야기해야겠죠. '역차별'에 대해서는 좀 더 구체적으로 접근할 필요가 있을 텐데요. 요즘은 '역차별'이라는 단어보다는 차별을 시정하기 위한 '적극적 조치'라는 표현을 더 많이 쓰기도 합니다. 실질적으로 차별이 없어지기 위해서는 차별에 반대하는 것으로는 부족하고, 차별이 시정되기 위한 제도가 필요하니까요. 현실 자체가 기울어진 운동장이기 때문에 그 운동장의 수평을 맞추는 조치를 할 수밖에 없는 거죠. 이 역시 학생들이 자신들이 당한 차별에 대해서도 적극적 조치를 경험할 수 있을 때 보다 쉽게 이해가 될 것입니다. 예를 들어, 학교의 중요한 일을 결정하기 위해 교사·학생·학부모의 의견을 물을 때, 평소에 무시되기 쉬운 학생의 의견에 보다 가중치를 둔다든지 하는 방식을 제안할 수 있겠죠. 이러한 면에서 '역차별'이냐 아니냐를 논하기보다 자신이 차별받지 않기 위해 필요한 '적극적 조치'를 제안하고 실행해 보는 것이 반反차별에 대해 마음을 열게 되는 계기가 될 수 있을 것입니다.

3부

인권의 눈으로 본 학생의 '문제 행동'

두발·복장 규제는 무엇을 남기는가?
규제로 중독을 막을 수 있을까?
'생활'은 '지도'될 수 있는가?
Q&A 학생인권이 학교를 망친다?

두발·복장 규제는
무엇을 남기는가?

두발·복장 규제가 많이 없어졌다고 하지만, 아직도 청와대 국민청원 게시판에 두발 규제를 시정해 달라는 청원이 올라오기도 합니다. 2019년 11월 4일 학생의 날을 맞아 한 학생이 다음과 같은 청원을 올렸습니다.[38]

> **학생인권을 위협하는 ○○고 두발 규정, 검사를 반대합니다**
>
> 안녕하십니까. 저는 대구 ○○고등학교에 재학 중인 학생입니다. 이렇게 글을 남기게 된 계기는 저희 학교의 두발 규정에 관해서 많

---

[38] "학생인권을 위협하는 ○○고 두발 규정, 검사를 반대합니다", 청와대 국민청원 게시판, 2019년 11월 4일.

은 학생들이 부당한 대우를 받고 수많은 불만을 가지고 있기에 저희의 목소리를 높이기 위해서입니다. 먼저 저희 학교의 교칙은 헌법과 UN 세계 인권 선언보다 더 높은 위치에 있는 것 같습니다. 대한민국 헌법 제12조 1항에서 "모든 국민은 신체의 자유를 가진다"라고 정확하게 명시되어 있습니다. 이런데도 불구하고 저희 학교는 저희의 신체에 대한 자기결정권을 무시하고 저희가 자유롭게 머리를 기르지 못하도록 막고 있습니다. 이렇게 저희 학교에서는 헌법 위반을 하면서도 아무런 제제도 받지 않고 전통, 학업 분위기 조성, 질서 유지란 명목하에 학생들에게 강제적으로 두발 규정을 적용시키고 있습니다. (중략)

먼저 ○○고등학교는 오래된 역사 동안 두발을 거의 삭발에 가깝게 잘라야 하는 규정이 있었습니다. 하지만 작년 학생 투표, 교사 투표, 학부모 투표를 통해 새롭게 규정이 바뀌었습니다.

앞머리 : 손으로 누른 상태에서 눈썹 위 이마의 일부가 드러나야 함.

옆머리 : 귀가 분명하게 드러나야 함.

뒷머리 : 와이셔츠(하복) 옷깃에 닿지 않는 스포츠 형태

인위적인 변형 : 파마, 염색 등은 불가

(중략)

첫 번째, 같은 기준으로 이전에 실시된 두발 검사에 비해 실제 규정보다 훨씬 엄격하게 검사함. 10월 28일에 시행된 두발 검사는 이전의 학생들의 검사 길이보다 더 짧아도 불통과를 시키고 규정이 바뀌기 전 기준에 부합하는 학생들만 통과시켜 줌. (중략)

다섯 번째, 검사를 하는 과정에서 학생에게 "넌 두상이 왜 이러냐"라는 등 학생들의 외형을 비하하는 말들을 함. (중략)

여덟 번째, 학업 성적이 높은 학생들에게 지속적으로 머리를 자르라고 압박감을 느끼게 함.

> 아홉 번째, 학교 내에서 교장 선생님이 가끔 두발 길이가 짧은 학생들에게 매점 쿠폰을 주며 "머리 이쁘게 잘랐네"라고 말하여 다른 학생들에게 차별을 느끼게 함.
> 열 번째, 부당한 두발 검사를 실시하면서 학생들에게 벌점과 같은 처벌을 내림.
> 열한 번째, 부당한 두발 검사를 실시 후 "기간 내에 통과가 되지 않을 시 교육위원회에 회부(두발이 아닌 교사 지시 불이행)하여 징계 절차를 진행한다는 내용을 넣어 가정 통신문으로 보내겠다"라고 각반 담임 선생님에게 전달하여 두발과 관련되지 않은 교사 지시 불이행으로 징계 절차를 내린다고 학생들에게 전하며 부당함을 느끼게 함.
> 열두 번째, "징계 시 학생생활규정에 의하여 징계 이후 당해 연도 수상에서 제외된다는 점 또한 학생들에게 전달 부탁드린다"라는 말을 담임 선생님에게 공지하여 학생들에게 협박으로 느껴질 수 있는 강압적인 분위기를 조성함. (중략)
> 요약하여, 저희 ○○고등학교 학생들은 이 부당하고 적절치 못한 두발 규정과 두발 검사가 폐지되어야 한다고 주장합니다. 그러니 많은 분들께서는 ○○고등학교 학생들을 응원해 주시고 저희의 목소리에 귀 기울여 학생들의 도전에 함께 동의해 주시길 바랍니다.

21세기가 되고도 20년이 지난 시대에 학생들은 두발 규제로 인한 고통을 교육부도 아닌 청와대 국민청원 게시판에 올리고 있는 것입니다.

두발 규제가 다소 완화된 지역에서는 교사들이 노란색, 보라색 등 총천연색 머리를 하고 오는 학생을 보면 마음이 심란하다고 합니다. 특히 담임 교사일 때는 '내가 아니어도 누가 한마디 할 것 같은데, 나중에 담임 욕하는 거 아니야? 한마디 해야 하나?' 그러면서 '학교 참 좋아졌다. 우리 때는 생각도 못 했는데'라며 한숨을 내쉬기도 합니다. 그 '우리 때'는 어땠을까요?

많은 사람들은 "그래도 학교 다닐 때가 좋았다"며 친구들과 장난치며 웃고, 함께 놀았던 즐거운 추억을 떠올립니다. 학교를 졸업한 후 경험한 사회생활이 더 잔인하기 때문일 겁니다. 분명 당시에는 고통스러웠을 비인간적인 벌을 받은 경험을 우스운 해프닝으로 기억하는 경우도 있습니다. 시간이 지나고 여러 가지 일을 겪으면서 기억은 새롭게 해석되고 편집됩니다. 그래서 현재의 나는 과거의 나를 제대로 대변하지 못하기도 하죠.

학교에서 가장 긴장되는 시간

학생에게 학교에서의 하루는 어떤 시간일까요? 하루 대부분의 시간을 보내는 장소로서 학교는 학생들에게 어떤 메시지를 남기고 있을까요? 그리고 이 메시지는 전 국민의 사회의식에 어떤 영향을 끼칠까요?

학생들과 글쓰기 수업을 하면서 학교에서 보내는 시간 중 '가장 즐거운 시간'과 '긴장되는 시간'에 대한 글을 써 보라고 했습니다. 가장 즐거운 시간에 대해 중학생들은 '급식 시간에 생돈가스 나올 때'를 꼽았습니다. 열심히 준비한 화려한 수업보다는 바삭바삭한 생돈가스의 맛을 기억하는 학생들을 보고, 교사로서 힘이 빠졌던 기억이 납니다. 고등학생의 경우는 '예고 없이 단축 수업 할 때'였습니다. 분 단위로 시간을 쪼개 쓰는 학생들에게 예고 없이 갑자기 단축 수업을 한다는 것은 예상치 못한 자유가 주어진 것이겠죠.

그렇다면 가장 긴장되는 순간은 언제였을까요? 많은 학생들이 '교문을 통과할 때'라고 답했습니다. 두발·복장 규제가 완화되면서 학생들의 스트레스가 많이 없어졌을 것으로 기대하지만, 여전히 규제가 존재하고, 교문 지도로 불리는 검문 시스템도 유지되고 있는 현실을 보여 주는 대답이죠.

> 학교에서 내가 버스를 타고 가는데 학교에 들어가는 게 힘들다
> 하루 중 가장 긴장되는 순간이다
> 손에 땀이 차오르고 머리는 움츠러드는 느낌이다
> 안 걸리도록 귀는 보이게(머리 길이를 보여 주기 위해)
> 마이는 들고(교복을 가져온 것을 검사받기 위해)
> 상기된 시선들이 날 쳐다본다
> 눈동자를 마주치지 않게 고개를 숙이고
> 두 눈은 멈춰 있다 두 주먹을 폈다 접었다를 반복하며
> 눈은 땅을 계속 주시하며 마치 경보를 하듯 빨리 지나간다

> 19명의 사람들의 눈을 피해 들어오는 순간의 쾌락
> 심장은 요동을 치고 피가 너무 빠르게 요동친다
> 주먹을 꽉 쥐고 팔자 주름을 새기며 환하게 웃으며 들어온다 그때는 아무것도 머리에 없다 세상을 다 얻은 것 같은 기분이다
> 다시 눈동자를 깜박거리며 한마디 한다
> "야! 내가 걸릴 줄 아냐? 안 걸려!"
> 긴장을 안 한 척한다[39]

일부 지역에서 '교문 지도'가 폐지되고 '교문 맞이'로 변화하는 흐름이 있다지만[40] 여전히 그 환영의 몸짓 속에, 학생에 대한 감시의 시선이 숨어 있습니다.[41] 모든 학생에게 '어서 오라'고 환대하는 것으로 보이는 교문 맞이 속에 교칙을 어긴 학생들을 감별하여 '너 이리 와 봐'로 불러내는 관행이 여전히 존재하기 때문입니다. 이렇듯 학생들에게 신체를 감시받지 않을 자유는 여전히 어떤 시선을 견뎌 내야만 얻어지는 자유입니다.

---

[39] 필자가 가르쳤던 학생이 쓴 글이다.
[40] 서울은 2013년부터, 경기도는 2010년부터, 인천은 2016년부터 선도부가 폐지되면서 교문 지도가 '교문 맞이'로 변화하는 흐름이 있다.
[41] "주눅 든 등굣길 밝아지고 수업 분위기 좋아졌죠", 〈한국일보〉, 2016년 3월 22일. "교문 앞… '학생 주임'보다 무서운 '화장 주임'이 뜬다", 〈조선일보〉, 2018년 9월 17일.

오늘날 신체의 일부라고 할 수 있는 두발·복장을 학교만큼 규율하는 곳은 바로 감옥과 군대입니다. 감옥은 자유의 박탈을 통한 징벌을 목적으로 하는 공간이고, 군대는 총기 등 위험한 도구를 다루는 곳이니 어느 정도 일리가 있다고 볼 수 있을 것 같습니다. 그런데 이런 특수한 목적을 가진 공간이 아닌, 모든 국민이 일정 기간을 보내는 학교에 이런 관행이 존재하는 이유는 무엇일까요? 그 시작은 일제 강점기로 거슬러 올라갑니다.

한국 근대 교육의 원형인 일제 식민 교육의 핵심은 민주공화국의 주권자인 시민市民, citizen이 아닌 '천황'에게 충성하는 황국신민臣民, subject을 양성하는 것이었습니다. 그 방법 중 하나가 부모로부터 물려받은 머리를 보존하는 전통을 깨고 단발하게 하여 천황의 신민으로 새롭게 태어나는 의식을 치르는 것이었죠. 이때부터 머리 모양, 두발·복장, 손톱 검사까지 각종 신체적 규율을 학생들의 몸에 심는 것이 학교교육의 중요한 목표가 됩니다.[42] 황국신민을 길러 내기 위해 인간의 신체는 국가적으로 관리할 대상이자 자원이 되었고 신체검사, 위생을 위한 용의 검사 등을 통해 학생의 몸을 통제하는 것이 학교의 중요한 기능이 된 거죠.

---

[42] 이승원(2005), 《학교의 탄생》, 휴머니스트.

아직 청산되지 못한 이러한 식민지 교육의 잔재는 현재 교육이 추구하는 가치인 세계시민교육이나 다문화 교육과도 충돌합니다. 2017년 다문화 가정 통계를 보면 취학 연령 학생들이 11만 명을 넘어섰습니다. 현재 학령 인구가 47만 명에서 48만 명 사이임을 생각한다면 4분의 1 이상의 학생들이 이주 배경을 가진 거죠. 대한민국 대다수의 학교에서 금지하는 파마, 염색 머리가 이 학생들에게는 자신의 자연 상태일 수 있습니다. 그런데 어떤 학교에서는 파마와 염색을 규제하기 위해 학생들에게 미장원에 들러 자연산 갈색이나 곱슬머리라는 확인증을 받아 오게 하는 경우도 있습니다. 눈동자가 파란 학생에게 써클 렌즈를 빼라는 요구를 하기도 하죠. 이러한 구시대적인 두발·복장 규제는 이주 배경 정체성에 대한 명백한 차별인데도 말입니다.

19세기 일본이 근대 제국주의 국가를 만들기 위해 전통 문화적 관습을 지우는 목적으로 시작한 신체에 대한 규율은 세계시민교육을 말하는 21세기에도 문화적 다양성을 억압하는 형태로 이어지고 있습니다. 학생들에 대한 두발·복장 규제를 교육이라고 일컫는 것은 시민 혁명의 산물인 공교육이 식민 통치를 위한 수단으로 변질되어 입시 위주의 관행과 맞물려 왜곡되어 온 역사이기도 한 것입니다.

그렇다면, 학생들에게 개성 실현의 자유는 왜 그토록 중요할까요? 그건 단순히 10대가 외모에 관심이 많은 시기이기 때문만은 아닙니다. 인권은 사람을 존재하는 그대로 인정하고자 합니다. 학생들, 아니 우리 모두가 각자의 개성을 오롯이 가진 존재이기 때문에 다른 얼굴형, 눈·코·입의 모양, 체형을 가지고 있습니다. 이렇게 다르게 태어난 사람들이 자신들의 다름을 일부 가리고 적당히 드러내며 어울리는 스타일을 찾아 표현하는 것입니다. 화려하게 꾸미든, 남성처럼 꾸미든, 꾸미지 않든, 각자가 타고난 것에 어울리는 머리 모양을 각자의 방식으로 표현하는 것은 가장 기본적인 의사 표현입니다.

두발·복장 규제는 인간 신체의 다양성을 무시하고, '생활 지도'의 이름으로 외모에 대한 평가를 합리화합니다. 규제할 책임을 맡은 교사는 특정 학생에게 '단정하지 않다', '어울리지 않는다'는 등 차별하는 말을 할 수밖에 없게 됩니다. 물론 어떻게 보면 서로의 신뢰 관계를 전제로 한 조언이라고 할 수도 있죠. 하지만 '단정함의 기준은 누가 정하는가?', '외모에 대한 지적은 남성과 여성 중 누구에게 더 촘촘히 집중되는가?', '교사-학생의 권력관계에서 외모에 대한 간섭은 조언인가, 폭력인가?'를 고민하다 보면, 교사의 의도에 관계없이 학생들이 수치심을 느낄 수 있다는 것을 짐작할 수 있습니다. 학생들은 성희롱, 성폭력이라고 느낀 행동이 교사들에게는 생활 지도 과정에서 일어난 일상적인 일이라는 격차가 여기에서 발생하는 거죠.

교칙에 따라 두발·복장 규제를 집행하기 위해 학생의

몸을 스캔할 수밖에 없는 상황은 교사, 학생 모두에게 난감한 상황입니다. 여성들은 남성이 여성의 신체를 거리낌 없이 훑어보는 행동에 대해 '시선 강간'이라는 이름을 붙이고 문제를 제기하고 있습니다. 자신의 신체를 훑어보는 교사의 시선이 느껴지는 순간, 학생들은 자신이나 동료 여성들이 숱하게 겪어 왔던 폭력을 연상하고 분노합니다. 변화하는 시대 속에서 두발·복장 규제는 교사를 가해자가 될 수 있는 위험에 빠트리고 있습니다.

사복은 등골 브레이커인가?

그러나 수십만 원짜리 패딩을 입고 등교하는 학생들을 보면, 학생들을 소비의 노예로 만들지 않기 위해서라도 이를 규제해야 되는 것이 아닌가 하는 걱정이 들기도 합니다. 복장 규제를 하지 않으면 학생들이 고가의 옷을 많이 사 입게 되어 '등골 브레이커'가 양산될 거라고 우려하는 여론도 있습니다. 아이러니한 것은 등골 브레이커 논란을 일으킨 것은 원래 고가의 화려한 등산용 패딩이 아니라 검정색 바람막이였다는 것입니다. 교복 위에 사복을 겹쳐서 입는 것이 허용되지 않던 상황에서 무채색의 바람막이만은 암묵적으로 허용되었습니다. 그 똑같은 바람막이들 사이에서 다름을 추구한 학생들이 특정 브랜드를 구매하기 시작했습니다. 어느 곳이든 욕망이 분출하는 곳에는 그 이전에 억압이 있기 마련이죠.

학생들은 왜 고가 브랜드 옷을 입을까요? 모두가 같은 교복을 입어야 하며 유일하게 다르게 입을 수 있는 것이 외투일 때, 또 그 외투의 형태조차 한정될 때에는 브랜드만이 차별점이 될 수 있습니다. 오히려 사복을 입고 야외 활동을 나가면 학생들은 교복을 입을 때에 비해 훨씬 다양한 옷을 입습니다. 상의와 하의, 겹쳐 입는 옷의 종류, 장신구 등을 다양하게 조합하여 자신을 드러낼 수 있을 때에는 특정한 브랜드만을 고집할 이유가 없습니다. 오히려 자신의 체형에 걸맞은 디자인과 색깔을 정해 자신의 개성을 드러낼 수 있기에 신상품을 고집하기보다 구제 숍에서 산 헌 옷을 리폼해서 입기도 하죠. 사복을 입을 기회가 가끔이 아니라 매일 주어지면 매번 그렇게 준비하기에도 시간과 품이 많이 들기 때문에 평소에는 입기 편한 평상복을 선택하게 될 것입니다. 복장 규제가 엄격한 학교에서 복장 규제가 없는 학교로 진학한 학생의 이야기를 들어 봤습니다.

"그 이전 학교에서는 수학여행 때밖에 사복을 못 입으니까 수학여행 때 비싼 걸 입어야 했어요. 각자 꾸밀 수 있는 만큼 최대한으로 꾸미고 오는 거죠. 그렇게 최대한으로 꾸민 상태에서 '쟤 택$^{Tag,\ 상표}$ 까 봐', '저거 ○○에서 '1+1(원 플러스 원) 3만 원 하던 건데 이런 거 입고 왔네'라며 서로 비교했어요. 3년 동안 자유롭게 입을 수 있는 유일한 날이었으니까요. 그런데 (복장 규제가 없는 학교에 다니다 보니) 여기서는 학생들이 어떤 옷을 입고 오는지 서로 관심이 없어요. 잠옷을 입고 와도 아무도 모르는 거죠."

학생들의 허영심 때문에 복장 규제가 필요한 것이 아니라, 복장 규제가 학생들의 개성 표현을 제한했기 때문에 자신을 꾸미고 뽐내는 방법이 브랜드 외투 입기로 획일화된 것은 아닐까요?

다른 한편 등골 브레이커 논란은 경제적으로 가정에 종속된 청소년의 처지를 보여 줍니다. 사람들의 편견과 달리 상당수의 학생들이 직접 아르바이트를 해서 번 돈으로 비싼 브랜드의 옷이나 신발을 삽니다. 그러면 또 "멋 내려고 알바를 하느냐"라고 무시하는 말을 듣곤 하죠. 한편으로는 나이가 어리다는 이유로 사업장에서도 잘 받아 주지 않아 20대가 꺼리는 위험하고 열악한 노동을 견뎌 내야만 합니다.

비싼 브랜드를 고집하는 학생들의 심리를 미성숙하다며 비난하는 사람들도 있습니다. 하지만, 이러한 현상은 비단 청소년들에게만 국한되지 않습니다. 최근 삶의 트렌드로 불리는 '욜로YOLO: You Only Live Once' 역시 미래에 대한 대비보다는 현재를 중시하는 트렌드의 변화를 보여 줍니다. 한편 이에 대해서도 "욜로 외치다 골로 간다"라며 걱정 어린 시선으로 보는 이들도 많습니다.[43] 결혼이나 노후에 대한 대비 없이 자신의 순간적 욕망에 충실한 삶에 대해 우려하는 것입니다.

삶의 방식은 개인의 선택이라고 하지만, 이렇듯 자신이 원하는 분야에 아낌없이 소비하는 풍토는 어떻게 생기게 되었을까요? 서울에 집을 사려면 수억의 돈이 필요한데 이 돈은 현재의 월급을 전혀 쓰지 않고 몇십 년을 저축해도 모을 엄두가 나지 않는 액수입니다. 이자를 수십 년 동안 꼬박꼬박 갚을 수 있는, 잘릴 걱정이 없는 직장에 다닐 때에야 대출이라도 받을 수 있죠. 언제 쫓겨날지도 모르는데 불확실한 계획이라는 것을 붙들고 살다 보면 단 한 번도 행복함을 누리지 못한 삶으로 끝날 수 있다는 불안함이 고개를 듭니다. 영화 〈기생충〉이 개봉하자 반지하에 사는 주인공이 아들에게 한 한마디 대사가 널리 회자되었습니다. "아들아, 너는 계획이 다 있구나." 이는 불안정한 주거와 노동 시장 속에서 살고 있는 현대인들의 처지를 정확하게 보여 주고 있죠. 이러한 상황에서 욜로를 선택하는 사람들의 미래를 위해서는 미래를 계획할 수 있도록 복지와 안정된 양질의 일자리가 공급되어야 할 것입니다.

현실은 그렇지 않기 때문에 불황 속에서도 명품 산업은 수그러들지 않습니다. 자신의 존재감을 찾기 위한 여러 방법 중 가장 빠르게 눈앞에서 바로 그 효용을 확인할 수 있는 방

43　"욜로 외치다 골로 가지 않으려면 계획하라", 〈중앙일보〉, 2018년 2월 22일.

법이 소비이기 때문입니다. 힘들게 아르바이트를 해서 번 돈으로 고가의 패딩을 사는 청소년들 역시 이런 사회 상황에서 자유롭지 못할 것입니다. 브랜드를 찾는 학생들에게 걱정해야 할 것 역시 비싼 브랜드를 입고서야 자신의 존재감을 유지할 수 있는 청소년의 처지인 거죠. 한 학생이 쓴 다음 시는 이러한 현실을 잘 보여 주고 있습니다.

노스 패딩[44]

류연우

겨울이 오면 모든 학생들이 노스 패딩을 입는다.
왜 노스만 입을까?
다른 패딩들도 많은데.
노스는 비싼데, 담배빵 당하먼 터지는데
노스는 간지템, 비싼 노스 안에 내 몸을 숨기고
무엇이라도 된 듯하게 당당하게 거리를 걷는다.
한겨울엔 노스만 입어도 무서울 게 없다.

자신을 방어하는 무기로 고가의 옷밖에 남지 않은 청소

---

[44] 류연우 외 77인 씀(2011), 《내일도 담임은 올 뻴이다 — 공고 학생들이 쓴 시》, 나라말.

년이 일상의 존재감과 자존감을 회복할 수 있도록 학교와 사회가 무엇을 도울 수 있을지에 대한 질문이 필요한 것이 아닐까요?

자유를 우회하는 편안한 교복 공론화, 대안일까?

학교가 복장 규제를 일괄적으로 폐지하기 부담스러워하면서, 복장의 자유를 보장하라는 요구에 대한 응답은 '편안한 교복 공론화'로 이어졌습니다. 서울시교육청에서는 '편안한 교복 공론화' 프로젝트를 실시하여 교복을 유지할 것인지, 폐지할 것인지, 디자인을 바꿀 것인지를 단위 학교에서 정하게 하고, 실제 '편안한 교복 디자인 공모전'을 진행하기도 했죠. 그 취지는 지금처럼 생활하기 불편한 정장 교복이 아닌 캐주얼한 바지나 후드티 등을 '민주적인 절차'를 통해 교복으로 정하자는 것입니다. 이것은 다른 지역에도 영향을 미쳐 학생인권조례가 제정되지 않은 지역의 교육청에서도 비슷한 취지의 사업이 진행되고 있습니다. 교복의 불편함을 개선하자는 취지는 좋지만, 규제냐 자유냐의 논점은 그대로 남습니다. 편안한 교복이 되었으니 교복을 단정하게 입으라는 요구와 교복과 똑같이 생긴 사복을 입는 것이 뭐가 문제냐는 물음이 부딪히게 되는 것입니다.

다른 한편으로는 후드티에 학교를 드러내는 로고나 글

자를 새길 것인가도 쟁점이 됩니다. 주로 학교 로고나 이름을 쓰는 학교는 자사고나 특목고이고, 일반고는 최소한의 표기만 하거나 하지 않기를 원합니다. 비청소년이 직업 세계에서 입는 제복은 그 노동 공간에서만 착용하는 데 비해, 교복은 학교 밖에서도 입습니다. 옷이라는 개인을 표현하는 수단이 집단성을 지니게 될 때, 그 집단 간의 차별은 제복을 관통하게 됩니다. 즉, 그 교복을 입었을 때, 명문고 학생이라는 시선을 받게 되면 학교 밖에서도 교복을 당당히 입게 되지만, 그렇지 않을 경우 교복은 '나'라는 사람에 대해 알기도 전에 '○○학교 출신'이라는 차별을 받게 되는 근거가 되는 거죠. 교복이 혹시 같은 학교 내의 학생 간의 격차를 감출 수 있는지는 몰라도 학교 간의 격차는 오히려 도드라져 보이게 한다는 것을 상징적으로 보여 줍니다.

'공론화'라고 이름 붙이는 과정 역시 정말 민주적인지 되새겨 볼 필요가 있습니다. 다른 영역에서의 정책 변화는 대부분 공론화 과정을 거치지 않고 학교에 바로 시행됩니다. 그런데 유독 학생의 자유를 보장하자는 정책에 대해서는 단위 학교별로 토론의 과정을 거치도록 합니다. 결국 개인이 결정해야 할 영역을 집단이 결정하게 하는 거죠. 이 과정에서 이러한 정책의 바탕이었던 개인이 누려야 할 자유의 가치는 실종되고, '어느 정도면 될까?'의 질문만 남게 됩니다. 결국 학생인권조례에서 명시하고 있는 학교와 교육청이 학생의 자유를 보장해야 할 의무를 학생들에게 떠넘긴 거죠. 대한민국의 학교는 학생 자치라고 할 만한 영역이 변변치 않기 때문에 머리를 어떻게 할까, 교복을 어떻게 입을까를 교사·학부모·학생의 합의로 정하도록 하면서 이를 민주주의의 연습이라 일컫고 있습니다. 이러한 관행 역시 청소년 시기에 집단에 소속된 '나'가 아니라 개인으로서의 '나'를 발견하지 못하도록 만드는 것은 아닐까요?

'화장할 권리'와 '화장 안 할 권리'는 하나

어떤 다른 영역보다도 보는 사람을 시험에 들게 하는 영역이 '화장'입니다. 화장을 했느냐, 안 했느냐가 눈에 띄기도 하려니와 생활용품점에서 파는 저가의 화장품으로 색조 화장을 한 학생들을 보며, '피부 망칠 텐데'라는 걱정이 들기도 하니까요. 그리고 화장한 학생들에게 쏟아졌던 비난 중 하나는 '술집 여자 같다'는 것이었습니다. 물론 요즘엔 이런 표현은 줄어들었지만, 이러한 표현 속에는 여성의 꾸밈은 남성을 유혹할 수 있고, 이것이 성폭력으로 이어질 거라는 잘못된 인식이 숨어 있습니다. 여성에게 밤길을 금지했던 것과 비슷한 맥락이죠. 하지만 밤길을 금지한다고 해서 성폭력으로부터 여성을 보호할 수 없듯이 화장 규제로 학생을 보호한다는 것은 성차별의 연속선상에 있다고 볼 수 있습니다. 또, 화장을 규제하기 위해 학생 피부에 바른 화장품을 지우거나 직접 지우게 하는 것은 과거 두발 규제를 위해 학생의 머리를 자르거나 학교 내에 이발소를 설치했던 것과 다름없습니다. 일부 학교에서는 여전히 화장을 강제로 지우게 합니다. 폭력의 정의가 '다른 사람의 신체에 강제로 가한 유형, 무형의 영향력'이라는 점을 고려한다면 참으로 위험한 방식이죠. 그래서 비판을 받은 학교는 규제 방식이 위험하다는 것을 인식하고 규제를 포기하기도 합니다. 그럼에도 '두발 자유는 그렇다 쳐도 화장은 규제해야 한다'는 목소리가 높습니다.

두발 자유가 완전히 실행되지 않았고, 복장 규제가 여전한 상황에서 학생들이 외모에서 가장 많은 변화를 줄 수 있는 방법은 화장입니다. 요즘 10대들에게 인기가 높은 웹툰들을 보면, 다른 사람과 몸이 뒤바뀌거나 남들에게 없는 능력을 갖게 되어 외모가 뛰어나게 변하고, 그에 따라 사람들의 대접이 달라지고 삶이 완전히 바뀐다는 설정이 여러 작품에서 공통적으로 등장합니다. 이런 작품들의 흥행을 뒷받침하는 것은 만화에서 드러나는 것만큼이나 극명한 현실에서의 외모 차별입니다.

웹툰 〈여신강림〉의 여학생 주인공은 화장으로 사람들이 알아보지 못할 정도로 변신합니다. 중학교 때 민낯의 얼굴이 못생겼다는 이유로 왕따를 당하다 방학 동안 화장술을 연마하고 고등학교에 가서는 학교의 여신으로 대접받게 되죠. 주인공에게 화장은 마음에 들지 않는 자신을 200% 변신시킬 수 있는 수단입니다. 여학생들 사이에 이런 웹툰이 유행하는 현상에서 교실 내 권력을 획득하는 수단으로서 화장에 대해 가지는 환상을 엿볼 수 있습니다. 많은 여학생들에게 성적을 올리는 것보다는 화장술을 연마하는 것이 비교적 쉽기도 하니까요.

한편으로는 화장을 하지 않겠다는 '탈코르셋'의 바람도 불고 있습니다. 학생들은 보다 '여성스럽게' 보이기 위해 화장을 했고, 학교에서는 학생을 성적 주체로 인정하지 못하기 때문에 화장을 규제해 왔습니다. 그런데 페미니즘을 접한 학생들이 지금까지 자신이 사회적으로 강요된 '여성스러움'에 부합하고자 꾸밈 노동을 해 왔다는 사실을 깨닫고 탈코르셋의 물결을 만들기 시작한 것입니다.

학생들과 '사람책' 수업을 했을 때였습니다. 각자 자신이 주장하고 싶은 것을 3분 말하기의 형태로 발표하는 활동이었습니다. 페미니즘에 대한 관심이 높아진 시기라 많은 학생들이 페미니즘과 탈코르셋에 관한 내용을 발표했습니다. 화장을 하지 않는 학생들이 스스로를 긍정하며 탈코르셋을 주장할 것이라고 예상했는데, 오히려 꾸밈에 가장 열심이던 학생이 탈코르셋을 주장했습니다.

"중학교 때는 학교에서 화장을 못 하게 하고, 진한 색조 화장은 선생님이 직접 지우기도 했습니다. 그런데 고등학교에 오니 화장 규제가 없어서 열심히 화장을 하고 다녔습니다. 그러다 어느 날부터 내가 누구를 위해서 화장을 하고 있나 하는 생각을 하게 되었습니다. 예쁘다는 것 역시 누구의 기준인가 궁금해졌습니다."

자신에게 가장 어울리는 모습으로 꾸며 자신감을 높이기 위해 시작한 화장이 오히려 타인의 시선과 유행에 따르느라 본래 자신의 모습을 지워 버리는 도구가 된 것은 아닌지 의문을 가지게 된 것입니다. 이들은 어른들이 기대하듯 공부에 집중하려고 꾸미기를 중단한 것이 아닙니다. 자신을 둘러싼 세상에 대한 부단한 탐구와 진정한 나의 모습을 찾는 과정에서 탈코르셋을 만나게 된 것입니다. 외부에서 화장을 금지할 때는 규제에 저항하며 꾸밈에 집중하는 것이 스스로를 찾는 방법일 수 있습니다. 자신의 신체와 관련된 것을 스스로 결정할 수 있을 때, 자신을 구속하는 것이 학교의 권력이 아닐 때, 비로소 자신이 선택했다고 믿었던 꾸밈이 사회에서 여성에게 강요한 꾸밈 노동이 아닌지 질문을 던지게 되는 것입니다. 학생들의 탈코르셋 흐름은 학교에서 규제하는 스모키 화장만큼이나 적극적인 행위입니다. 학생들 스스로 민낯과 스모키 화장을 종횡무진 이동할 수 있을 때 비로소 이르게 되는 경지인 거죠.

규제로 중독을
막을 수 있을까?

두발·복장 규제가 완화되는 흐름 속에서도 휴대전화 규제는 여전히 뜨거운 감자입니다. 지하철을 타고 있을 때에는 사람들이 스마트폰만 보고 있는 것이 눈에 띄지 않다가 교실에 들어가면 학생들이 스마트폰을 보고 있는 모습에 뭔가 불안한 마음을 느끼기도 하니까요. '이러다가 학생들이 스마트폰에 중독되는 것이 아닐까? 학교에 왔으면 친구와 이야기를 해야지, 왜 스마트폰만 보고 있나?'라는 걱정이 밀려들죠.

뇌의 외부 저장 장치 휴대전화

영화 〈완벽한 타인〉은 어린 시절부터 친한 친구들이 부부 동반 모임에서 저녁을 먹으며 자신의 스마트폰으로 오는 모든 연락과 메시지를 공개하는 이벤트를 하는 이야기입니다. 장난으로 시작해 짧은 시간 동안 스마트폰을 공유한 것만으로도 모든 이의 숨겨진 사생활이 발각되고, 이로 인해 갈등이 빚어진다는 것이 영화의 주요 내용입니다. 이렇듯 스마트폰은 전화번호부이자, 편지 모음집이자, 일기장으로서 현대 사회 인간들의 모든 사생활을 담고 있습니다. 우리의 뇌가 컴퓨터의 램RAM이라면 스마트폰은 SD카드와 같이 우리의 뇌와 연결된 저장 장치 같다고나 할까요.

학교에서는 수업 방해 등의 이유로 휴대전화를 수거합니다. 사실 휴대전화 수거는 법적 근거를 가지고 있지 못합니다. 휴대전화가 흉기처럼 안전을 위협하는 기기가 아니기 때문에 공연장, 병원 등 휴대전화 사용 제한이 필요한 공간에서도 전원을 끄는 등의 사용 예절을 요청할 뿐, 실제 수거하지는 못합니다.

스마트폰 규제를 둘러싼 문제는 기기 자체의 문제라기보다 어떤 어플을 어떻게 사용하는가 하는 소프트웨어에 관한 문제입니다. 어떻게 사용하느냐에 따라 약이 되기로 하고, 독이 되기도 하죠. 흔히 학생들이 수업 시간에 스마트폰을 활용한다고 하면 메신저나 게임을 할 거라고 생각하지만, 실제로는 수업 시간의 칠판 필기를 사진으로 찍거나 잘 모르는 단어를 찾아보기도 하고, 각종 동영상을 통해 정보를 얻기도 합니다.

소위 '4차 산업 혁명'을 대비한 '미래 교육', '에듀테크 EduTech'의 바람이 불며 인공 지능, AR·VR(증강·가상현실), IoT(사물인터넷) 등을 활용하는 수업이 일부 학교에서 시도되고 있습니다. 학생들은 태블릿 등의 휴대용 전자 기기를 이용해 디지털 교과서를 보고 와이파이로 인터넷에 접속합니다.[45] 휴대전화 규제는 '디지털 네이티브'라고 불리는 지금 세대 학생들을 위한 교육 방식과 조응하기 어렵습니다.

　휴대전화를 규제해야 한다고 주장하는 쪽에서는 "휴대전화 중독으로 인해 청소년들이 오프라인 소통을 거부한다"라고 말하기도 합니다. 이에 대해 학교에서 토론해 보면 학생들은 이렇게 주장합니다.

　"우리는 아주 적극적으로 SNS를 통해 '다른 세계'와 소통합니다. 어른들은 우리의 말을 듣지 않으니까요. '소통'을 하느냐 안 하느냐는 어떤 도구를 보고 있는가가 아니라 우리의 말을 누가 존중하고 들어 주는가에 달려 있는 것이 아닐까요? 소통을 막는 것은 기계가 아니라 권력입니다."

　학생들이 어른들과 소통하지 않으려 하고, 자신들의 인권 문제에조차 별 관심이 없다고 하지만, 학생들의 속내는 "이야기를 들어 주는 곳에서 말을 하고 싶다"는 것입니다. 반

45　"미래교육 열쇠…500조 에듀테크 시장 꿈틀댄다", 〈조선비즈〉, 2019년 5월 11일.

영은 하지 않으면서 참여하라고만 주문하는 것만큼 사람을 지치게 하는 일은 없으니까요.

결국 우리에게 필요한 것은 스마트폰을 때와 장소에 맞게 스마트하게 사용할 수 있도록 가르치는 것입니다. 이를 위해서 질문해야 할 것은 '사용 자체를 금지하면서 올바른 사용법을 가르칠 수 있는가?' 하는 문제입니다. 이것은 실제 사용하고자 하는 욕망과 필요가 존재하는데 이 욕망의 존재를 인정하지 않고 금지할 때 학생들은 오히려 충족되지 않는 욕망에 중독되는 것은 아닐까 하는 질문으로도 이어집니다.

욕망의 주인이 된다는 것

욕망의 주인이 된다는 것은 내 욕망의 내용과 크기를 안다는 것입니다. 즉 '내가 어떤 대상에 대해 애정을 갖고, 어떤 관계를 맺고자 하는가?', '왜 특정 행위에 보다 열정을 갖게 되는가?', '그 특정 행위를 어떤 상황에서 더 하고 싶어지는가?'에 대해 알고 그 크기가 어느 정도인지를 가늠할 수 있을 때, 자신을 해치지 않을 정도로 자기의 욕망을 조절할 수 있겠죠.

기본적으로 욕망은 나쁜 것이 아닙니다. 대부분의 우울증이 의욕 상실로부터 비롯된다는 점을 생각한다면 욕망 그 자체는 인생의 큰 원동력이기도 합니다. 또, 욕망이 어느 정도 충족이 되면 그 욕망이 지속되지 않을 수도 있습니다. 학교에서 휴대전화를 일상적으로 수거하다가 학생들이 소지할 수 있도록 규정을 개정하면 그 직후에는 휴대전화를 들여다보는 학생이 많다고 느껴집니다. 시계 보려고 꺼냈다가 계속 보고 있게 되는 상황이 발생하니까요. 실제 매일 휴대전화를 걸을 때는 걷기 전에 휴대전화로 확인해야 할 것을 모두 확인하고 제출하기 때문에 한번 붙들었을 때 오래 잡고 있는 습관을 갖게 됩니다. 하지만, 몇 개월이 지나고 나면 시계만 보고 바로 집어넣는 것이 가능해집니다. 왜냐하면 필요할 때 또 꺼낼 수 있으니까요.

이렇듯, 욕망을 조절하는 법을 배운다는 것은, 무조건 억압하기보다 내 욕망을 인정하고 어느 정도 충족할 때 내가 행복감을 느끼는지를 '아는 것'에서부터 시작될 것입니다. 그런데 통제의 방식으로는 중독의 부작용을 가르치기 어렵습니다. 실제 학생들이 수업 시간에 스마트폰을 사용한 벌로 압수했다가 돌려주면서 스마트폰 과다 사용의 문제에 대해 교육하려 한 적이 있었습니다. 학생들에게 스마트폰 중독의 해악을 보여 주는 여러 가지 자료를 준비해서 교육하려고 했지만, 학생들의 시선은 오직 압수된 스마트폰에 집중되기 일쑤였습니다. 준비한 교육에 대한 학생들의 대답은 "1주일 뺏기면 2주일 하고 싶어요"라는 말이었죠.

학생들은 스마트폰이 압수된 동안 자신의 잘못을 성찰

하기보다 자신의 사생활의 총체인 스마트폰을 교사가 보지 않을까 하는 두려움과 그동안 받지 못하는 연락 때문에 더 큰 불안감을 느꼈다고 말하기도 했습니다. 그래서 돌려받은 이후에 빼앗긴 시간보다 훨씬 더 많은 시간을 보내게 되었다고 고백하기도 했죠. 즉 욕망의 조절 권한이 타인에게 있을 때, 스스로의 욕망이 타인에 의해 좌절되는 금지의 경험 속에서 중독에 대한 더 큰 욕구를 갖게 된 거죠.

결국 '언제 어느 때나 할 수 있지만 나는 내가 필요로 할 때 적절한 방식으로 사용한다'는 것이 자기 욕망의 주인이 되는 방법일 것입니다. 욕망의 주체로 성장하기 위해서라도 스스로 욕망의 존재를 인정하고 조절하는 권한을 갖는 것이 필요합니다.

중독과 소외 사이

2019년에 WHO(세계보건기구)에서 게임 중독을 질병 코드로 등록한 것이 큰 이슈가 되었습니다. 게임 중독을 예방하기 위해 청소년들의 게임을 규제해야 한다는 목소리도 커졌죠.

중독이란 인간이 특정한 대상이나 행위에 집착하여 습관적으로 오랜 시간 빠져 있거나 일상생활이 불가능할 정도로 집중해 있는 상황입니다. 그 이면에는 중독된 대상이나 행위 외에는 다른 삶의 공간에서 성취의 경험이 없거나 기본적 욕구를 충족하지 못한 경험이 있는 경우가 많습니다. 게임 중독자에 대한 상담과 치료를 해 온 전문가들은 게임 중독은 개인이 놓인 삶의 상황과 그로 인한 심리적 문제로 인해 발생한 경우가 많기 때문에 약물 치료나 규제만으로 게임 중독에 접근하는 것은 한계가 있다고 이야기합니다. 조현섭 한국심리학회장은 이렇게 말했습니다.

"게임으로 발생하는 피해가 얼마나 큰지 항상 느끼고 보고 있습니다. 하지만 질병 코드화하는 것에 대해서는 생각이 다릅니다. (……) 반이 넘는 중독자가 청소년입니다. (……) 개인마다 사연이 있어서 중독의 원인도 다양합니다. 중독자의 중독 수준, 욕구 등을 복합적으로 평가하고 그에 맞는 맞춤형 상담이나 프로그램을 해도 중독에서 벗어나지 못할 수도 있습니다. (……) 제 경험으로는 의료 모델보다는 심리사회적 접근법이 효과적이었습니다."[46]

중독과 규제가 삶의 맥락과 어떤 관련이 있는가를 살피게 된 계기는 학생들과의 토론이었습니다. 한번은 '온라인 게임 셧다운제'에 대한 토론을 하면서 반대 논거로 부모님을 설득해 오라는 과제를 냈습니다. 한 학생이 성공 사례를 발표했

---

[46] "게임중독은 의료적 치료 방법도 없고, 게임이 원인도 아니다", 〈디스이즈게임〉, 2019년 12월 2일.

습니다. "아빠가 야근 후에 늘 가는 호프집이 밤 10시면 문을 닫는다고 생각해 봐"라는 말에 아버지의 말문이 막혔다는 것이었죠. 다른 방식의 여가를 꿈꾸기 어려운 상황에서 음주라는 취미를 가진 아빠에게 호프집이 소중한 것처럼 셧다운제가 청소년에게 유일하게 허락된 여가를 빼앗는 것이라는 점을 보여 준 거죠.

이처럼 학생들이 밤늦게까지 게임을 하는 이유 역시 셧다운제가 없어서가 아니라 저녁이나 낮 시간에 여가를 즐길 수 없는 삶과 연관되어 있습니다. 방과 후에도 야자나 학원 때문에 늦게 일과를 마치는 학생들이 시공간적 제약에 구애받지 않고 친구를 만나고 여가 생활을 할 수 있는 유일한 공간이 게임의 세계이니까요.

중학교 때 게임 중독자였음을 고백한 학생이 있었습니다. 그래서 고등학교에 와서는 어떠냐고 물었더니, 중학교 때 너무 많이 해서 이제는 하지 않는다고 하더군요. 어떻게 그게 가능하냐고 했더니, 게임 폐인이었던 학생들은 대부분 비슷한 경로를 따른다고 하였습니다. 초등학교든 중학교든 어떤 시기에 집중적으로 하다가 자신처럼 어느 날 '할 만큼 했다'는 생각이 드는 경우가 많다고 했습니다. 오히려 시간이 지나도 끊지 못하는 친구들은 감시하는 사람이 있어서 찔끔찔끔 하다가 '할 만큼 했다'는 경지(?)에 이르지 못한 경우이거나 게임밖에 할 게 없어서 하기 싫어도 그냥 그걸 하면서 시간을 보내는 거라고 했습니다. 겉으로는 그 욕망에 붙들려 중독된 것처럼 보이지만, 무력한 상태에서 게임 중독이라는 외피에 숨는 경우도 있다는 뜻이죠.

그 학생이 말해 준 게임의 매력은 이런 것이었습니다.

"망친 중간고사는 리셋 할 수 없지만, 게임은 언제든지 리셋 할 수 있죠. 공부는 1만 시간을 해도 상대 평가이기 때문에 1만 시간보다 많이 공부한 학생이나 그보다 적게 공부했더라도 문제를 잘 푸는 학생이 생기면 소용이 없지만, 게임은 다양하기 때문에 자신에게 맞는 게임만 찾으면 누구나 '만렙'을 찍고 그 게임의 최고가 될 수 있고요. 실제로 제 아이템을 의사인 게임 유저가 비싼 돈으로 사 가기도 한다니까요."

현실 대신 게임이 제공하는 것

현실의 입시는 패자 부활전을 허용하지 않지만, 입시에서 실패한 학생도 게임에서는 재도전할 기회를 얻습니다. 또 게임 아이템 등은 환금성이 있어 실제 경제적 보상을 해 주기도 합니다. 입시 시스템에서는 실패했지만 다시 도전할 수 있는 무한한 기회, 노력에 따른 절대적 성취, 사회·경제적 인정까지 함께 주어지는 게임의 세계가 학생들에게 매력적일 수밖에 없습니다. 이렇듯 인간이 성장하는 데 기본적으로 필요한 것들을 제공하지 못하는 현실에 대해 돌아보지 않고, 게임 중독을 개인의 병리화, 범죄화하는 것만으로는 게임 중독 현상의 해결책을 찾기 어렵습니다. '학생들이 게임을 통해서 현실에서 얻지 못하는 어떤 만족감을 얻는가?', '계속된 시험이 깎아 먹는 자존감을 어떻게 상쇄해 주는가?', '어떤 보상이 게임의 세계로 유인하는가?'에 대한 질문 없이 게임만을 탓할 때, 학생들은 더 깊이 게임의 세계로 도망가는 것은 아닐까요?

이런 측면에서 보면, 중독에 대해 인권을 중심으로 접근한다는 것은 단순히 금지가 '권리의 제한이냐, 아니냐'를 논하는 것을 넘어 '인간은 어떤 존재인가? 어떤 과정을 통해 인간됨에 이르는가?'를 고찰하는 것입니다. 즉 인간을 파편화시켜 문제적 요소를 가진 개체로 보는 것이 아니라 사회 현실과 개인이 놓인 삶의 맥락을 연관 지어 어떤 조건과 환경일 때 인간성을 지킬 수 있는가를 질문하는 것입니다.

'생활'은
'지도'될 수 있는가?

학생인권을 존중해야 한다는 흐름 속에 학생들이 '문제 행동'을 해도 교사가 지도할 수단이 없다는 답답함을 토로하는 목소리를 흔히 접할 수 있습니다. 벌점이나 체벌 등 단순한 방식으로 진행되었던 지도 방식이 바뀌기 위해서는 학생의 문제 행동에 따라 어떻게 접근하면 되는지 매뉴얼과 가이드라인이 필요하다는 목소리도 있죠.

매뉴얼이 통하지 않는 이유

이에 대한 대책으로 교육부는 2013년 문제 행동 예방 및 생활 지도 향상 매뉴얼을 만들고, 그 자료로 현장 포럼을 진행하였습니다. 학생 지도 방식에서 인권을 존중해야 한다는 사회적 요구에 대해 각각의 문제 행동에 대한 매뉴얼이 필요하다는 접근이었죠.[47] 하지만, 그 자료는 현장에서 활용되고 있지 못합니다. 그 이유는 교육부가 파악한 학생의 '문제 행동'과 그 기준 역시 일방적으로 제시되었기 때문입니다.

    교육부의 문제 행동 대응 포럼에서 열거된 문제 행동은 통제하는 사람의 위치에서 정의되어 있습니다. 특히 학생인권 침해와 관련된 두발·복장 위반을 '학교 부적응'으로 해석한 것은 학교가 여전히 인권 침해 행위를 교육상 필요한 것으로 규정하고 있음을 보여 줍니다. 학생 입장에서는 학생인권 침해 행위가 만연한 학교에서 상습적으로 수업을 이탈하고 싶어져 무단 지각과 결과, 결석으로 이어질 수도 있는데 말이죠. 이것은 학생들이 일으키는 문제 행동이라기보다는 교육이라는 이름으로 행해지는 인권 침해 때문에 학생들이 학교 밖으로 내몰리는 상황일 수도 있습니다. 이러한 면에서 학생들에게는 인권의 문제가 학교에서는 아직도 문제 행동으로 비치고 있음을 보여 줍니다.

---

[47]   교육부, "문제 행동 예방 및 생활 지도 향상 현장 포럼 개최" 보도 자료, 2013년 1월 25일.

> **〈교육부 문제 행동 예방 및 생활 지도 향상 현장 포럼 자료〉 중에서**
>
> 1. 수업 중 문제 행동
> ① 수업 중 잠자는 학생 ② 수업에 참여하지 않는 학생 ③ 수업을 방해하는 학생 ④ 성적 스트레스를 받는 학생
> 2. 교사 지도 불응
> 교사와의 갈등(반항)
> ① 교사에게 욕하는 학생 ② 교사를 폭행하는 학생 ③ 교사에게 반항하는 학생
> 3. 학교 부적응
> ① 무단 지각·결과·결석 ② 상습적 수업 이탈 ③ 복장·용의 위반
> 4. 학교폭력
> ① 금품 갈취 ② 상해 ③ 언어폭력 ④ 신체 폭력
> 5. 집단 따돌림
> ① 소외형 ② 사이버 따돌림
> 6. 성폭력
> ① 또래 집단 ② 채팅 ③ 모르는 사람
> 7. 자살·약물 등 문제 행동
> ① 왕따로 인한 자살 ② 폭력으로 인한 자살 ③ 성폭력으로 인한 자살 ④ 우울증으로 인한 자살
> 8. 미디어 중독
> ① 음란물 중독 ② 게임 중독 ③ 채팅 중독 ④ 커뮤니티 중독

매뉴얼에 포함되지 않는 기준도 많습니다. 어떤 교사에게는 학생들이 화장을 하는 것이 심각한 문제인 반면, 어떤 교사에게는 휴대전화를 사용하는 것이 더 심각한 문제입니

다. 화장을 하는 것이 문제라고 인정하는 교사들끼리도 그 기준이 다 다릅니다. 어떤 교사는 선크림, 메이크업 베이스는 인정하지만 색조 화장은 안 된다고 하고, 어떤 교사는 메이크업 베이스도 안 된다고 합니다. 휴대전화도 마찬가지입니다. 어떤 교사는 휴대전화를 꺼내기만 해도 압수하고, 어떤 교사는 수업 시간에 사용했을 때만 문제라고 합니다. 학생 입장에서 생활 지도는 교사가 선호하거나 허용하는 행동의 취향에 자신을 맞추는 일일 수도 있죠. 상호 간에 합의가 없는 규범이기에 적용하는 사람들의 기준이 모두 다른 것입니다. 그렇다면 왜 이러한 상황이 벌어지는 것일까요?

모든 규범이 교사를 통해 교육된다는 것은
문제 행동의 책임 또한 교사에게 돌아온다는 것

사람이 살아가는 데는 다양한 층위의 규범이 존재합니다. 지켜야 할 매너를 교육하고 홍보해서 문화를 만들어 가는 단계의 규범, 법규 수준의 강제 조항과 처벌을 통해 다른 사람의 인권을 침해하지 않도록 하는 규범, 지역이나 공간의 문화에 따라 특수하게 만들어진 규범도 있습니다. 물론 교사, 학생, 학부모 간에 지켜야 할 규칙이 3주체 생활 협약이라는 이름으로 상호 간의 약속 형식으로 만들어지기도 합니다. 하지만, 적용되는 방식과 범위는 현격히 다릅니다. 학생들의 약속은 학생에게만 적용되는 두발·복장, 휴대전화 규제 등이 교칙의 이름으로 강제되고, 지키지 않았을 경우 징계나 벌점 등 처벌이 따릅니다. 하지만 교사나 학부모가 지켜야 할 약속에서 이러한 영역은 아예 없으려니와 다른 영역의 약속도 부탁에 그치고 지키지 않았을 경우 처벌도 없죠.

학교 규범의 대부분은 교사의 지도와 처벌이라는 형식을 통해 지켜지도록 설계되어 있습니다. 예를 들어 쓰레기를 버리는 행위의 경우 사회에서는 '대량의 무단 투기' 수준이 아닌 이상 처벌이 아닌 캠페인의 대상입니다. 반대로 폭행, 도난 등은 형법에 따라 처벌과 보상이 이루어지는 일이죠. 그런데 학교에서는 이 모든 규범이 교사를 통해 지도되고 문제가 일어났을 경우 교사가 처리합니다.

이러한 상황에서 교사가 학생의 행동을 통제할 수 있는 권한이 있으면 교권이 회복되고 생활 지도가 가능하다고 말하는 목소리들이 있습니다. 즉 교사의 말이 법처럼 따라야 하는 강제 규정일 때 교권이 바로 서고 교육이 바로 선다는 논리입니다.

학생들이 학교에 처음 입학할 때 가장 많이 듣는 말은 "학교 가면 선생님 말씀 잘 들어야 돼"입니다. 왜냐하면 학교에서는 교사의 말이 곧 법이자 하나의 제도이기 때문입니다.

□□고등학교의 학생 생활 규정

구분	행위 내용	교내 봉사	사회 봉사	특별 교육	출석 정지	퇴학
예절	예의가 바르지 못한 학생	○				
	용의가 바르지 못한 학생	○				
	언행이 불손한 학생	○				
	교사에게 불경한 언행을 한 학생	○	○			
	언행이 불량하여 주민으로부터 학교에 진정 또는 통보된 학생	○				
준법	교사에게 불손한 반항을 하거나 폭력을 가한 학생			○	○	○
	공중도덕을 위반한 학생	○				
	공공 문서를 위조 또는 변조하거나 나쁜 목적으로 사용하거나 대어한 학생		○	○	○	○
	교사의 정당한 지도에 불응한 학생	○	○	○		
	금지된 과외 수업을 받은 학생	○	○	○		
	인원 점검 시 대리로 대답한 학생	○				
	학교 단체 행사에 무단으로 불참한 학생	○				
	학교 출입 시 월장한 학생	○				
	징계 지도에 불응한 학생		○	○	○	○
	경찰에 연행된 후 훈방된 학생	○	○			
	법 또는 교칙에 위반되는 문서를 제작, 게시 또는 유포한 학생		○	○	○	○
	형법상 유죄로 판결된 학생			○	○	○
수업	수업 준비 및 태도가 불량한 학생	○				
	수업 또는 타인의 학습을 방해한 학생	○				
	수업을 거부한 학생	○	○	○	○	
기타	집회 또는 불량 서클에 참석하거나 가담한 학생	○	○	○		
	허가 없이 서클을 조직 운영하여 교칙을 문란하게 한 학생	○	○	○	○	○
	학교장의 허가 없이 대외 행사에 출품, 출연 또는 참가하여 학교 명예를 훼손한 학생	○	○	○	○	○
	학생을 선동하여 질서를 문란하게 한 학생	○	○	○	○	○
	동맹 휴학을 선동, 주동하거나 동참한 학생		○	○	○	○

실제로 많은 학교의 학칙은 엄격히 법으로 규제하는 행위와 사회 상규상 지키면 좋다는 규범이 섞여 똑같이 징벌 체계의 대상이 되고 있습니다. 사회적으로 '서로 지켜야 할 예절'의 영역이 징계 행위의 영역으로 포함되어 있죠. 근거가 명확해야 할 '준법'의 영역에 '교사의 정당한 지도에 불응한 학생'이 포함되어 있습니다. 사실 이 조항으로 학생의 모든 행위를 징계할 수 있을 만큼 자의적인 규정인데도 말이죠. 학교 내의 형법이라고 할 수 있는 학생 징계 기준이 누구의 입장에서 보느냐에 따라 허용 여부가 달라질 수밖에 없는 거죠.

예를 들어, 안전을 위해 뛰는 것이 금지되어 있는 복도에서 뛰는 학생을 교사가 목격했을 때, 그것을 발견하고 상응하는 벌을 주는 역할은 교사의 몫입니다. 물론 학생을 괴롭히기 위해 벌을 주는 것이 아닙니다. 벌을 주면서 기대하는 바는 학생에게 '안전을 위해 복도에서는 뛰지 말아야겠다'는 기준이 생기는 것입니다. 하지만 이것이 효과가 있으려면 그 학생이 복도에서 뛸 때마다 같은 자극이 주어져야 합니다. 그러한 행동을 목격하는 모든 사람이 동일한 기준으로 CCTV와 같이 어떤 행동에 대해 벌을 줄 때 학생의 행동에 영향을 미치는 것이 가능할 것입니다. 하지만 모든 인간의 행동은 맥락 속에 존재합니다. 같은 행동을 봐도 그냥 넘어가는 사람도 있고, 같은 사람이 봐도 그냥 넘어가는 때도 있습니다.

이를테면 쓰레기를 버리는 행동을 교사 아닌 다른 사람,

즉 학생이 발견했을 때는 주우라고 명령하거나 벌을 내릴 수 없습니다. 이러한 행위가 일어난 장소가 학교 밖일 경우에도 마찬가지입니다. 그래서 '어디서든 쓰레기를 버리지 말아야겠다'가 아니라 '나를 벌줄 수 있는 그 사람에게만 안 걸리면 된다'라는 기준이 생기는 것입니다. 즉 상벌제가 가르치는 것은 바람직한 행동의 기준이 아니라 '누구에게 안 걸려야 할 것인가?'의 감각인 것입니다.

이러한 상황이다 보니, 학교의 잠재적 교육과정은 '눈치 교육과정'이 됩니다. 많은 교사들이 자신이 지도하는 기준을 당연한 것이라고 생각하지만, 학생 입장에서는 수십 명의 교사가 강조하는 각각의 당연한 상황들이 존재할 뿐입니다. 왜냐하면 상황을 해석하는 논리가 힘 관계에 따라 달라지기 때문입니다. 예를 들어, 학생들이 폭언을 할 때는 폭언한 사람이 잘못한 것이지만, 교사가 폭언을 할 때는 감성이 격해져서 벌어진 실수로 이해해야 할 일이 되기도 합니다. 청소할 때 청결한가의 여부도 담임 선생님은 괜찮다고 했는데 어떤 선생님은 "너희 교실이 가장 더럽다"고 합니다. 어떤 상황에서든 지켜져야 할 원칙이 적용되는 대신, 교사에 따라 달리 해석되고 그것을 판단하는 권한도 교사에게 집중되어 있다 보니, 정작 학생들이 익혀야 할 가치와 기준은 실종되고 똑같은 잘못을 반복하게 됩니다. 즉 벌을 주는 선생님 앞에서는 뛰지 않지만 그걸 문제 삼지 않는 선생님 앞에서 다시 뛰게 되는 것입니다. 결국 사람에 대한 예의가 아닌 힘에 대한 예의를 더 많이 갖추게 됩니다. 체벌이 있던 시절에는 그 힘의 실체가 물리적 폭력이었다면, 현재에는 수행 평가 점수나 생활기록부 기록이겠죠. 이것은 힘을 사용하지 않는 교사들, 강제력을 사용하지 않는 교사들의 말을 무시하게 되는 결과로 이어집니다.

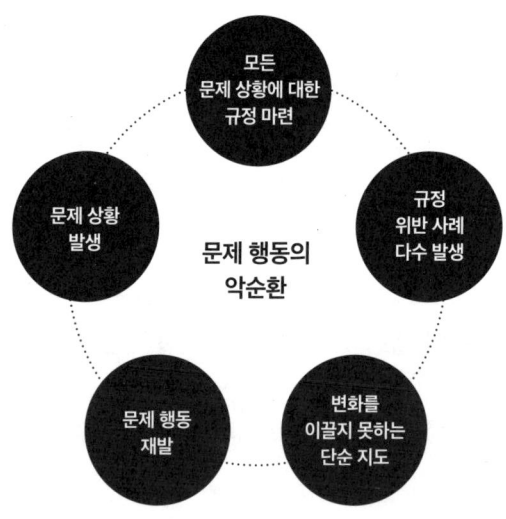

이러한 상황은 교사에게도 생활 지도에 무한 책임과 부담으로 이어집니다. 문제 상황을 처벌하는 징계 규정을 세세히 추가하면 문제의 경중 또는 원인과 관계없이 규정이 늘어나기 때문에 어기는 학생도 늘어납니다. 그래서 결국 어떤 규칙을 위반하든 간에 쓰레기 줍기라든지 아니면 벌점을 매기

는 등의 단순한 지도를 할 수밖에 없습니다. 하지만 동일한 문제 행동에 대해서도 학생들 각자가 모두 다른 원인을 가지고 있는 경우가 많습니다. 지각을 하는 경우에도 '늦게까지 게임을 해서', '깨워 줄 사람이 없어서', 심지어 '집이 너무 가까워서' 등 다양한 이유가 있습니다. 각각 다른 원인을 배경으로 문제 행동을 저지르게 되는 상황에서 아무리 벌점을 매기고 청소를 시킨다고 해도 그 문제의 원인에 접근하기 어렵습니다.

이렇듯 많은 행동에 대해 단순히 금지와 처벌의 방식이 반복된다면 그 행동의 이면에 있는 학생들의 좌절과 불안 등에 대해 접근할 만한 시간 여유가 없어지고, 문제 행동은 계속 재발하게 됩니다.

그래서 규칙을 다시 강화하고, 그러면 규정을 위반하는 학생이 더 늘어나고, 또다시 규칙을 만드는 악순환이 계속되는 것입니다. 이러한 상황이 만성화되면, 규칙은 있지만 학생들은 계속 규칙을 어기고 "우리 학교 엉망이야. 우리 반은 엉망이야"라는 등의 학교공동체에 대한 불신이 생기면서 모두가 불만족스러운 상황이 되죠. 그리고 이에 대한 모든 책임은 온전히 교사에게 돌아가게 됩니다. 하지만 여전히 학교 징계 규정은 모호한 채로 수십여 가지가 열거되어 있습니다. 모호한 내용과 기준을 알 수 없는 징계로 공동체에 필요한 규범을 배우는 게 가능할까요?

오히려 지금 필요한 것은 학생 입장에서 '안 걸리면 되는 행동'이 아니라 스스로 판단했을 때도 '해서는 안 되는 행동'이 무엇이고, 이것은 어떤 과정을 통해 합의할 수 있을 것인지에 대한 질문일 것입니다.

학교 교칙의 재구조화

다른 사람에게 피해를 주지 않고 스스로 자신의 행동을 돌이켜 볼 줄 아는 생활 원리를 익히는 것은 '모두가 동의하는 사항'에 대해 '원칙에 관한 토론과 적용의 과정'을 '구조적 변화와 동반하여' 진행할 때, 비로소 가능할 것입니다. 이렇게 맥락에 대한 토론이 가능하려면 지켜야 할 규칙은 '행위'의 언어보다는 '원칙'의 언어가 되어야겠죠. 즉 '행동'의 언어로 모든 행동에 대한 금지 규정을 만들면 그 하나하나에 대해 토론할 여지도 없고 각각에 대해 다 다른 벌을 줘야 하는 경우가 생기기 때문이죠.

우선 '모두가 동의하는 사항'에 대해 규칙을 세우려면 그 행동이 왜 문제인지 모두가 토론하여 인정하는 과정이 선행되어야 합니다. 그런데, 상황마다 사람들의 판단이 모두 다를 수 있기 때문에 모두가 징벌을 내리는 데 동의할 수 있는 규칙은 타인에 대한 폭력 등 몇몇 영역으로 최소화될 확률이 높습니다. 이러한 과정에서 행동에 대한 자율적 영역이 최대화될 것입니다. 이것은 규칙이라는 질서가 없는 아노미 상태처럼 느껴질 수도 있겠지만, 학생들 입장에서는 스스로 자기 행동을 성찰할 수 있는 기회를 갖고, 이를 주기적으로 점검하며 자신과 타인의 인권에 대한 감수성을 높일 수 있는 기회가 될 수 있습니다. 즉, 교칙에 있는 세세한 규칙만 지키면 끝나는 것이 아니라 '나는 괜찮나? 우리 반 동료는 괜찮나? 선생님은 괜찮을까?' 이런 안부를 묻는 질문들 속에서 자신의 행동을 성찰해야 할 테니까요.

물론 규범이 필요한 상황이 있습니다. 잊지 말아야 할 규범의 첫 원칙은 '구성원 상호 간의 약속'이라는 것입니다. 한쪽 입장만으로 규칙을 만들 때, 그것은 규칙이 아닌 명령이 됩니다. 입법을 할 때, 국민의 의견을 반영하는 국회라는 기관을 두는 것도 간접적으로나마 국민의 뜻을 모아 법을 만들기 위해서입니다. 이처럼 학생들이 스스로 필요하다고 느끼는 것을 바탕으로 합의하여 규범을 만드는 것이 필요하겠죠.

규범의 두 번째 원칙은 '누구에게나 예외 없이 적용되어야 한다는 것'입니다. 학교 교칙은 학생들만 지키도록 설계되어 있습니다. 교칙의 내용 역시, 꼭 그 자체로 지켜야 할 내용보다는 허락받아야 할 것을 허락받지 않았을 때, 교사는 할 수 있지만 학생에게는 금지된 것들(두발·복장, 휴대전화 규정 등)이 많습니다. 이런 상황은 학생들에게 늘 규칙의 예외를 보여 주고, 학생들은 그러한 규칙에 의문을 품게 됩니다.

따라서 학교 교칙이라면 교사, 학생, 학교 관리자, 교직원 모두가 지켜야 할 것이 될 때, 규범으로서의 생명을 갖는다고 할 수 있습니다.

세 번째 원칙은 그 행동이 '누구의 눈에 보기에도 명확한 객관성을 띠어야 한다는 것'입니다. 예를 들어, '교사의 정당한 지시를 불이행한 경우'는 그 행위에 대해 객관적으로 판단하기 어렵습니다. 합의에 의해 없어진 교칙도 한 교사가 정당한 지시라고 여기면 부활할 수도 있습니다. 예를 들어, 수많은 공론화와 절차를 거쳐 두발 규제 조항을 없애도 그 이듬해 이를 존중하지 않는 교사들은 "머리 스타일이 그게 뭐야?"라고 말합니다. 그 말을 들은 학생이 "우리 학교는 작년에 두발 규정 없앴는데요"라고 하면 "어디서 말대꾸야?"라는 반응이 돌아오고, 교권보호위원회에 회부되기도 합니다. 즉 '교사 지도 불이행' 처벌 조항은 학교의 입법 절차를 뛰어넘는 사적 권력으로서의 역할을 하는 거죠. 이러한 과정에서 학생들은 의견을 수렴하여 합의하는 과정 자체가 무력화되는 경험을 하고, 민주적 질서에 대한 신뢰를 잃게 됩니다.

문제 행동의 기준을 공유하기

결국 원칙을 공유한다는 것은 학생 입장에서도 이것이 문제인지 살펴보고 그 기준을 합의한다는 것입니다. 이를 위해서는 문제 행동의 기준을 가지고 학생들하고 끊임없이 토론하는 과정이 필요합니다. 실제 학생들의 입장에서 문제로 받아들이지 못하는 영역 중 하나가 두발·복장에 관한 것입니다. 나의 머리 스타일과 옷 입는 스타일이 타인의 인권을 침해하거나 다른 사람에게 피해를 주지 않는데 왜 금지하는지 반문하는 거죠. 하지만 현실을 돌아보면 이런 문제의 정의에 대한 토론 과정에 벌어지는 의견 차이도 교권 침해로 해석되기 일쑤입니다.

학교 규칙이 서로 다른 타인과 공존하는 공동체를 위한 규칙이라는 것이 공감되고 하나의 기준으로 자리 잡을 수 있으려면 이 공간이 각자의 인권이 보장되는 공간이라는 전제가 필요합니다. 각자의 인권이 보장되는 전제 아래서 나의 인권을 보장받기 위해서라도 규칙이 필요하다는 합의에 도달할 수 있을 것이기 때문입니다. 학생들도 다른 사람의 인권을 침해하는 것이 문제 행동의 기준이 된다는 것을 내면화할 수 있을 때, 교사 또는 힘 있는 누구의 말을 안 들었기 때문에 벌을 받는 게 아니라 내 행동이 다른 사람의 인권을 침해했기 때문에 문제가 된다는 것을 받아들일 수 있을 것입니다.

강제 규정으로 금지할 수 있는 행위의 범위는 학교 밖 사회에서 형법으로 다루는 것 정도일 것입니다. 그리고 나머지 영역에 대해서는 '나와 다른 사람의 인권을 존중한다는 게 어떤 것인가?'의 원칙을 공유하고 토론할 수 있을 것입니다.

이 과정에서 학생들이 어떤 행동이 다른 사람의 인권을 침해하는 것인지 생각해 보고 자기 행동을 스스로 판단할 수 있게 되겠죠. 이러한 면에서 정해진 규칙을 준수하도록 하는 교육보다는 원칙이 살아 있는 교육을 하는 게 규칙에 생명력을 불어넣을 것입니다. 그리고 이 원칙을 살리기 위해서 상황마다 벌칙을 만드는 것이 아니라 원칙에 대해 끊임없이 대화하고 토론을 하는 것이 필요하겠죠. 앞에서 말했듯 '문제 행위'가 아니라 '문제 상황'으로 접근하다 보면 그 행위를 한 당사자뿐 아니라 영향을 받은 다른 사람들을 포함한 그 공동체 전체가 문제 상황이 재발하지 않도록 어떤 노력을 기울여야 할지 논의하고 참여할 방법을 찾아야 할 테니까요.

실제 많은 학교나 학급에서 새 학기가 시작되자마자 규칙을 만들고 그것을 지키게 하는 데 집중합니다. 이렇다 보니, 규칙을 만드는 데 참여했다고 해도 맥락에 대한 판단은 교사에게 의존하게 됩니다. 오히려 규칙을 만들지 않고 3월 내내 '모든 구성원에게는 인권이 있고 우리는 서로 인권을 존중해야 한다'는 원칙을 공유하고 '서로의 인권을 존중하기 위해서 어떻게 행동해야 될지 토론하는 활동'을 할 수도 있습니다. 물론 학생들은 여전히 교사에게 판사의 역할을 요구하겠지만, 이때 교사가 판사가 되는 것이 아니라 '너의 인권이 왜 침해당했다고 느꼈니?'라고 묻고, 상대 학생에게는 '이 학생의 말에 대해 어떻게 생각하니? 이 문제를 어떻게 해결하면 좋겠니?'라는 질문을 던지면 학생들 스스로 이에 대해 생각해 볼 기회를 가질 수 있겠죠. 이러한 과정에서 학생들 각자가 자신의 입장을 설명하고 경청하면서 '해도 되는 장난'과 '해서는 안 될 행동'에 대해 어떤 지점에서 서로의 생각이 같고 다른지 생각해 볼 수 있을 것입니다. 이러한 과정에서 존재를 받아들이는 인권의 언어가 살아 숨 쉴 수 있겠죠.

어떤 세세한 규칙을 만들고 그것의 준수 여부를 누군가 지켜보고 감시하여 만드는 질서가 아니라 서로의 인권을 지키기 위해 보장해야 될 것은 무엇인가를 판단하게 하는 과정을 통해서 학생이 스스로 문제 행동의 기준을 생각해 볼 수 있는 거죠.

이렇게 보면 문제 상황에서 교사에 대한 도전으로 일컬어지는 "왜요?", "왜 저한테만 그러세요?"라는 질문은 여러 가지 시사점을 줍니다. 우선 '왜 저한테만 그러세요?'는 다른 힘 있는 사람의 행동은 용인되는데 왜 힘없는 나의 행동만 징벌의 대상이 되는가에 대한 억울함이 담겨 있습니다. 이것은 이 공간에서 아직 인권이 보편적으로 보장받지 못하고 있거나, 적어도 그 학생이 자신이 충분히 존중받고 있지 못하다는 목소리를 내는 것이라고 해석할 수 있습니다. 따라서 왜 '나한테만 그런다'고 생각했는지 충분히 문제를 제기하고, 그런 문제가 개선이 될 여지가 있을 때 자신의 행동에 대해 성찰해 볼 기회가 생길 것입니다. '왜요?' 역시 교사의 판단과 지시에

도전하는 행동이 아니라 교사의 의도를 묻고 답변을 듣는 과정에서 상대방 입장을 이해하는 기회가 열리는 질문이라고 할 수 있습니다. 이는 인권의 기준에 대해 학습할 수 있는 경험으로 이어지겠죠.

〈독일 하이엘베르크 김나지움의 학교 규칙〉[48]

- 학교의 구성원들이 모두 존중하고 배려한다.
- 어떤 정도의 폭력도 용납하지 않는다.
- 그리고 갈등이 생기면 외면하지 않고 문제를 해결하려는 자세를 갖는다.
- 비판은 건전하고 공정한 해결책을 찾는 데 목적이 있다.

개별 세부 원칙

학생이 지켜야 할 원칙 : 폭력 사용하지 않기, 객관적으로 해결점 찾기, 수업을 방해하지 않기, 학급공동체를 모두에게 열려 있도록 통합하기 등

학부모가 지켜야 할 원칙 : 자녀의 인격적·사회적 발전을 장려하기, 학교 일에 능동적으로 참여하기 등

교사가 지켜야 할 원칙 : 전문성 있는 수업 하기, 학생에게 적절한 도움 주기

관리자가 지켜야 할 원칙 : 구성원의 이해를 공정하게 조정하기

---

[48] 서울시교육청(2012), 〈외국의 생활규정 들여다보기〉.

이것은 독일 하이델베르크 김나지움의 학교 규칙입니다. 모두가 지향해야 할 공동의 원칙과 각 주체들이 자신의 역할에 따라 지켜야 할 세부 원칙으로 이루어져 있습니다. 일상생활에서 또는 문제 상황이 생겼을 때에도 이러한 원칙하에 해결책을 찾고 지켜야 할 개별 세부 원칙에 따라 참여하고 대안을 찾는 거죠. 모든 행위마다 규칙이 있는 게 아니라 이런 일반 원칙과 각 주체가 지켜야 할 개별 세부 원칙 속에서 교사, 학생, 학부모가 어떤 상황이 '문제인지 아닌지, 이 문제가 일어나면 어떻게 해결할지?'에 대해서 논의하는 것입니다. 이것은 학생 입장에서도 문제 해결을 위해 의견을 내고 주체로 서는 과정이 제도적으로 자리매김해 있다는 것을 전제로 합니다.

이렇게 규율을 만드는 사람과 지키는 사람, 그리고 지키게 하는 사람이 구분되는 것이 아니라 공동의 원칙 속에서 서로 협력하고 토론하여 문제를 해결하는 구조가 될 때 교사 한 사람이 학급 구성원 모두의 행위를 끊임없이 감시하고 처벌하는 책임에서 벗어날 수 있을 것입니다.

Q&A

학생인권이
학교를 망친다?

 임 선생님

동료 교사가 교사의 교육 활동이자 학생을 위한 것이라는 명목으로 학생들에게 지나친 간섭과 규제를 하는 경우가 있습니다. 학생을 바른 길로 인도한다는 굳건한 신념을 가지고 기본적인 존엄의 영역을 침범하는데, 저는 어떻게 해야 할지 모르겠습니다. 예를 들면, "머리 색이 학생답지 못하다. 염색은 건강에 안 좋다. 너의 건강을 위해서라도 내일까지 다시 검은색으로 염색을 해 와라", "학생인권을 너무 보장해 주다 보니 학생들이 연애를 무분별하게 한다"라는 식이에요.

조영선

학생인권의 가장 큰 메시지는 '학생을 위한다'에 대해 다시 생각해 보게 한다는 것입니다. 누구를 위해서 하는 일이라면 당사자가 고마워해야 할 텐데, 정작 당사자는 인권 침해라고 느끼죠. 어찌 보면 그분도

'개인으로서 존중받아야 할 삶의 영역'에서 인권을 경험해 보지 못했을 수 있습니다. 그분과 함께 인권 연수를 신청하거나 책을 읽고 토론해 보면 어떨까요? 물론, 그분이 원하지 않으실 수도 있지만요. 만약 그것이 어렵다면, 적어도 이러한 생각이 학생들에게 강요되는 데에 대해서는 개입할 수 있어야 한다고 생각합니다. 단순히 개인의 생각이라면 존중해야겠지만, 자신의 신념이라고 해서 학생들에게 강요한다면 그것은 폭력이라는 점을 분명히 얘기해야겠죠. 저는 이럴 때 학생인권조례가 큰 힘이 되었습니다. 신념 대 신념으로 이야기하면 끝나지 않는 논쟁이 펼쳐지고, 학교에서 약자인 학생들은 계속 폭력에 노출될 수밖에 없는 상황에서 굉장히 무력감을 많이 느꼈는데요, 학생인권조례가 제정되어 학교 규칙이 완화되자 그런 말씀을 하시는 분들이 줄어들었습니다. 규제가 있을 때는 파마와 염색이 도드라져 보이고 학생들도 뭔가 의도를 가지고 그것을 하는 것처럼 보이지만, 모두가 자유롭게 할 수 있을 때는 그 자체가 눈에 띄는 문제 행동이 되지 않았기 때문입니다. 이러한 면에서 학생인권은 교권을 침해하는 것이 아니라 교사로 하여금 '학생을 감시하는 노동'으로부터 해방될 수 있도록 도와주는 것이라고 볼 수 있죠.

 박 선생님

학생인권조례에 따라 학급회장 출마 자격 제한 조건에서 징계 이력 부분을 삭제했습니다. 그랬더니 어떤 선생님이 "왜 가해자 인권은 적극적으로 보장하면서 피해자 인권은 무시하는가?"라며 문제를 제기하였습니다. 아마도 학교폭력 가해자가 학급회장으로 나서는

> 경우에 피해자 입장에서 곤혹스러울 수 있다는 우려였겠지만, 어떻게 답해야 할지 난감했습니다.

조영선

모든 형법 체계에서 범죄자에 대한 형의 집행이 징벌을 목적으로 하느냐, 회복을 목적으로 하느냐에 따라 달라질 수 있을 것입니다. 자신이 저지른 죄에 대해 사회가 정한 형법에 따른 벌을 충실히 이행했다면 그 사람한테도 사회로 복귀할 기회가 주어져야 할 테니까요. 범죄자에 대한 영원한 격리가 불가능하다면, 결국 언젠가는 구성원의 일원으로 돌아와야 할 것이고, 다시는 그러한 잘못을 반복하지 않기를 바란다면, 자신의 잘못이 주홍글씨로 낙인이 되지 않는 것이 중요하겠죠. 사회에서도 범죄 이력이 있다고 해서 출마 자체를 금지하지는 않으니까요. 학교폭력이 원인인 경우, 피해자가 가해자의 출마에 두려움을 느낀다면, 어떤 점에서 그러한지, 학교폭력 처리 절차에 따라 가해자가 피해자에게 충분히 사과했는지, 재발 방지를 위한 조치가 충분히 되었는지 점검할 필요가 있겠습니다. 그리고 학급회장을 나갈 정도의 리더십을 요구받는 학생이라면 그러한 피해자의 요구에 대해서 직접 직면하고, 다시 한 번 피해자에게 양해를 구하는 과정이 필요할 수 있겠죠. 하지만 이 역시 각각의 상황에서 당사자의 동의를 구해 함께 세워야 할 대책이지, 징계 이력이 있는 모든 학생들의 출마를 제한한다고 해결되는 일은 아닐 것입니다.

4부

인권의 눈으로 본
학교 안의 '힘'

학생을 누르는 힘, 학교폭력과 교권 보호의 대안일까?
학교 안의 보이지 않는 힘, 혐오와 차별
사법적 접근이 아닌 교육적 접근이 가능하려면
Q&A 학생들의 폭력을 어떻게 비폭력적으로 제지할 수 있나요?

학생을 누르는 힘, 학교폭력과 교권 보호의 대안일까?

> "'수원 노래방 폭행' 가해 여중생들, 서울·인천·수원·광주 등 전국서 모여 초등생 폭행"
> - 〈조선일보〉, 2019년 9월 24일
>
> "어려지는 학교폭력… 가해자 "이유없다""
> - 〈EBS 뉴스〉, 2020년 1월 15일
>
> "중1도 학교폭력 저지르면 형사 처벌 받게 된다"
> - 〈서울경제〉, 2020년 1월 15일

10대들의 폭력과 범죄가 잔혹해지고, 연령도 낮아지는 것에 대한 보도가 연일 이어지고 있습니다. 이른바 '무서운 10대' 이야기죠. 이런 기사들을 보다 보면, '내 근처엔 이런 학생이 없어서 다행이야' 또는 '잘 모르는 재도 혹시 그 무서운 10대인가?'라는 두려움이 들기도 하죠. 이러한 마음은 '내 주변의 착한 10대들이 저 무서운 10대에게 물들거나 폭력을 당하지 않기 위해서라도 엄벌이 필요하다'는 생각으로 이어지기도 합니다. 그래서 청와대 국민청원에 <소년법>을 폐지하자는 주장이 등장하고 폭발적인 반응을 얻기도 했습니다. 청원 글에는 이런 대목이 등장합니다.

"가해자들은 (중략) 청소년이란 이유로… 또는 그 수가 너무 많아 처벌하기 힘들다는 이유로 고작 '전학', '정학' 정도로 매우 경미한 처분을 받고 빨간 줄은커녕 사회에 나와서 과거의 행동들을 술 안줏거리로 단지 추억거리로 무용담 삼아서 얘기하며 성인이 되어서 과거 세탁을 하며 떳떳이 잘 살아가고 있습니다."

10대부터 범죄 이력을 달고 평생을 살 정도의 벌을 줘야 이러한 일이 재발하지 않는다는 논리입니다. 이러한 정서를 반영한 듯 2020년 1월 교육부에서 촉법 소년 연령 기준을 만 14세에서 13세로 낮추겠다는 계획을 내놓기도 하였습니다.

그런데, '무서운 10대'들의 폭력은 최근에 갑자기 나타난 현상일까요? 네이버 뉴스 라이브러리에 '무서운 10대'라는 키워드를 검색해 보면, 30년 전인 1990년대 기사까지 뜹니다.

"무서운 10대 "폭행치사致死" 4명이 합세 뭇매 뒤 바다에 빠뜨려"
- 〈경향신문〉, 1993년 3월 6일

"학교탈출, N세대의 무서운 아이들"
- 〈SBS 제3취재본부〉, 1999년 8월 24일

"무리 속에 숨은 '이유없는 반항' 10대들의 패거리문화"
- 〈경향신문〉, 1997년 1월 25일

"무서운 10대, 5명 영장"
- 〈동아일보〉, 1997년 11월 10일

"술 취해 잇단 패싸움, 무서운 10대"
- 〈한겨레〉, 1999년 9월 14일

"'무서운 10대' 항소심서도 실형 선고"
- 〈연합뉴스〉, 2000년 8월 4일

"윤락알선 창업 '무서운 10대들'… 여자친구 등 고용 몸값 뜯어"
- 〈동아일보〉, 2001년 8월 27일

"무서운 10대들… 팬클럽회원 집단구타로 숨져"
- 〈국민일보〉, 2002년 11월 17일

"무서운 10대 범죄, '원조교제가 미끼'"
- 〈SBS 뉴스〉, 2003년 12월 17일

"경찰도 놀란 무서운 10대들"
- 〈경향신문〉, 2004년 10월 17일

"강도 살인에 성폭행까지… '무서운 10대들'"
- 〈경남CBS〉, 2006년 2월 2일

> "거제서 '무서운 여학생' 등 4명 검거"
>
> - 〈연합뉴스〉, 2008년 5월 2일

'무서운 10대'라는 꼬리표가 감추는 것

어떤 범죄가 일어났을 때 피의자의 어떤 특성을 부각시킬 것인가는 그 정체성을 가진 존재들이 사회적으로 어떤 대접을 받고 있는지를 보여 주는 좋은 지표입니다. 예를 들어, 남성보다는 여성일 때 성별이 부각되고, 게임방을 출입한 이력이 발견되거나 조현병 이력이 있으면 '게임 중독'에 '조현병' 환자로 지칭됩니다. 10대라는 나이 역시 불미스러운 사건에 연루되었을 때 쉽게 '특정'되는 정체성 중 하나입니다. 인간이 범죄를 저지르는 데는 여러 가지 상황이 영향을 미칠 텐데도, 범죄자의 특성을 이야기할 때 10대라는 정체성이 특정되는 것은 이 사회가 통제되지 않는 청소년에 대해 어떤 이미지를 가지고 있는지 짐작할 수 있는 대목이죠.

앞에서 언급한 기사에 등장하는 '수원 여중생 노래방 폭력 사건'의 경우 서로 다른 지역에서 알게 된 학생들이 노래방에서 초등학생을 폭행한 사건으로 공분을 샀죠. 이 사건의 가해 중학생들은 서울, 인천, 수원, 광주에서 각자 다른 학교를 다니다 SNS를 통해 서로 알게 되었다고 합니다. SNS상으로만 알게 된 친구를 먼 거리를 이동하여 만나는 경험은 학교와 학원에서 쳇바퀴 도는 여느 중학생들과는 다른 것임에 분명합니다. 그런데도 이들 각자가 어떤 삶의 배경을 갖고 있고, 어떤 계기로 그러한 폭력적인 문화에 익숙해졌는지에 대해서는 알려지지 않았습니다. 10대라는 특성으로 묶인 사람들이 벌인 행위로만 보도되었을 뿐이죠.

이에 비해 비청소년들의 경우 나이가 아니라 태어난 때를 기준 삼아 세대로 구분하여 특성을 설명합니다. 《90년생이 온다》 등의 책도 이러한 세대 분석의 일환이죠. 즉, 비청소년들은 태어난 시기에 따라 산업화 세대, 베이비부머 세대, 86세대, X세대, Z세대, 밀레니얼 세대 등으로 나누어 성장 배경, 소비 행태, 가치관 등 다양한 항목에 대해 각각의 기준에 따라 상세하게 분석합니다. 또, 이러한 분석의 결과에 맞지 않는 개별적인 사람들의 특성도 빼놓지 않습니다. 왜냐하면, 성별, 직업, 거주지, 가치관 등 인간을 구성하는 정체성의 종류도 다양하거니와 정체성이 어떤 상황과 만나느냐에 따라 발휘되는 양상도 다 다르기 때문입니다. 고유성을 가진 독립된 존재인 인간을 특정 집단으로 묶어 통칭하는 것은 쉽지 않은 일이니까요.

그런데 유독 10대들은 '무섭다', '어디로 튈지 모른다' 등 불완전하고 미성숙한 이미지로 통칭되고 있습니다. 베이비부머 세대와 밀레니얼 세대의 특성 역시 각 세대가 10대였던 시절, 각각의 다른 사회적 영향을 받은 결과임에도 불구하고, 산업화 세대의 10대, X세대의 10대, 밀레니얼 세대의 10대는 세대를 막론하고 동일하게 '무섭거나 위험한 존재'로 지칭되어 왔죠. 이것은 인간의 삶이 연속되어 있다는 것을 간과한 접근이기도 합니다. 19살 12월 31일 없이 20살 1월 1일이 올 수 없음에도 불구하고, 19살과 20살의 존재는 전혀 다른 존재인 양 취급되어 왔죠.

10대에 대한 이러한 분석은 10대라는 연령대의 사람을 하나하나 독립된 인간으로 대접하지 않는 사회 문화와 관련이 있습니다. 한 개인이 고유한 존재로서의 특성은 무시된 채 특정한 집단적 정체성으로 통칭되고, 이것은 같은 교복을 입었다는 이유만으로 '○○학교' 학생들로 묶어서 통제할 수 있다는 통념으로 이어지기도 합니다. 이것은 다시 '학교의 면학 분위기 조성을 위해 학생들을 통제해야 한다'라는 등의 개인의 인권을 침해하는 논리로 사용되기도 하죠. 이러한 악순환은 청소년에 대한 정책들에도 큰 영향을 미칩니다. 청소년은 기본적으로 불완전하고, 미성숙하고, 위험한 존재들이기 때문에 보호하거나 격리하거나 규제하는 것이 너무나 당연하다고 여겨지는 것입니다.

하지만 어느 집단에서든 다른 사람을 위협하는 사건은 특정 주체여서 일어나는 것이 아니라 특정 상황에서 벌어지는 경우가 많습니다. 예를 들어 학생이 동료 학생이나 교사를 위협하는 사건들에서도 공격적인 행위를 하기 전에 부당하게 인격 모독을 당하거나 트라우마를 자극당하는 상황이 벌어지곤 합니다. 즉 '무서운' 학생이어서 타인을 위협하는 행위를 쉽게 저지르는 것이 아니라 학생이 자신의 고단한 삶을 돌보아 주지 않는 사회에서 스스로를 지키기 위해 공격적으로 행동하는 경우도 많죠. 하지만 언론에서 이러한 사건이 보도될 때 맥락들은 제거된 채, '무서운 10대'의 이미지만 유포됩니다. 이 때문에 이와 관련된 정책들은 청소년들이 처한 상황과 어려움을 살피고 지원하는 방향이 아니라 이들의 탈선을 어떻게 규제할 것인가에 초점을 맞추게 되죠.

그래서 가정과 학교의 규제와 폭력을 이기지 못해 나온 학생들에게 제공되어야 할 쉼터 역시 숨 막히는 규제 속에 있습니다. 그 밖의 지원책은 당사자들을 가장 공격했던 가정이나 학교를 통해서만 연결받을 수 있는 아이러니한 상황이 대부분입니다. 어떤 학생들에게는 가장 위험한 곳인 집과 학교가 제도적 지원을 받을 수 있는 유일한 통로이기도 한 거죠.

보다 엄격한 벌과 강한 통제가 폭력을 줄일 수 있을까?

1995년 학생 간 폭력이 사회 문제가 된 이후 학교폭력 대책이 마련되었지만, 2013년 경북 경산에서 같은 반 학생에게 괴롭힘을 당하던 학생이 자살하면서 학생 간 폭력의 문제가 다시 사회 이슈로 떠올랐습니다. 학교 내에서 주로 이루어지던 학생 간 폭력은 '부산 여중생 폭력 사건'[49] 등 학교 간 학생들의 폭력으로 진화했죠. 이 사건을 계기로 〈소년법〉을 폐지(개정)하고 14세 미만 미성년자에 대해서도 동일하게 처벌하라는 사회적 요구가 거세졌습니다. 다른 한편으로는 사이버 왕따, SNS 악플 등 새로운 형태의 폭력이 사회 문제화되었죠. 이러한 폭력이 학생 간 폭력에서 그치지 않고, 교사에게 욕을 하거나 폭력을 행사하고, SNS로 성희롱을 하는 교권 침해로 이어지고 있다는 보도가 이어졌습니다. 그리고 SNS상에서 학생들이 자주 사용하는 용어들이 혐오 표현 문제로 불거지기도 했습니다.

이러한 학생들의 다양한 문제들에 대한 대책은 대체로 잘못을 저지른 학생들을 엄벌해야 한다는 것이었습니다. 다른 한편으로는 학생인권을 강조하는 흐름이 이러한 학생들의 폭력을 부추긴다는 의견도 있었습니다. 엄벌을 해서 학생을 누르는 힘을 강화해도 모자랄 판에 학생들의 기를 살려 통제할 수 없는 지경에 이르렀다고 보는 거죠. 이러한 엄벌의

---

[49] 2017년 9월, 한 학생이 다른 학교 학생들과 함께 한 명의 학생을 폭행한 장면을 SNS 메시지로 다른 사람에게 전송하면서 알려진 사건이다. 이 사건 이후 '강릉 여고생 폭행 사건' 등 유사 사건에 대한 언론 보도가 이어졌고, 〈소년법〉을 폐지(개정)해야 한다는 여론이 크게 일어나기도 했다.

역사 속에서 폭력은 어떻게 진화해 왔는지 살펴보도록 하겠습니다.

학생들의 폭력의 문제를 '학교폭력'으로 정의하고 국가적인 대책을 세우기 시작한 것은 1996년도입니다. 실제로 1995년도 말에 학교폭력 가담자로 29,000여 명을 적발하고, 9,068명을 구속했습니다.[50] 이미 25년 전부터 미성년자를 구속할 정도로 가해자 엄벌을 통해 해결책을 모색하는 관행이 압도적이었다는 것을 알 수 있습니다. 그러다 다시 한 번 크게 사회 문제가 된 것이 2012년입니다. 이때의 대책 역시 1995년의 대책과 크게 다르지 않았습니다. '스쿨폴리스'를 도입하고, '일진경보제'(학교에서 일진이 발견되면 경찰에 신고하는 제도), CCTV 설치 등 공권력을 강화해서 학교폭력을 해결하거나 억제하려고 하였습니다. 간접 신고와 같은 원스톱 신고 체계(117)가 도입되면서 학생 간 폭력은 이제 학교 안에서 해결을 모색하는 게 아니라 경찰이 관할하는 사안이 되었죠. 이와 더불어 2012년에 보다 강화된 정책은 학교폭력자치위원회의 조치 사항을 생활기록부에 기재하는 시스템이 만들어진 것입니다. 15년 동안 가해자를 엄벌하는 양상이 사법적 책임을 묻는 것과 더불어 입시에 불이익을 주는 것으로 확대된 거죠. 사

---

50 "학교폭력 9,068명 구속", 〈동아일보〉, 1995년 12월 14일.

회 변화에 따라 뭔가 '교육적'으로 바뀐 것 같지만, 한국 사회에서 입시의 위상을 생각한다면 가해자의 가해 당시뿐 아니라 미래에까지 영향을 주는 정책이라는 점에서 엄벌주의는 더 강화되었다고 볼 수 있습니다. 그 이후 물리적 폭력이 드러나는 비율은 줄어들었지만, 학생 간 폭력은 학교 밖으로 공간을 옮긴 채 더 대담하고 노골적인 폭력의 방식으로 재생산되기도 했습니다. 2017년에 〈소년법〉 폐지 논란을 일으킨 일련의 폭력 사건들은 이러한 폭력이 학교 내에서 학교 밖으로 이동하면서 그 범위가 오히려 넓어졌음을 보여 줍니다.

이와 동시에 2012년에 각 학교에 교권보호위원회를 설치하도록 하는 〈교원지위법〉이 통과되었습니다. 하지만 이때까지는 교권보호위원회에서 학생에게 내릴 수 있는 처분은 학생에 대한 일반 징계 수위를 넘지 않았습니다. 중학교는 의무교육이기에 교내 봉사, 사회봉사, 특별 교육 이수 등에 그치고 강제 전학이나 퇴학이 법적으로 불가능했죠. 그런데 2019년 4월에 교사에게 폭언을 하거나 폭행을 한 학생을 강제 전학이나 퇴학을 시킬 수 있도록 하는 〈교원지위법〉 시행령이 공포되었습니다. 교권 침해를 이유로 학부모의 동의 없이 강제 전학 처분을 내릴 수 없다는 서울행정법원의 판결이 나오자[51] 한국교총 등이 강제 전학 처분을 가능하게 하는 관련 법령 정비를 촉구했기 때문입니다. 이러한 주장의 저변에는 "교사나 학생에게 폭력을 가하는 일군의 학생들 — 역사적으로 이들은 '문제아', '요선도 학생', '일진' 등 다양한 이름으로 불려 왔습니다 — 이 존재하고, 이전에는 이 학생들을 체벌 등으로 제압할 수 있었으나 체벌 금지와 학생인권조례 등으로 이들을 제압할 수 있는 수단이 없어지면서 이들을 학교에서 솎아 내야 학교가 평화로워진다"라는 생각이 깔려 있습니다.

하지만 앞에서 보았듯 학생인권조례가 없었던 1995년부터 2012년까지 17년 동안에도 학생 간 폭력은 계속 있어 왔습니다. 오히려 2012년에 피해자가 자살하는 비극적인 사건이 일어나고 나서야 다시 한 번 언론의 주목을 받게 된 것이 현실이죠. 교권 침해 역시 마찬가지입니다. 2012년부터 교권보호위원회는 가동되었지만, 그 후 2019년까지 실효성이 없었기 때문에 보다 강력한 처벌을 가능하게 하는 시행령 개정에 대한 요구가 있었던 거죠.

이렇듯 엄벌 정책이 20년 이상 지속되었음에도 불구하고 문제가 해결되지 않는 것은, 학생을 누르는 힘이 부족해서가 아니라 이전의 엄벌 위주의 정책들이 한계에 이르렀음을

---

51 2016년 2월, 교권 침해를 이유로 서울 강남의 한 중학교에서 다른 학교로 강제 전학 조치를 당한 한 학생이 강남교육지원청 교육장을 상대로 불복 소송을 내 승소했다. "법원 "대드는 학생, 교권 침해 이유로 강제 전학 부당"", 〈서울신문〉, 2016년 2월 21일.

보여 주는 것은 아닐까요? 반복되는 엄벌 정책에도 불구하고 문제들이 사그라들지 않는 원인은 무엇일까요?

학교폭력자치위원회는 학교에 무엇을 남겼는가?

2012년에 강화된 학교폭력자치위원회는 어떻게 운영되고 있을까요? 무엇보다도 학생의 미래까지 낙인을 찍는 생활기록부 기재라는 제도가 자리 잡으면서 학교폭력자치위원회는 학교폭력 해결을 위한 자치적 결정을 하는 곳이 아니라 학교 안의 사법 기관이 되었습니다. 당사자들은 위원회의 결정에 대해 불복하고, 학교는 고소·고발이 난무하는 쟁송의 장이 되었죠. 가해자 학부모들 역시 이전에는 가해자에 대한 다소 중한 징계 조치에 대해서 성장기 자녀에게 약이 될 수 있다고 이해했다면, 지금은 인생 전체에 영향을 줄 수 있는 조치가 되기에 오히려 가해 사실을 부인하고 은폐하도록 자녀와 학교에 압력을 넣기도 합니다.

쟁송 과정에서 법적인 조력을 받는 정도 역시 가정 배경과 밀접한 연관이 있습니다. 학교폭력자치위원회의 조치가 생활기록부에 기록되기 시작한 이후 학교폭력 분야는 변호사계의 블루오션이 되었습니다. 입시에 불이익이 될까 두려워하는 학부모들이 조치 사항에 대해 재심 청구 및 항소를 하거나 아예 학교폭력자치위원회 단계에서부터 변호사를 선임하는 일이 많아졌기 때문입니다. '유전무죄', '무전유죄'를 어렸을 때부터 경험하는 거죠. 그러다 보니 부모의 조력을 받지 못하는 학생들은 누군가는 부모의 힘으로 빠져나간 죄의 벌을 받고 있다고 생각하게 됩니다. 이러한 판단에 이르면 원래 피해자에게 준 상처에 대한 감각은 더 무뎌집니다. 가해 행위에 대해 '미안하게 생각하긴 하지만, 이것이 나의 미래에까지 영향을 줄 만큼 큰 문제는 아니다'라는 생각을 하게 되는 거죠. 때로는 '맞을 짓'을 한 피해자보다 더 많은 피해를 받는다고 생각하기도 합니다. 폭력은 일시적인 행동인데 그 행위에 대한 책임은 영원히 주홍글씨로 남는 것이 불공평하다는 생각을 하는 것입니다. 그러다 보니, 사건 발생 직후 가해 행위를 인정하는 것도 기피하게 됩니다. 인정하는 순간, 예상하지 못한 불이익을 받을 수 있다는 두려움 때문에 자신의 죄를 인정하지 않는 것입니다. 이런 뻔뻔한 가해자 앞에서 피해자는 더 큰 분노와 트라우마를 경험합니다. 가해자의 사과와 관계 회복이라는 사건의 기본적인 해결 과정이 작동하기 어려워지는 거죠. 이렇듯 학교폭력 조치 사항을 생활기록부에 기재하는 것은 소송 남발 문제를 넘어 사건 당사자들에게도 돌이킬 수 없는 영향을 미칩니다.

이러한 상황에서 학교폭력 문제를 학교 울타리 안에서 해결하기 위해 구성원의 대표들이 모인 학교폭력자치위원회는 가해자를 처벌하는 '사법 기관'으로 전락하였습니다. 가해 학생에 대한 조치 사항을 결정하는 것이 가장 중요한 임무가 되었는데 그 결과에 불복해 변호사 선임과 고소, 고발로 이어지는 사건이 빈번해지면서 위원회 구성원들도 소송의 두려움 속에서 지내는 것이 사실입니다. 생활기록부 기재를 '빨간 줄'로 여기는 현실에서 법적으로 형평성 있는 결정을 내릴 수 있으려면 어느 학교든 학교폭력 가해자 조치에 대한 일관성 있는 기준이 존재하고, 그 기준을 판단하는 주체가 동일해야 합니다. 그런데 학교폭력자치위원회는 학교별로 존재하고, 구성원도 다르기 때문에 비슷하게 보이는 사안이라도 어디서 처벌받느냐에 따라 달라지기도 합니다. 즉 법적으로 불복할 수 있을 만한 여지가 다양한 것입니다. 이 사이에서 학교는 소송 가능성을 최소화하기 위해 수십 가지의 서류를 작성해야 합니다. 교사들도 가·피해 학생을 만나 그 피해 회복을 위한 교육과 상담에 써야 할 에너지를 소송을 막기 위한 행정에 집중할 수밖에 없는 구조에 처해 있는 거죠. 이런 상황에서 가·피해 학생이 같은 학급에 존재하는 경우 담임 교사는 어떤 학생에게만 편향되게 행동하고 있다는 비난을 받을 우려 때문에 가·피해 학생 중 누구와도 진실되게 대화를 나누기 어려워집니다. 즉, 학교폭력 가해에 따른 징계 조치를 생활기록부에 기재하는 것이 학교폭력자치위원회를 사법 기관화하고, 이 과정에서 학교 구성원의 관계가 악화될 것이라는 우려가 현실이 된 것입니다. 이러한 부작용 때문에 최근 학교폭력자치위원회 조치 사항 중 경미한 사안에 대해 생활기록부에 기재하지 않고, 학교폭력자치위원회를 교육청으로 이관하는 정책이 시행되었습니다. 학교폭력자치위원회는 학교폭력을 자치적으로 해결하라는 명목으로 만들어졌지만, 결국 사법 기관화되었음이 드러난 셈이죠. 이로써 학교의 부담은 줄어들었지만, 생활기록부 기재 제도가 존재하는 상황에서는 중한 사안도 경미한 사안으로 판단하라는 압력이 작용할 가능성이 높은 것이 현실입니다.

교권보호위원회, 교권을 보호할 수 있을까?

교권 침해 사안 처리 과정 [52]

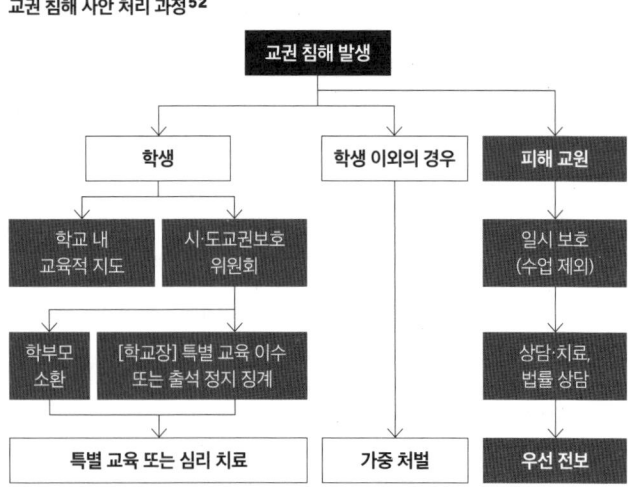

학교폭력 사안 처리 체계[53]

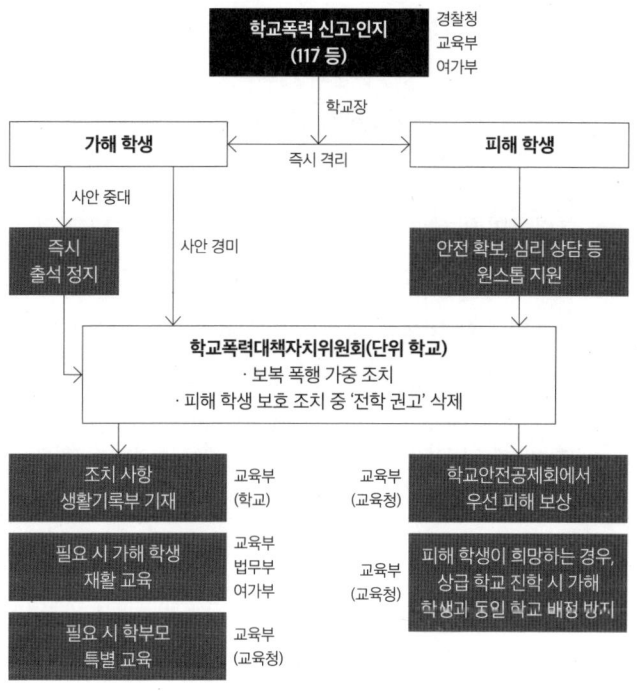

교권 침해에 대한 대책 역시 가해자의 징벌에 초점을 맞추고 있습니다. 교육부의 교권 보호 대책의 핵심은 교권 침해의 주 가해자를 학생과 학부모 등 구체적인 교육 당사자로 한

---

52 교육부(2012), 〈교권 보호 종합 대책〉.
53 "학교폭력 사안 처리 체계", 〈연합뉴스〉, 2012년 2월 6일.

정하고, 교사에게 폭언, 폭행을 한 가해 당사자를 엄벌할 수 있는 시스템을 대안으로 제시한 것입니다. 이에 따른 사안 처리 과정은 '사건 발생 → 위원회 개최 → 가해자 조치 사항 결정'이 되는데, 학교폭력 사안을 처리하는 과정과 매우 유사합니다.

그렇다면 현재 교권보호위원회는 어떻게 작동되고 있을까요? 교권보호위원회는 학교폭력자치위원회와 똑같은 구조를 가졌으나 침해 행위에 대한 기준이 훨씬 광범위합니다.

①〈형법〉제8장(공무방해에 관한 죄) 또는 제34장 제314조(업무방해)에 해당하는 범죄 행위로 교원의 정당한 교육활동을 방해하는 행위
② 교육활동 중인 교원에게 성적 언동 등으로 성적 굴욕감 또는 혐오감을 느끼게 하는 행위
③ 교원의 정당한 교육활동에 대해 반복적으로 부당하게 간섭하는 행위
④ 그 밖에 학교장이〈교육공무원법〉제43조 1항에 위반한다고 판단하는 행위
*〈교육공무원법〉제43조(교권의 존중과 신분보장) 1항
교권敎權은 존중되어야 하며, 교원은 그 전문적 지위나 신분에 영향을 미치는 부당한 간섭을 받지 아니한다.[54]

---

54 교육부,〈2019 교육활동 보호 매뉴얼〉, 3쪽.

①과 ②는 법적 근거가 명확한 데 비해, ③과 ④의 '정당한 교육 활동에 대해 반복적으로 부당하게 간섭하는 행위'에서 정당성과 부당성은 매우 추상적이라 자의적으로 해석될 여지가 많습니다. 그렇다 보니, 학생들 역시 자신들의 행위가 교권보호위원회에 회부될 만한 행위라는 것을 인정하기 어려워합니다. 대표적인 예가 교사에 대한 욕설이나 혐오 표현인데요. 교사나 다른 상황으로부터 자극을 받아 내뱉은 욕설이나 혐오 표현을 교사를 지칭해서 한 폭력으로 단정하여 회부되는 경우죠. 가해자로 지목된 학생은 이것이 교사를 향한 것이 아니었다고 주장합니다. 물론 이것은 사실일 수도 있고 아닐 수도 있습니다. 또, 꼭 교사에게 한 행동이 아니라 할지라도 교사와 학생이 함께 있는 공적인 장소에서 욕설이나 혐오 표현을 하는 것은 부적절한 행동일 수 있습니다. 다만, 이러한 매커니즘 공유되려면 왜 자신이 그러한 표현을 쓸 정도로 자극받았는지 충분히 소명할 기회가 있어야 합니다. 그리고 그 자극이 교사로부터 왔을 경우, 학생이 먼저 인권 침해를 당했을 가능성도 따져 봐야 합니다. 기준이 자의적일수록 맥락을 고려해야 될 상황이 많은 거죠.

자의적으로 해석될 여지가 있는 행위에 대해서는 가해자를 솎아 내서 배제하기보다 왜 그러한 상황이 벌어질 수밖에 없었는지, 그 이전과 이후 교사와 학생의 상황과 입장이 소통되어야 합니다. 그래야 사건의 실체를 밝히고, 같은 사건이 재발되지 않도록 할 수 있습니다. 서로가 상처를 주었던 부분이나 진심으로 사과할 부분을 알게 되는 과정에서 교육적 해결이 가능하고, 함께 노력할 부분이 무엇인지에 대해 합의할 수도 있을 테니까요.

그런데 교육부는 앞에서 살펴본 것처럼 교권 침해를 한 학생을 강제 전학을 보내거나 퇴학시킬 수 있도록 하는 〈교원지위법〉 시행령을 공포하는 등 가해자를 솎아 내 배제하는 정책을 강화하고 있습니다.

학생 간 폭력은 학생들 간의 관계 안에서 일어나는 폭력이기 때문에 피해 학생이 신고하여 학교폭력자치위원회가 열리기까지 많은 시간이 걸립니다. 하지만 소위 교권 침해 행위로 불리는 교사에 대한 폭언과 폭행은 공개적인 장소에서 우발적으로 일어나, 즉시 교권보호위원회에 회부되는 경우가 많습니다. 교권보호위원회에서 교사는 일시적으로는 피해자이지만 역할 면에서는 학생에 대해 평가권과 징계에 회부할 수 있는 권한을 가진 권력자이기도 합니다. 이러한 상황에서 강제 전학 및 퇴학을 가능하도록 한 것은, 학생 간 폭력 사건을 다루는 학교폭력자치위원회에서 피해자에게 남을 트라우마와 2차 가해 가능성 때문에 강제 전학 및 퇴학을 가능하도록 한 것과는 다른 효과를 발휘합니다. 교사에게 우발적으로 한 행동으로도 전학을 가야 하거나 퇴학을 당할 수 있다는 메시지를 주는 거죠. 교사는 일시적 피해자이지만 또한 일상적 권력자라는 점에서 교사의 발언에 대해 문제를 제기하면 안 된다는 암시로 작용할 가능성이 큽니다.

이런 면에서 볼 때, 학생 간 폭력에 대해서는 생활기록부에 기재하는 조치 사항을 축소하는 등 교육적 회복을 강조하면서 교권 침해에 대해서는 학생의 배제를 강화하는 것은 상충하는 접근이라 할 수 있습니다.

폭력에 대한 '다른' 접근이 필요하다

실제 교권 침해를 한 학생을 학교에서 배제한다고 해서 교권 침해가 줄어들까요? 교권 침해는 학교를 자퇴하거나 학교에 부적응하는 학생 비율이 증가하는 사회 현상과 밀접한 관계가 있습니다. 미래에 대한 불안과 입시에 대한 압박, 학교 내의 불필요한 규제 때문에 스트레스를 호소하고, 학교를 그만두고 싶다는 생각을 하는 학생들이 절반에 이를 정도입니다.

'최근 1년간 학교를 그만두고 싶다는 생각을 한 적 있다'라는 문장에 대한 중·고등학생들의 답변[55]

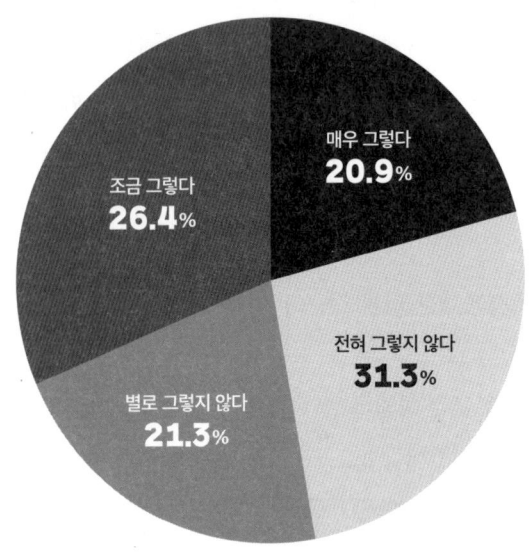

또, 많은 학생들이 학교 수업이 내 삶에 도움이 되지 않는다고 호소하고 있습니다. 즉 교사를 무시해서 수업을 안 듣는 것이 아니라 입시 위주의 학교 수업이 경쟁에서 도태된 학생들을 밀어내고 있는 것입니다. 교육을 거부하거나 태업하는 학생들의 행위가 교사 개인에 대한 교권 침해 행위로 해석되면서, 그런 학생들이 학교 밖으로 내몰리는 상황인 거죠. 이러

55   촛불청소년인권법제정연대, 〈2019 전국 학교생활·인권 실태조사〉.

한 상황에서 의미 없는 수업에 집중하고 불합리한 교칙을 지키도록 강요하는 역할이 부여된 교사의 지도를 거부하게 되는 것입니다. 이러한 맥락은 돌아보지 않고 개인 간의 가해와 피해 현상에 집중하여 소위 '문제 학생'에게 교권보호위원회에 신고하여 전학 및 퇴학을 보낼 수 있다고 말하는 것이 현실이죠. 그야말로 학교는 서로가 서로를 고발해야만 살아남을 수 있는 만인의 만인에 대한 투쟁의 장이 되고 있습니다.

그리고 이번에 발표된 교권 보호 대책에서 강조된 교사 폭행은 교권 침해 양상에서 아주 적은 비율을 차지하고 있습니다. 실제 교사들이 호소하는 것은 '욕설 등 언어폭력', '성희롱을 암시하는 표현' 등으로 인한 모욕감입니다. 사실 이러한 언어폭력은 그 순간 대응하지 않으면 사건화하기 어렵거니와 공식화하여 교권보호위원회에 회부하기 어려운 경우가 많습니다.

이러한 상황에서 2019년 가해 학생에 대한 엄벌을 강화한 대책은 어떻게 작동할까요? 교권보호위원회와 비슷한 절차를 가진 학교폭력자치위원회가 학생 간 폭력에 미친 영향이 그 실마리가 될 수 있을 것입니다.

학생 간 폭력의 경우 학교폭력자치위원회에서 처벌을 강화하자 그 폭력 양상이 폭행과 금품 갈취에서 사이버 폭력이나 정서적 폭력 등으로 음성화되었습니다.[56] 교사에 대한 공격도 물리적 폭력에 집중하여 엄벌하는 정책이 강화되면 강화될수록 폭력이 줄어드는 것이 아니라 더 교묘해지거나 음성화할 확률이 높습니다. 실제로 수업 시간에 교사에게 욕설을 하지는 않지만, 학생들끼리의 단톡방에서 교사의 합성사진을 놀잇감 삼는 문화가 퍼지고 있는 것은 이러한 현실을 보여 줍니다. 왜 가해자에 대한 엄벌이 강화되는데도 구성원 간의 갈등이 해결되지 못하고, 또 다른 폭력과 2차 피해로 비화하고 있는지에 대한 고민이 필요한 때가 아닐까요?

학생 간 폭력은 흔히 상상하는 것처럼 가해자와 피해자가 고정되어 있는 경우가 드뭅니다. 가해자가 피해자가 되거나, 피해자였던 학생이 가해자가 되기도 합니다. 가해와 피해의 역사 속에서 어느 단면을 어느 시점에 학교폭력자치위원회에서 사건화하느냐에 따라 피-가해 구도가 결정될 때도 있습니다. 이야기와 역사를 지니는 사건이 납작해지고, 때로는 가해자와 피해자가 뒤바뀌기도 합니다.

교권 침해 행위도 크게 다르지 않습니다. 교사에 대한 폭력은 사회적인 통념상 옹호받기 어렵습니다. 그럼에도 공개적으로 폭력을 행사한 경우에는 그 이전에 본인이 그러한 폭력을 행사하는 것이 정당하다고 느낄 정도로 모욕당했다고 생각한 경험이 있을 확률이 높습니다. 원인이 내재된 상태

---

56 "언어폭력-SNS괴롭힘 늘어나는 학폭", 〈동아일보〉, 2019년 8월 28일.

에서 일상이 지속되다가 어느 순간 여러 사람이 보는 앞에서 폭력적인 행동을 하게 되고 이것이 '사건화'되어 교권보호위원회에 회부됩니다. 하지만, 교권보호위원회에서는 행위만이 부각될 뿐, 가해자와 피해자 사이의 어떤 갈등이 심화한 것인지는 자취를 감추게 됩니다. 이러한 문제들을 제대로 해결하기 위해서는 행위 이면의 심리나 폭력적 행동을 선택하게 되기까지의 과정 등에 대한 보다 통합적인 접근이 필요함에도 불구하고 말이죠.

학교 구성원들이 서로 의견 다툼 없이 살아가는 건 불가능하기도 하고 바람직하지도 않습니다. 왜냐하면, 다양한 주체들이 사회를 이루어 살면서 의견 대립이 없다는 것은 어떤 주체의 일방적인 희생이나 침묵에 기반하는 경우가 많기 때문입니다. 오히려 필요한 것은 '가해자들이 어떤 삶의 맥락에 놓여 있는가?', '그들이 삶의 맥락에서 얻은 분노를 분출하는 데 폭력을 선택하게 된 이유는 무엇일까?'라는 질문이 아닐까요?

폭력 행위가 일회적이고 우발적으로 일어났다면 비교적 해결 방법을 찾는 것이 쉽습니다. 오히려 피해자에게 더 많은 상처를 남기는 폭력은, 지속적이고 반복적으로 일어났지만 초기에 증언할 수 없는 경우입니다. 피해자와 가해자 간의 권력관계를 바탕으로 피해자가 침묵할 수밖에 없었던 배경이 근본적인 문제이죠. 이러한 폭력의 속성을 떠올렸을 때, '왜 피해 학생들은 그렇게 심각한 지경에 이르도록 고발하지 않을까? 그리고 그것을 목격하는 학생들은 왜 침묵하는가?'에 대한 분석이 필요합니다.

폭력에 대한 민감성은 첫 폭력 사건에서의 가해 또는 피해 경험이 어떻게 다루어지는가와 깊은 관련이 있습니다. 자신이 폭력의 대상이 되어 피해를 입거나 폭력의 주체가 되어 가해를 했을 때, 또는 피해 상황의 목격자가 되었을 때 그 행위가 자신이 속한 사회에서 어떻게 해석되고 처리되는가를 보며 폭력을 대하는 태도를 배우기 때문입니다.

권력이 만드는 폭력, 폭력이 만드는 권력

많은 경우 사람이 태어나서 처음 겪는 폭력은 양육자나 교육자에 의한 체벌입니다. 주변에는 체벌하는 사람이 없는 것 같은데 왜 학생들은 체벌 경험을 호소하는 것일까요? 많은 사람들이 체벌이 사라졌다고 생각하지만, 현실의 학생들은 여전히 체벌을 경험하고 있습니다. 이러한 감도의 차이는 맞는 사람과 때리는 사람의 위치의 차이라고 할 수 있습니다. 어디에 서 있느냐에 따라 보이는 것이 다르니까요. 나와 내 주위 사람들은 때리지 않는 듯 보이지만, 누군가가 때리고 있다면 맞는 지위에 있는 사람들은 체벌을 경험하고 있는 것입니다.

2019년 전북 군산 A고(공립)에서는 스스로 생을 마감한 고교생이 휴대전화에 남긴 육성에서 학교 내 체벌을 언급한 것이 유가족을 통해 발견되는 사건이 있었습니다. 해당 학교 학생들은 "학교가 사건을 은폐하려 한다는 것을 느껴" 진위 여부를 확인하기 위해 각 학급을 순회하며 체벌 경험을 묻는 설문 조사를 진행했다고 언론을 통해 밝혔습니다.[57]

한 교사가 만나는 학생 수를 떠올려 본다면, 체벌을 하지 않는 교사의 수가 크게 늘었다 하더라도 이제 체벌은 없다고 단언하기 힘듭니다. 학생들의 경험에 귀 기울여 보면 체벌을 하지 않더라도 매를 들고 다니거나, 과거의 체벌 경험을 과시하며 "너희들이 어떻게 하느냐에 따라 예전으로 돌아갈 수도 있다"라고 으름장을 놓는 교사들에 대한 증언을 들을 수 있습니다. 도구나 신체 부위를 이용한 구타형 체벌은 눈에 띄게 줄어들었지만, 여전히 기합 등의 다른 방식으로 신체적 고통을 주는 체벌은 자주 일어나고 있죠. 오리걸음이나 '앉았다 일어났다' 등의 신체형으로 근육이 파열되어 병원에 실려 가는 사건이 발생하기도 합니다. 이것은 여전히 많은 학생들이 체벌이 구축한 힘의 질서 안에서 학교생활을 하고 있다는 것을 의미합니다.

2011년도에 〈초·중등교육법〉 시행령에서 '교육상 꼭 필

---

57 ""친구 억울함 풀겠다"… 군산 A고교생들, 교사 체벌 자체 진상파악", 〈위키트리〉, 2019년 8월 19일.

요한 경우를 제외하고는 신체적인 고통을 간과한 훈육을 하지 아니한다'라는 조항이 개정되면서 교육상 필요한 경우라는 예외가 삭제되었습니다. 현재 〈초·중등교육법〉 시행령에 보면 '신체에 고통을 가하는 훈육은 하지 아니한다'라고 되어 있습니다. 그런데 2012년 교육부가 이 조문의 의미에 대해 '간접 체벌'을 허용하는 것으로 해석하면서, 사실상 얼차려와 같이 학생에게 신체적 고통을 주는 형태의 체벌은 가능하다는 해석에 대해 논쟁이 일기도 하였습니다.

하지만, '앉았다 일어났다'로 근육이 파열되는 사건에서 알 수 있듯이 신체에 부과되는 행위가 주는 고통의 강도는 사람마다 다 다릅니다. 시키는 사람 입장에서 별것 아니라고 생각한 행위가 당하는 사람 입장에서는 위협적으로 느껴져도 거부할 수 없기 때문에 더 치명적일 수 있는 거죠. 또 그러한 행위를 행하는 동안 동반되는 정신적 모멸감까지 고려해 본다면 얼차려와 체벌을 구분하는 것은 사실상 별 의미가 없습니다. 학생 입장에서는 이러한 고통을 다시 겪으니 입 다물고 살자는 생각이 강해지죠. 교사가 행하는 폭력에 대한 대안이 단순히 어떤 체벌 대체 매뉴얼이 필요하다거나 금지된 체벌의 정의가 분명해야 한다는 접근만으로는 한계가 있다는 것을 알 수 있습니다.

신체적인 고통은 주지 않지만, 다른 방식으로 학생에게 고통을 주는 것이 대안적인 벌罰로 제안되기도 합니다. 흔히 교육벌이라 불리는 깜지나 반성문 50장 쓰기가 그러한 벌에 포함되겠죠. 반성은 '돌이켜 성찰한다'는 뜻입니다. 하지만 고통이 있는 곳에서는 이 고통을 끝내고 싶다는 심정으로 가득하기 때문에 자신의 행위에 대한 성찰이 일어나기 어렵습니다. 그리고 어떤 잘못을 했건 반성문 50장을 채우기 위해서는 거짓말을 할 수밖에 없습니다. 의무적으로 만들어진 과장된 반성을 행하는 과정에서 자신의 행동에 대한 책임감은 희화화되고 그 의미는 줄어듭니다. 이 짓을 다시 하기 싫다는 감각 때문에 그 행동을 피하게 된다면, 대안적이라고 접근한 의도와 다르게 이러한 벌 역시 고통으로만 기억되기 때문이죠.

이렇듯 더 큰 고통을 피하기 위해 어떤 행동을 하거나 하지 않는 것은 진정으로 반성을 하는 것과 별개입니다. 맞기 싫어서 다른 사람을 때리지 않는 것과, '왜 사람을 때리면 안 되는가?'를 깨닫는 것은 다른 차원의 문제라는 뜻입니다. 그래서 어떤 문제 행동이 발생했을 때, '어떤 벌을 줄까?'가 아니라 그 학생이 그러한 행동을 하게 된 이유가 무엇인지 원인을 탐구하는 접근이 필요한 거죠.

- 어떤 상황이 이러한 행동을 가능하게 했을까?
- 이 행동에 숨은 마음은 무엇일까?
- 이 상황에서 일어난 피해는 무엇이고, 져야 할 책임은 어떤 것인가?

- <u>스스로</u> 이 상황을 깨닫고 행동에 책임을 지도록 하기 위해 무엇을 어떻게 도울 것인가?
- 이러한 상황이 반복되지 않으려면 당사자가 속한 공동체는 어떻게 변화해야 하는가?

이러한 질문에 대한 해답을 찾는 과정에서 학생의 문제뿐 아니라 그 학생이 다양한 맥락에서 삶을 경험하는 집, 학교, 지역 사회에 어떤 문제가 있는가, 그리고 당사자를 둘러싼 공동체가 어떻게 변화해야 하는가를 발견할 수 있을 것입니다.

폭력이 없는 곳에 '말할 권리'가 생긴다

사람들이 자신에게 일어난 부당한 일을 몰래 털어놓는 '대나무숲'을 보면, 인권을 보장받기 위해 가장 필요한 권리는 대놓고 말할 권리라는 생각이 듭니다. 누군가가 피해를 호소하면 많은 사람들이 "그 일이 일어났을 때 문제를 제기하지 않고, 왜 뒷북치냐"라고 합니다. 하지만 자신이 모욕당하는 순간에도 '침묵'할 수밖에 없었다는 것은 권력관계 속에서 지속된 인권 침해의 한 단면으로 볼 수 있겠죠.

일상적인 권력관계에서도 그러한데 하물며 폭력이 있는 곳에서 목소리를 내는 것은 '대놓고 말하고 한 대 맞을 것인가, 조용히 있고 안 맞을 것인가' 사이에서 고민하는 상황에 놓이는 것입니다. 어떤 사회에서 한 사람이라도 폭력으로 인해 고통을 당하거나 그런 상황을 목격하면, 다른 사람들도 두려움으로 인해 자기 말과 행동을 스스로 검열할 것이기 때문입니다. 지금은 내가 아니라 다른 사람이 맞았지만, 나 역시 맞을 수도 있다는 두려움은 생각을 마비시킵니다. 자신의 생각대로 행동하기보다 때릴 수 있는 사람이 싫어하지 않을 말과 행동을 하게 되는 거죠. 그리고 때리는 사람도 맞는 당사자보다 그 장면을 목격한 사람들에게 본때를 보이기 위해 폭력을 사용하기도 합니다. 이러한 면에서 폭력을 제도화한 체벌은 사람들의 말할 권리와 권력관계에도 큰 영향을 미칩니다.

체벌을 합법적으로 유지해 왔던 시기, 학교에서의 교권은 결국 공식적으로 금지된 물리적 폭력을 학생들에게는 행사할 수 있는, 공권력으로 부여한 폭력이었다고 볼 수 있습니다. 교권은 부당한 간섭을 받지 않고 가르칠 권리라기보다는 폭력을 얼마나 사용할 수 있는가와 연관되어 있었습니다. 교사의 자의적 기준을 학생들에게 요구할 수 있었던 것도 이렇듯 행동을 강제할 수 있는 조건에서 만들어진 관행이죠. 그래서 체벌을 하여 질서를 유지할 수 있는 사람의 교권이 가장 존중되고, 그렇지 못한 지위의 여교사나 비정규직 교사 등의 교권이 주로 침해되어 온 것입니다. 이러한 과정에서 학생들은 인간에 대한 예의가 아니라 힘에 대한 예의를 배우게 되기도 하죠.

가정에서의 체벌 역시 일상화되어 있습니다. 민법 제915조[58]의 친권 중 징계권이 여전히 체벌을 허용하는 조항으로 해석되고 있고 이는 체벌을 아동학대로 판단 및 처벌하는 데 걸림돌이 되고 있습니다. 아동학대 가해자의 대다수가 부모라는 통계가 이러한 현실을 말해 주죠.[59] 많은 사람들이 어린 시절에 약자에 대한 폭력이 어느 정도 정당한 폭력이라는 감각을 갖게 되고, 부모나 교사가 되면 같은 방식을 사용하거나 그러한 행위를 정당화합니다. 아동과 청소년에 대한 체벌 허용 여부를 논쟁 중인 사회를 살아가는 청소년들이 타인의 신체 접촉에 대해 경계감을 배우는 것은 어려운 일입니다.

이러한 면에서 학생을 둘러싼 권력관계가 어떻게 유지되는지 성찰하지 않고, 학생들에게 비폭력적인 방식으로 자신의 의견을 제시하는 방법을 가르치는 것은 매우 어려운 일입니다. 부당한 일에 대해 문제를 제기했을 때 폭력으로 제압당했던 기억이 있는 학생들은 '설득이 안 되면 강제할 수 없다'는 것을 배울 기회를 잃어버립니다. '맞고 할 거냐, 그냥 할 거냐'며 폭력으로 상대를 침묵시킬 수 있는데 굳이 설득하고,

---

58 〈민법〉 제915조(징계권) 친권자는 그 자를 보호 또는 교양하기 위하여 필요한 징계를 할 수 있고 법원의 허가를 얻어 감화 또는 교정 기관에 위탁할 수 있다.
59 보건복지부의 학대피해아동보호현황 통계에서는 2018년 기준 사망 사례 아동학대 가해자의 83.3%가 부모라고 밝히고 있다.
보건복지부(2019), 〈학대피해아동보호현황〉.

부탁하고, 요청하기 위해 노력할 필요는 없으니까요. 폭력에 대한 정당화가 있는 곳에서 폭력이라는 수단을 선택하는 것은 더 쉬워지는 거죠.

학생의 신체를 통제하는 것 자체가 폭력

지금까지도 학교에서는 학생이 교복을 똑바로 입었는지 확인하기 위해 학생을 훑어보거나 외투를 들춰 보는 행위 등이 공공연히 이루어집니다. 학생들은 이를 자신의 신체를 훑어보는 것으로 느껴 수치심을 느낄 수 있죠. 스쿨 미투에 연루된 교사들은 대부분 자신들의 행동이 생활 지도나 수업의 재미를 위한 것이라고 말하는 경우가 많습니다. 학생의 신체에 대한 검열이 일상적으로 일어나는 학교에서 학생의 몸을 훑어보는 행위의 의미를 알기 어렵기 때문이죠. 교사들은 학생들이 불편하게 느끼는 줄 알았으면 하지 않았을 거라고 합니다. 하지만, 이러한 교사의 마음이 현실에서 전달되는 것은 매우 어려운 일입니다. 교사의 부당한 지시에 대해 문제를 제기하기 어려운 문화에서 지나가는 시선과 발언에 느낀 불편한 감정을 전달하는 것은 더욱 쉽지 않은 일이기 때문에 갈등이 속으로 곪는 것입니다. 타인의 신체에 대해 지도의 이름으로 간섭하고 규율하는 문화 속에서는 교사든 학생이든 자신의 폭력에 대해 성찰하기 어려운 거죠.

이것은 민주시민교육이 발전하지 않는 이유와도 연관되어 있습니다. 민주시민교육이 안 되는 이유에 대해 많은 사람들은 교사들도 민주시민교육을 받아 본 적이 없어서 잘 모르기 때문이라고 합니다. 이것은 현실을 보여 준다는 면에서는 맞지만, 왜 그러한지 원인을 밝혀 주지 못한다는 점에서는 틀리기도 합니다. 교사들이 학창 시절 인권교육이나 민주시민교육을 받아 본 적이 없는 이유는 갈등을 힘으로 무마하는 분위기에서 토론과 회의 등 민주적인 방식을 배울 필요가 없었기 때문입니다. 권력관계가 수평적이고 평등한 분위기에서 의견이 다를 때는 그것을 조정하는 절차가 중요해지지만, 이미 누군가의 의견을 받아들일 수밖에 없는 상황에서는 절차는 형식일 뿐인 거죠. 따라서 민주시민교육의 내용을 만드는 것만큼이나 민주적인 의사소통 방식이 필요한 상황을 만드는 것이 중요하다고 할 수 있습니다. 그렇지만 여전히 학교는 직접적 폭력이 아니더라도 신체를 통제하는 방식으로 발언권을 무시하거나 축소하는 분위기죠.

실제로 이것은 학생들의 말할 권리에 영향을 줍니다. 제가 학생회 담당 교사였을 때, 학생 자치를 강화한다는 교육청의 정책으로 '학교장과 학생회장단과의 간담회'를 한 적이 있습니다. 그때 교장 선생님이 학생회장에게 했던 첫마디가 '틴트나 지우고 와서 이야기하라'는 것이었습니다. 학생회장은 학생의 대표가 아니라 신체를 통제당하는 학생으로 대접받았던 거죠. 이렇듯 학생들은 정당한 요구를 하거나 문제를 제기할 때도 여전히 '교복 똑바로 입고 화장이나 지우고 와서 얘기하라'라는 훈계를 듣게 되고, 이에 말문이 막혀 준비한 내용도 우물쭈물하게 되죠.

학생들의 침묵과 무관심에 대해 어떤 사람들은 '민주시민교육을 하려고 해도 학생들이 별 관심이 없다'라고 해석하기도 합니다. 오히려 주목해야 할 것은 '무엇이 학생들을 침묵시키는가?', '민주시민교육을 한다고 하면서 '요구를 하려면 이 정도는 지켜야 한다'며 '발언의 자격'을 문제 삼아 학생들을 위축시키고 있지 않은가?'라는 질문이 아닐까요?

어떤 특별한 콘텐츠의 민주시민교육이 필요한 것이 아니라, 힘 있는 존재의 압력 없이 개인의 인권을 존중하는 바탕 위에서 학생들의 작은 목소리에도 의미를 부여할 때, 학생들도 목소리를 낼 힘을 가질 수 있을 것입니다. 인권은 이미 들리는 목소리만 듣는 것이 아니라 "누구의 목소리가 들리지 않는가?"라는 질문에 주목하는 것이기도 하니까요.

폭력을 경험하면서 폭력을 수용하게 되는 악순환을 끊으려면

학교폭력을 진정으로 예방하기 위해서는 학생들에게 무엇을 교육할 것인가를 넘어서 "수업과 생활에서 교사와 학생 각자의 생각이 부딪힐 때 그것을 어떻게 해결해 나갈 것인가? 그것을 위해 수업 방식과 학교의 민주화는 어떻게 이루어져야 할 것인가?"의 질문을 던져야 합니다. 이를 위해서는 먼저 상대적으로 권력이 있는 사람의 폭력에 보다 단호하게 대응하는 분위기가 자리 잡아야겠죠. 민주주의를 무시하고 폭력을 사용하면 그 결정이 무효가 되고 폭력을 쓴 주체가 권력을 잃을 때, '폭력적인 수단'이 자리 잡을 여지가 없어질 것이기 때문입니다. 이러한 면에서 교사나 관리자에 의해 학생이 폭력을 당했을 때, 가해 당사자뿐 아니라 학교장 등 관리자에게도 책임을 묻고, 학교 전체에 인권 연수를 실시하는 등 폭력에 대해 공론화하면서 공동체가 동시에 성찰하는 단호한 대응을 하는 것이 학생들에게도 폭력적인 수단에 대한 경각심을 배우는 계기가 되겠죠. 또 학생들이 문제를 제기했을 때, 교사가 별것 아니라고 생각했다 하더라도 그에 대해 진심으로 사과하고 책임지는 모습을 보인다면, 학생들도 폭력적 행위의 무게에 대해 다시 생각하게 될 것입니다. 학생에게 사과하는 것이 교사의 권위를 떨어뜨릴 것 같기도 하지만, 오히려 잘못을 진실되게 고백하는 모습에서 잘못을 인정할 줄 아는 용기를 배우고 교사에 대한 인간적 신뢰도 갖게 될 수 있습니다.

가해자가 폭력을 휘두르려는 의도가 아니었다고 해도 피해자에게 폭력인 이유는 폭력이 일어나는 상황에서 피해자의 요구에 따라 그 정도와 양상을 조절할 수 없기 때문입니다. 당하는 사람이 '싫어', '아파', '하지 마' 등 거부의 의사 표현을 할 수 없거나 의사 표현이 무시되는 상황에서는 의도에 관계없이 그 행위는 돌이킬 수 없는 트라우마를 만들 수 있습니다. 적당히 겁을 주려고 한 행동도 대상이 그것을 어떻게 받아들이느냐에 따라 끔찍한 결과를 가져올 수 있죠. 아무리 사소한 것이라도 '맞을 짓'이 존재하는 공간에서는 폭력이 사라지기 어려운 것입니다. 이렇듯 직·간접적인 폭력이 있는 공간에서 상황에 따라 피해자 또는 가해자로 살다 보면 타인이 자신의 신체를 침범하고, 뭔가를 강제로 시키는 것이 '문제'라고 생각하기 어렵습니다. 신체에 가하는 행위는 그 특성상 어느 정도가 적당한지 가늠하기 쉽지 않으니까요. 학교에서 이러한 문화에 익숙해진 학생들은 폭력을 가하고도 자신의 행위에 대해 "장난이었다"라고 빈낭하게 되는 거죠.

흔히 평화는 아무도 문제를 제기하지 않는 조용한 상태라고 생각합니다. 하지만 그러한 상황에서는 힘 있는 사람들의 폭력이 용인되는 경우가 많죠. 오히려 권력이 있는 사람들이 남용한 힘에 대해 일상적인 문제 제기가 가능할 때, 그러한 '시끄러움'이 힘의 균형을 만들고 그 힘의 균형 속에서 폭력이 숨 쉴 토양을 잃게 되지 않을까요?

권력관계 안에서의 '좋은 관계'란 무엇일까?

인권 침해에 둔감한 사회에서는 타인에 의한 인권 침해에 대해 문제를 제기하기 어렵습니다. 더군다나 이것이 친밀한 관계 안에서 일어났을 때, 폭력에 대한 신고는 더더욱 어려울 것입니다. 신고 자체가 그 사람과의 관계의 단절을 의미하는 것이기 때문입니다. 이것은 한때 '4대악'으로 규정되었던 성폭력과 가정폭력도 마찬가지입니다. 신고하는 순간 그 사람과의 관계가 단절되고 정서적 유대, 경제적 지원 등 여러 가지 삶의 안전망이 깨지는 것을 의미합니다. 폭력을 견딘 대가로 주어진 삶의 안전망을 깨기는 쉽지 않고, 가해자들도 그 사실을 알기에 폭력을 반복할 수 있는 거죠.

그래서 학생 간 폭력 역시 학생들의 관계 안에서 벌어진 폭력이라는 점이 고려되어야 합니다. 학교폭력 예방 교육의 내용을 보면, '학교폭력이 나쁘다', '친구들과 사이좋게 지내야 한다'는 내용이 대부분입니다. '친구 사랑 주간', '사과 데이' 등의 행사가 주기적으로 열리기도 하죠. 학생들이 매년 이러한 내용을 교육받으면서도 폭력적인 관계를 맺는 이유는 무엇일까요? 학생 간 폭력을 예방하기 위해 실질적으로 배워야 할 것은 '친구 사랑'이든 '사과'든 관계 맺음은 일방적인 것이 아니라 상호적이어야 한다는 점일 것입니다. 그런데 늘 공감하거나 사과하거나 배려하는 사람은 주로 친구 관계에서도 약자들입니다. 부탁과 요청의 말이라고 해도, 그것이 일방적이고, 자신을 해치는 것이라면, 한쪽이 다른 쪽을 이용하기만 하는 관계라면 그야말로 폭력의 숙주가 되는 관계인 거죠.

이러한 상황에서는 오히려 관계를 거절하고 단절하는 것도 건강한 관계 맺음을 위한 중요한 요소라는 것을 공유하는 것이 필요할 것입니다. 하지만 이 같은 맥락이 생략된 교육을 받는 학생들은 자신에게 상처를 입게 하고 자신을 해치는 관계 맺음까지도 좋은 관계라고 생각합니다. 오랜 기간 왕따를 경험했던 학생이 힘이 있는 학생의 무리에 끼어서 놀다가 금품을 갈취당하는 사건이 발생한 적이 있었습니다. 부모님의 지갑에 손을 댈 만큼 금품 갈취가 심각했지만, 피해자는 자기가 스스로 바친 것이지 강요당한 것이 아니라며 자신의 피해 사실을 부인했습니다. 상담 결과, 학생이 두려워한 것은 돈을 빼기는 것보다도 무리 사이에 소속되지 못해 다시 따돌림을 당하는 것이었습니다. 일상적으로 존중받지 못하는 상황에서 폭력적인 관계를 자신의 안전망으로 선택할 수밖에 없었던 거죠.

폭력에서 자유롭기 위해서는 폭력을 통해 맺게 되는 관계에 대해서는 단절할 수 있는 용기가 필요합니다. 좋은 관계를 위해서는 자신을 해치는 요구를 거절할 수 있는 협상력이 전제되어야 합니다. 하지만 사이좋은 관계, 맥락 없는 배려를 강조하는 교육에서는 이러한 수평적인 관계 맺음에 대한 내용은 빠져 있기 일쑤죠.

이런 의미에서 좋은 관계 맺음에 대해 재정의하는 접근이 필요합니다. 관계 맺음 자체가 목적이 아니라 인권적 관계를 맺는 법을 연습하는 것이죠. 이것은 가까운 관계에서도 부당함에 대해 문제를 제기할 수 있다는 감각을 공유하는 것에서 시작될 것입니다. 부모-자식이든 교사-학생이든 권력관계를 해체하는 과정에서 '좋은 관계'를 맺는 연습이 가능해지겠죠. 이러한 관계 속에서 "내가 이렇게 대접받아도 괜찮을까? 동의한 일인가?"라는 질문을 함으로써 폭력에 대한 감수성을 민감하게 만들 수 있을 테니까요. 특정 집단에 속하지 않아도 나는 존재 자체로 괜찮은 사람이라는 감각을 갖는 것도 필요합니다. 어떤 집단에 속하지 않아도 사람은 존재 자체로도 충분히 합당한 대접을 받아야 된다는 인권의 전제에 익숙해지면, 무리하게 어떤 집단에 속하기 위해 폭력을 받아들이지 않게 될 테니까요. 가해자 역시 일상적으로 '내가 하는 행위가 상대방에게 감당할 만한 일인가? 상대방이 동의한 일인가?'를 고민할 수 있을 때 언제 장난이 폭력으로 변화하는지 인지할 수 있을 것입니다. '장난'인가 '폭력'인가의 경계는 결국 '누구든 자신에게 모멸감을 준 행위에 대해 폭력이라고 명명할 힘을 가지고 있는가?', '함께하는 사람들이 그 감각을 공유하고 받아들이는가?'와 연관되어 있기 때문입니다.

학교 안의 보이지 않는 힘, 혐오와 차별

차별과 폭력의 관계

2012년에 학생 간에 물리적으로 일어난 폭력이 사회 문제가 되었다면 2019년 사회 문제화된 학생들의 문제는 '혐오 표현'입니다. 2019년 국가인권위원회에서 발표한 혐오 표현 실태 조사에서 청소년 10명 중 7명이 혐오 표현을 경험한다고 답했습니다.[60] 앞에서 언급했듯이 2012년 이후 학교폭력 실태 조사에서 물리적 폭력에 대한 응답은 줄어들고 있지만 언어폭력과 SNS 등을 이용한 사이버 폭력 등 정서저 폭력

---

[60] ""김치녀·똥남아 쓰면 왜 안 돼요" 혐오에 무뎌진 아이들", 〈서울신문〉, 2019년 8월 27일.

경험은 늘어나고 있는데 이는 혐오 표현과 밀접하게 연관되어 있습니다.

〈학교폭력예방 및 대책에 관한 법률〉은 법률 특성상 행위를 정확히 특정하고 그 행위에 상응하는 벌을 주도록 되어 있습니다. 그러다 보니 학생들은 엄벌을 피하기 위해 법적으로 특정되지 않는 행위를 골라 공격성을 표현하기도 하죠. 그래서 매년 학교폭력의 범위는 넓어지고, 정의도 늘어납니다. 행위를 특정하여 엄벌을 주는 방식으로 학교폭력이 줄어들기 어렵다는 뜻입니다.

학교폭력예방 및 대책에 관한 법률

제2조(정의) 이 법에서 사용하는 용어의 정의는 다음 각 호와 같다. 〈개정 2009. 5. 8., 2012. 1. 26., 2012. 3. 21.〉

1. "학교폭력"이란 학교 내외에서 학생을 대상으로 발생한 상해, 폭행, 감금, 협박, 약취·유인, 명예 훼손·모욕, 공갈, 강요·강제적인 심부름 및 성폭력, 따돌림, 사이버 따돌림, 정보통신망을 이용한 음란·폭력 정보 등에 의하여 신체·정신 또는 재산상의 피해를 수반하는 행위를 말한다. 〈2009. 5. 8.〉

1의2. "따돌림"이란 학교 내외에서 2명 이상의 학생들이 특정인이나 특정집단의 학생들을 대상으로 지속적이거나 반복적으로 신체적 또는 심리적 공격을 가하여 상대방이 고통을 느끼도록 하는 일체의 행위를 말한다. 〈2012. 1. 26. 추가〉

1의3. "사이버 따돌림"이란 인터넷, 휴대전화 등 정보통신기기를 이

> 용하여 학생들이 특정 학생들을 대상으로 지속적, 반복적으로 심리적 공격을 가하거나, 특정 학생과 관련된 개인정보 또는 허위사실을 유포하여 상대방이 고통을 느끼도록 하는 일체의 행위를 말한다. 〈2012. 3. 21.〉
> 2. "학교"란 〈초·중등교육법〉 제2조에 따른 초등학교·중학교·고등학교·특수학교 및 각종학교와 같은 법 제61조에 따라 운영하는 학교를 말한다.
> 3. "가해학생"이란 가해자 중에서 학교폭력을 행사하거나 그 행위에 가담한 학생을 말한다.
> 4. "피해학생"이란 학교폭력으로 인하여 피해를 입은 학생을 말한다.
> 5. "장애학생"이란 신체적·정신적·지적 장애 등으로 〈장애인 등에 대한 특수교육법〉 제15조에서 규정하는 특수교육을 필요로 하는 학생을 말한다.

차별은 폭력과 어떻게 연관되어 있을까?

위와 같은 폭력 행위는 차별과 밀접한 관계를 맺고 있습니다. 앞에서 언급했듯, 폭력 자체를 옹호하는 사람은 거의 없습니다. 하지만 '○○○은 폭력을 당해도 싸다'라는 생각은 암암리에 존재하죠. 소위 말하는 '묻지마 범죄'가 주로 여성이나 노인 또는 빈곤 지역 주택의 주민을 대상으로 이루어지는 것을 보면 짐작할 수 있습니다.

건물 화장실에서 모르는 사람에 의해 여성이 살해당한

일명 '강남역 10번 출구 사건'을 조현병 이력이 있는 가해자의 일탈 행위가 아니라 '여성 혐오 범죄'라 이름 지은 것도 가해자의 병력보다는 폭력에 대항하지 못하는 사회적 약자들을 범죄 대상으로 '선택'했다는 사실에 주목했기 때문입니다.

'당해도 싸다'라는 생각은 어떻게 만들어지는 걸까요? '인간이 인간에게 폭력을 행해서는 안 된다'는 전제에는 아이러니하게도 '인간이 아닌 존재들은 그런 대접을 당해도 싸다'는 생각이 숨어 있습니다.

역사 속에서 인간으로 취급받지 못했던 사람의 대표적인 예인 노예의 역사를 봅시다. 당시 유럽인들은 아프리카 사람들을 노예선으로 옮길 때 짐을 쌓듯이 집어넣어서 배 안에서 사망하는 비율이 15%에 달했다고 합니다. 더 놀라운 것은, 이를 재해 등으로 인한 재산이나 물건의 자연 감소로 취급하여 손해를 배상해 주는 보험이 있었다고 합니다. 배 갑판 아래서 화장실도 따로 없이 수백 명의 사람들이 엉켜서 몇 개월을 이동하는 비인간적인 상황에 대해 유럽인들이 경각심을 갖지 않았던 이유는 노예를 인간이 아닌 물건으로 보았기 때문입니다. '노예들은 성질이 순하고 복종을 잘하며 야만스럽고 더러우며 게으르고 거짓말을 잘하고 믿을 수 없다'라는 편견을 믿고 또 퍼트리며 노예를 물건으로 취급하는 것을 정당화하기도 했죠. 아프리카인을 설명하는 이러한 속성은 그들 자체의 고유한 성격이라기보다는 노예로서의 삶 속에서 입은 피해의 결과이기도 합니다. 화장실조차 없는 노예선에 억지로 태워진 사람들은 무력감에 빠져 자신을 돌볼 겨를이 없었을 것입니다. 이는 '야만스럽고 더러우며 게으르다'라는 평가로 돌아왔죠. 살아남기 위해서는 복종하고, 싫어도 할 수 있다고 거짓말을 할 수밖에 없기도 했고요. 사람들이 차별의 근거로 삼은 특성들이 오히려 차별의 결과였던 것입니다.

한편 과학자들은 인종 간의 능력 차이를 증명하려 흑인과 백인의 뇌 크기에 차이가 있고, 백인이 훨씬 우월하다는 결론을 얻기 위해 연구를 지속하기도 했습니다. 하지만 그 결과는 뇌의 구조와 크기가 지능과 별 관련이 없을 뿐 아니라, 인종이 아니라 개인마다 차이가 난다는 것이었습니다. 현대의 연구에 의하면 백인종과 흑인종, 황인종 사이에 종species의 차이라고 할 만한 유전적 차이는 발견되지 않았습니다.[61] 다시 말해, 피부색이 다르더라도 생물학석으로 같은 종인 '인간'이라는 거죠. 특정 인종의 우월성을 설명하려고 했던 시도는 모두 실패하고 오히려 피부색은 태양과의 근접도, 즉 적도지역에 얼마나 가까운지에 따라 달라진다는 것이 밝혀졌습

---

[61] 20세기에 인종 간의 차이를 유전학적으로 설명하려는 시도는 모두 실패했다. 스탠포드대학 명예 교수이자 저명한 집단유전학자인 카발리-스포르차 교수는 그의 저서 《인간 유전자들의 역사와 지리학(The History and Geography of Human Genes)》(1994)에서 이 문제를 심도 있게 다루었다.

니다. 태양빛이 많은 곳에 가면 피부가 검은색으로 타고, 빛이 적은 곳에서는 타지 않듯이 피부를 보호하기 위해 지역에 따라 피부색이 발달한 거죠.

결국 아프리카 사람들이 열등하기 때문에 노예제가 시행되었던 것이 아니라 제국주의 열강들이 힘으로 아프리카를 정복한 후 공짜 노동력으로 착취하기 위해 노예 무역을 시작하고, 그런 폭력을 정당화하기 위해 차별을 이용했던 것입니다.

이렇게 차별은 '당해도 싸다'라는 마음을 만들고, 이것은 폭력적 행위로 가는 가속 페달이 됩니다. 인종 차별을 정당화하는 이러한 행태는 서구 사회에만 적용되는 것이 아닙니다. 현재 한국 사회에서 논쟁 중인 이주 노동자와 난민의 문제와도 연결되어 있죠. 그들을 불쌍한 존재라 여겨서 도와주는 것은 필요하다고 생각하지만, 뭔가 열등한 존재로서의 이미지는 함께 살아가는 시민으로 동등한 권리를 부여하는 데 주저하도록 만듭니다. 이러한 혐오는 무시로 이어져 이주 노동자들에게 비닐하우스에서 숙식을 해결하게 하고 가짜 종이돈으로 월급을 줘도 괜찮다는 생각을 하게 되죠. 학생들이 사용하는 "야, 다문화"라는 표현도 피부색이나 출신 지역에 따라 사람을 열등한 존재로 취급해 온 인종 차별의 역사가 만들어 낸 혐오 표현입니다.

'엠창', '미친년' 등의 혐오 표현 역시 여성 혐오의 지난한 역사 속에서 만들어진 것입니다. 힘으로 여성을 정복한 남성은 여성을 지배하기 위해 여성에 대한 다양한 편견을 만들어 냈습니다. 유명한 중세 철학자인 토마스 아퀴나스는 "여성은 개인적 천성으로 비춰 볼 때 결점이 많고 꼴사나운 존재이다"라고 하기도 했습니다. 인간에 대한 박애를 소설화한 톨스토이도 "말수가 적고 친절한 것은 여성의 가장 좋은 장점이다. 세상에 사랑스러운 여성은 많이 있지만 완전한 인간은 없다"라고 말했죠.

그래서 여성을 남성의 소유물로 생각하고, 여성에게 폭력을 가하는 것이 너무나 당연시되었습니다. 그래서 지금도 가정폭력 가해자 남성들한테 "왜 사랑하는 아내에게 폭력을 행사합니까?"라고 물으면 남성들은 "이 여자는 당해도 쌉니다. 이 여자랑 한번 살아 보십시오. 이런 여자를 교육하고 가정을 관리하기 위해선 어쩔 수 없습니다"라고 이야기합니다. 그 존재가 가진 어떤 정체'성'이 열등하다는 생각이 폭력을 정당화하는 기제로 작동하는 거죠. 이렇듯 학생들의 혐오 표현의 문제도 인종 차별과 여성 혐오의 지난한 역사 속에서 이어지고 있습니다.

차별이 폭력으로 이어지는 것은 학교 안에서도 마찬가지입니다. 학생 간 폭력 사건이 일어났을 때, 많은 가해 학생들은 피해자가 그러한 폭력을 당할 만한, 차별을 당해도 싼 어떤 속성을 가지고 있다고 주장합니다. 자신이 폭력을 가하지 않았어도 그 대상의 어떤 특성이 폭력을 유발한다고 생각하는 거죠. 이렇듯 사람에 대한 차별이 존재하는 공간에서는 그 대상에게 폭력을 행사하는 데 주저함이 없게 됩니다. 이렇게 볼 때, 학교에서 폭력이 얼마나 발생하는가의 문제는 학교에서 차별이 어느 정도 용인되는가와 밀접하게 연관되어 있습니다.

인천의 한 중학교 옥상에서 학생 간 폭력을 피해 뛰어내린 사건의 피해자도 러시아인 엄마와 한국인 아빠 사이에서 태어난, '혼혈아'로 불린 학생이었죠.[62] 초등학교 때부터 다문화 가정이라는 이유만으로 놀림과 괴롭힘의 대상이었다고 합니다. 피해자의 어머니 마리아 씨의 증언에 따르면 "가해자 중 한 명은 A군과 어릴 때부터 알던 사이"라면서 "'피자를 사 주면 놀아 주겠다'라는 등 친구를 만들려고 노력하는 A군을 이용해 왔다"라고 합니다. 실제로 다문화 가정 학생들은 외모나 말투, 출신을 이유로 차별을 당하는 일이 많으며, 대부분은 학교 친구들로부터(약 78%) 차별을 경험합니다.[63]

경쟁의 결과로 이루어진 '당연한' 차별은 혐오와 폭력의 숙주

사람들은 혐오스러움을 느끼기 때문에 차별한다고 말합

---

[62] "인천 중학생 추락 사건 "다문화 가정 자녀 대상으로 한 폭력"", 〈YTN〉, 2018년 11월 20일.
[63] 여성가족부(2015), 〈전국다문화가족실태조사〉.

니다. 의도적으로 차별을 하려고 하는 게 아니라, 느낌을 속일 수가 없으므로, 느껴지는 감정을 '자연스럽게' 드러낼 뿐이라는 것입니다. 혐오감이라는 감정을 속이는 것이 위선이지 그걸 표현하는 게 죄는 아니라는 논리를 펴기도 합니다. 그러나 잘 살펴보면 그러한 감정도 차별이 용인되는 상황에서 더 발달한다는 것을 알 수 있습니다. 어떤 심리적, 사회적 배경은 혐오를 드러내기에 편안한 환경이 되는 거죠.

학교 사회에는 수많은 경쟁 체제가 있습니다. 성적, 외모, 성별, 거주지 등에 따라 친구 관계를 포함하여 사회적으로 누리는 것이 모두 다른 상황에서 어떤 기준은 공개적으로 칭찬받고, 그 기준을 충족하지 못하면 무시당합니다. 대표적인 것이 성적으로 인한 차별이죠. 이제는 대놓고 성적으로 차별하는 문화가 없어졌다고 하지만, 여전히 어떤 상위 학교에 입학했는지 게시하고 그에 포함되지 못한 학생은 학교에서 또 하나의 그림자가 됩니다. 또, 학생부 종합 전형이 입시의 중요한 전형으로 자리 잡으면서 학생들의 다양성을 인정하기 위해 다양한 교내 상들이 만들어졌지만, 그 상을 타는 학생은 대개 정해져 있습니다. 분야는 다양하지만 결론은 승자독식인 셈이죠.

그렇지만 학교는 이러한 학업 경쟁을 차별이라고 여기지 않습니다. '노력의 결과'이기 때문에 잘한 학생들의 이름을 공개하고 상을 주는 방식으로 못하는 학생들에게 자극을 줄 수 있다고 생각합니다. 이것은 못하는 학생들이 잘하는 학생들만큼 노력하지 않았다는 전제를 두고 있습니다. 이와 관련해 잭 햄브릭 미국 미시간주립대학 교수는 2014년에 "노력한 시간이 실력을 가르는 비율은 학술, 즉 공부의 영역의 경우 4%에 불과하다"는 연구 결과를 발표하였습니다. 노력의 결과라고 믿는 공부도 사실 재능과 외부적 지원 등의 영향을 더 크게 받는다는 거죠.

어쨌든 노력의 결과라고 포장되는 공공연한 차별 속에서 학생들은 노력의 중요성만큼이나 차별의 당연함을 학습합니다. 공부를 기준으로 인정받을 수 없다면 다른 영역을 살피게 되는 거죠. 그러다 보니 외모, 운동 신경, 게임 능력 등 그냥 존재 자체의 일부나 즐거움을 추구해야 할 영역에서도 '경쟁'의 논리를 적용합니다. 아이돌 그룹, 랩, 트로트, 댄스, 크로스오버 성악 등 각자의 취향에 따라 다르게 즐기는 대중문화의 영역에서도 단계별로 순위를 매겨 떨어뜨리는 경쟁 프로그램이 인기를 끕니다. 이것은 공개 경쟁의 결과가 가장 공정하다는 믿음에 근거하죠. 그렇지만 시청자가 평가하여 공정하게 아이돌 그룹을 선발하는 것처럼 보여 준 방송에서조차 순위 조작이 있었던 사실이 밝혀지면서 이러한 믿음은 배신당했습니다.

한편 성적이 높은 여학생들이 학교에서 인정받는 데 비해, 하위권을 차지하며 무시당하는 남학생들은 왜 이 사회에

'남녀 차별'이 존재한다는 것인지 이해하지 못합니다. 남성이 차별의 피해자일 때는 그걸 당연하게 여기다가 남성이 우대받는 상황에서만 왜 문제라고 주장하느냐는 거죠. 이것은 성평등과 페미니즘에 대한 강력한 반발의 토대가 됩니다.

이런 현상은 학생들이 직면한 불안함과 연결되어 있기도 합니다. 학생들은 일상적으로 "앞으로 뭐 먹고 살래. 굶어 죽지 않으려면 공부해"라는 말을 듣고, 경제적 처지 때문에 자살하는 뉴스를 심상치 않게 접합니다. 요즘 학생들의 '문제'라며 불거진, '월거', '휴거'[64] 등의 혐오 표현은 '너 그렇게 공부 안 하면 월세 살아, 아니면 저런 아파트 살아야 돼'라는 말에서 비롯된 것이기도 하죠. 학습 동기를 부여하기 위해 행해지는 미래에 대한 협박 속에는 학생들과 부모의 현재의 삶을 향한 차별 의식이 깔려 있습니다. 즉 부모가 만들어 준 '유리 바닥'이 없는 대다수의 학생들에게는 본인들이 무시해도 될, '타인'이라는 바닥이 필요한 것입니다.

학교폭력 피해자인 주인공이 원래의 뚱뚱하고 못생긴 외모와 잘생기고 날씬한 몸과 힘을 12시간씩 바꿔 가지면서 벌어지는 사건을 담은 〈외모지상주의〉라는 웹툰이 있습니다. 그 웹툰의 한 장면에서 자신이 폭력을 당하는 상황을 구경하

---

[64] '월세로 임대한 집에 사는 거지', '휴먼시아(주택 공사 임대 아파트)에 사는 거지'라는 뜻의 혐오 표현.

는 학생들을 보며 주인공은 이런 말을 합니다.

"나를 보며 자신의 위치를 확인하는 안도의 시선들"

학생들 사이에도 성적, 게임, 운동, 외모 등 다양한 차원에서 계급도가 그려지고 그 안에서 '찌질이'가 만들어집니다. 찌질이로 지목된 대상에게 '잘하는 것도 없이 나댄다, 냄새 난다, 눈치 없다, 말이 없다, 자기 스스로 친구를 피한다' 등의 '이유'가 만들어지죠. 이러한 경향에는 일관성도 없습니다. '말이 없이 소극적인 것'도 문제이고, 적극적인 행동도 '나대는 것'이 되죠. 경쟁의 결과로 인한 배분이 공정하다고 배운 학생들에게 '잘하는 것도 없이 잘난 척하는 것'은 받아들일 수 없는 '나댐'이 됩니다. 특히 '냄새가 난다'는 것은 아무도 확인할 수 없으면서도 쉽게 지워지지도 않는 표지입니다. 그러기에 영화 〈기생충〉에서도 '냄새'는 존재를 가르는 기준선이 되죠.

화장실도 없는 노예선에서의 삶이 아프리카 사람들에게 "더럽고 야만스럽다"라는 딱지를 붙인 것처럼, 찌질한 대상들의 특성이라고 언급되는 것들은 오랜 기간 왕따로 차별받은 결과이기도 합니다. 누군가와 관계를 맺기 전에는 서로를 모르기 때문에 자신의 경험을 바탕으로 다른 사람을 대하는 '눈치 없는 행동'을 하기 마련입니다. 각각의 사람을 어떻게 대할까 터득하는 눈치는 그 사람과의 관계 맺음에서 상대방의 특성을 파악하면서 생기는 거죠. 그런데 그러한 기회가 없는 학생들은 매번 '눈치 없는 행동'을 할 수밖에 없습니다. 이러한 상황에서 친구를 사귀고 싶어 적극적으로 나서는 모습은 '잘하는 것도 없이 나댄다'고 놀림받았을 것이고, 그러한 놀림을 당한 후에는 누군가에게 말을 하는 행위를 멈췄겠죠. 결국, 이미 굳어진 '찌질이'로서의 이미지가 더욱 공고해지면 어떤 노력을 해도 그 상태에서 벗어나기 어려워집니다. 그리고 이것은 누구나 함부로 대해도 되는 인간의 표지가 되고, 다행히도 그 대상으로 지목되지 않은 사람들은 안도의 한숨을 내쉽니다. 그 사람 외의 다른 사람은 괜찮다는 안전감을 갖기 위해 '찌질이'에 대한 폭력 역시 묵인하는 사회적 암시가 만들어지죠. 이러한 과정에서 내가 누군가에게 인간적이지 못한 행위를 할 때도 뭔가 이유가 있어서 행하는 것 같은 착각을 불러일으킵니다.

이렇듯 경쟁을 해서 이긴 사람이 모든 것을 갖게 하는 승자 독식의 문화들이 다른 차별을 당연하게 자연스러운 것으로 만들고, '폭력을 당해도 싼 피해자'를 골라내도록 만듭니다. 피해를 당하는 입장에서도 자신에게 가해지는 폭력을 정당화하게 되어 스스로 무력해지는 거죠. 오랫동안 피해가 반복되면 피해자들은 이 상황을 견디기 위해서라도 자신이 그런 대접을 받아도 싸다고 자책하거나 자신이 당한 폭력을 자신의 행동에 대한 벌로 수용하게 됩니다. 아무도 그렇게 말하지 않아도 스스로 '맞아도 싼 존재'가 되는 거죠.

'자기혐오'와 '노오력'한 만큼

학생들이 혐오 표현에 대해 경각심을 못 느끼는 이유 중 하나는 스스로에 대해 혐오 표현을 쓰는 데도 주저함이 없을 정도로 자기혐오나 무시가 일상화되어 있기 때문입니다. 학생들의 혐오 표현에 대해 "너한테도 누가 그런 말 하면 좋아?"라고 질문하면 학생들은 "네, 좋아요. 나도 벌레, 너도 벌레"라면서 자기혐오를 드러내곤 합니다. 이것은 경쟁으로 일상이 된 차별에 익숙하고 충분히 존중받은 경험이 없는 학생들이 자신과 타인에 대한 혐오를 거리낌 없이 표현하는 것이라 할 수 있습니다.

우리 사회는 모든 사람에게 인간답게 살 수 있는 삶을 보장하는 것보다 출발선에서의 평등에 더 관심이 많습니다. 모든 사람이 평범한 삶을 꾸리기 위해서도 극심한 경쟁에 시달려야 하고, 그렇게 노력해도 기본적인 삶의 토대조차 마련하지 못했을 때 그 부담은 개인이 감당해야 할 몫으로 돌아가죠. 이러한 상황에서 강조되는 '출발선에서의 평등'은 누적된 차별의 결과로 출발선에 설 수조차 없는 삶들을 지우는 역할을 합니다. 사회적으로 대다수의 사람들이 출발선에 서지 못하는 상황임에도 불구하고, 이것은 공정한 경쟁의 결과이기에 변화될 수 없다고 생각합니다. 그래서 자신도 경쟁의 결과에 따라 밀려난 출발선에 소수자들을 세우는 제도에 대해서도 '역차별'이라는 감각을 갖게 되죠. 현재 사회 문제로 떠오르고 있는 혐오도 이러한 사회적 배경을 가지고 있습니다. 더 이상 '노오력'이 통하지 않는 사회에서 누군가 경쟁 없이 자신에게는 허락되지 않았던 제도의 사다리를 타는 것은 '불공정'한 일인 것입니다. 이러한 내면 의식으로 지원을 받는 사람들을 오히려 공격하고 차별하며, 그들을 '벌레'로 부르게 됩니다. 인간이라면 누구나 경쟁을 받아들여야 한다는 전제가 있기 때문에 지원받는 소수자는 경쟁을 면제받은 자가 되고, 이들은 인간이 아니라는 결론에 이르는 거죠. 소수자가 아닌 자신도 열심히 노력했지만 경쟁에서 졌기 때문에 비인간적인 대우를 감내하고 사는데, 소수자라는 이유만으로 지원을 받는다면 억울하다고 느껴질 테니까요. 이런 상황에서 소수자들은 공식적으로는 지원을 받지만, 비공식적으로는 차별받고 혐오당하는 것이 당연한 존재로 전락하는 것입니다.

'인간이 인간다운 생활을 하는 데 개인이 어느 정도 노력했는가?'가 아니라 '사회가 인간다운 삶을 보장하기 위해 개인들에게 무엇을 지원해야 할까?'로 질문이 옮겨 갈 때, '혐오'의 문제에 제대로 접근할 수 있습니다. 현재 확장되고 있는 각종 지원 체계, 노인 수당, 청년 기본소득, 아동 수당 등은 이전의 기초생활수급자에 대한 지원이나 장애 수당 등을 바탕으로 설계된 것이니까요. 즉 소수자에 대한 사회적 지원이 늘어날 때, 다른 존재에 대한 지원도 근거를 갖게 된다는 것,

사회적 소수자에 대한 지원이 자신의 삶의 자원이 확장되는 근거가 된다는 것을 경험한다면 자신의 삶에 대한 분노가 타인에 대한 혐오로 전환되는 일이 줄어들 수 있겠죠. 아동 수당, 청년 수당, 노인 수당 등 생애 주기별 수당이 생겨나자 학생들이 왜 하루 종일 공부를 해야 하는 우리에게는 청소년 수당이 없냐고 질문한 적이 있습니다. 평소에는 청소년이라는 사실을 긍정하거나 드러내고 싶지 않아 하는 학생들이 스스로 청소년이라고 명명하며 지원을 요구하는 것이 인상적이었습니다. 청년 수당이나 노인 수당, 아동 수당 등은 청년들이 취업에 실패하거나 노인들이 노후를 준비하지 못하거나 출산율이 떨어지는 것이 개인의 무능함 때문이 아니라 경제적 불평등이라는 사회 구조의 문제라는 것을 전제한 것이니까요. 개인이 경험할 수 있는 실패나 실수를 낙오의 원인으로 돌리는 사회가 아니라 지원의 근거로 삼는 사회에서 자신이 불리하다고 느꼈던 정체성을 당당히 드러낼 수 있죠. 계층, 출신, 성별, 장애 여부 등 자신의 불리한 정체성이라고 생각했던 것들이 사회적 지원의 근거가 된다면 그것을 드러내는 데 두려움이 줄어들 수 있겠죠. 자신의 인간다운 존엄을 지킬 수 있는 사회적 안전망을 누구나 경험할 수 있는 사회에서 자신의 소수성도 긍정하기 쉽고, 그만큼 타인의 소수성에 대한 혐오도 줄어들 수 있을 것입니다.

또 '차별금지법'과 같이 차별을 명시적으로 금지하는 제도를 만드는 것도 필요합니다. 차별을 하는 행위가 범법 행위라는 것이 사회적으로 명확할 때 차별에 대한 경각심을 갖는 것이 가능할 테니까요. 차별의 어떤 기준에 대해 사회적 합의가 필요하다는 접근은 "차별은 나쁘지만, 그 기준에 따라 괜찮은 차별도 있다"는 입장을 공식화하는 것입니다. 이것은 차별해도 괜찮은 영역을 남긴다는 점에서 사회적으로 차별 자체를 인정하는 효과를 낳죠. 그 차별해도 괜찮은 영역은 혐오가 살아남는 숙주가 될 것입니다.

혐오 표현 vs 표현의 자유

혐오 표현에 대해 다루기 어려운 이유 중 하나는 혐오 표현의 기준이 애매하기 때문입니다. 흔히 하는 농담 중 하나로, "혐오 표현 안 쓰기 캠페인이나 공익 광고에 나오는 표현은 이미 쓰다가 없어진 사어死語일 가능성이 높다"는 말이 있습니다. 그만큼 혐오 표현이 만들어지고 없어지는 속도가 빠르다는 것이죠. 또, 어떤 혐오 표현은 어원과 현재 유통되는 맥락 사이에 전혀 연관이 없는 경우도 있습니다. 예를 들어, '엠창'은 '엄마 창녀'라는 어원을 가지고 있어서 그 뜻을 밝혀 주는 것만으로도 경각심을 줄 수 있습니다. 학교폭력으로까지 비화된 '보이루'라는 표현은 원래 '보겸, 하이루'의 준말로 유튜브 BJ의 인사말이었습니다.[65] 이것이 인터넷에서 어떤 경로를 통해 여성의 성기를 뜻하는 언어로 소통되면서 여성 혐오 표현이 되었습니다. 하지만 이것을 사용하는 학생들은 자신들은 인사를 한 것이지, 여성 혐오의 의미로 쓰지 않았다고 주장합니다. 혐오 표현을 나열하는 것만으로 혐오 표현에 대해 교육하기 어려운 상황인 것이죠. 어떤 학생들은 자신들의 혐오 표현에 대해 표현의 자유라고 주장하기도 합니다.

정확히 말하면 혐오 표현이냐 아니냐의 기준은 그 언어가 사용되는 맥락과 그 표현이 의사소통 과정에서 발생하는 효과와 더 큰 연관을 맺고 있습니다. 어떤 단어를 쓰는 사람들이 그 단어에 대해 부정적인 의미를 공유하고 있으면 그 단어는 누군가를 공격할 때 쓸 수 있는 무기가 되는 거죠. '조영선'에 대해서 싫어하는 사람들이 모여 있는 곳에서 '이 조영선 같은 놈아'라고 얘기하는 것이 욕이 될 수 있는 것처럼요. 그 표현의 본래 의미가 혐오 표현과 거리가 멀 때, 혐오 표현으로서의 효과는 극대화됩니다. 당하는 사람은 무슨 말인지 몰라 정확히 방어할 수 없고, 혐오 표현이 아닌 것처럼 보이기에 퍼지는 과정에서도 별다른 장벽에 부딪히지 않을 확률이 높기 때문이죠. 무엇보다도 이 언어를 모르는 어른들의 훈계를 피할 수 있다는 점이 가장 큰 장점이겠죠. 혐오 표현에

---

65   ""'보이루' 비판하니 발차기가 날아왔다" 학교폭력 대상된 청소년 '페미'", 〈경향비즈〉, 2018년 8월 16일.

대해 교육을 하기 위해서라도 혐오를 '표현'하는 것만 문제 삼는 것이 아니라 타인을 차별하거나 무시함으로써 얻는 '쾌감'에 보다 집중할 필요가 있습니다.

한편에서는 학생들에 대해 자존감이 부족하다며 자존감 교육을 해야 한다고 말하기도 합니다. 이것은 표현 이면에 숨겨진 내면에 관심을 갖는다는 점에서 중요한 접근입니다. 하지만 자존감은 '나는 소중하다'라는 자기 암시만으로 만들어지지 않습니다. 학생들에게 자존감이 생기려면, 어떤 상황에서도 차별받지 않는 환경이 필요한 거죠. 또, 그러한 환경에서 어떤 시도를 해도, 자신의 자존감을 허물어뜨리지 않을 수 있는 안전망 위에서 위험하지 않은 실패를 경험할 수 있을 때, 실패의 경험이 자기혐오로 이어지지 않을 것입니다. 이러한 면에서 학생들의 혐오 문화는 인권의 가치가 학교와 사회에서 충분히 자리 잡지 못했다는 증거이기도 합니다.

오히려 혐오 표현에 대한 성찰을 가능하게 하기 위해서라도 교사들이 혐오 표현에 대해 스스로 성찰하고 학생들이 이에 대해 문제를 제기할 수 있는 분위기가 만들어지는 것이 필요합니다. 재밌는 예를 들기 위해서, 학생들을 집중시키기 위해서, 아니면 경각심을 갖도록 하기 위해 무의식적으로 쓰는 말 ― '요즘 애새끼들이 싸××가 없어', '너희처럼 공부 안 하는 애들한텐 무상 급식도 아깝다' ― 들이 어떤 존재에 대한 혐오를 전제하고 있는 상황에서 학생들은 혐오 표현에 대한 기준조차 갖기 어려울 테니까요. 교사의 혐오 표현이 이렇게 만연한데도 현재 학생들이 유일하게 안전하게 말할 수 있는 공간인 또래 관계에서 쓰는 혐오 표현만을 문제 삼는다면 학생들은 혐오 표현에 대한 금지가 자신들의 대화를 금지하는 것이라고 느낄 수도 있습니다. 그래서 혐오 표현을 거리낌 없이 내뱉는 것을 표현의 자유라고 주장하게 되는 거죠.

자유는 절제의 외피를 쓴 억압을 통해 교육되지 않습니다. 표현의 자유가 단순히 외부적인 억압이 있느냐 없느냐의 문제가 아니라 발언을 할 때 안전한 환경을 조성하는 유·무형의 권력관계의 문제라는 것을 알기 위해서라도 어디서든 말할 기회가 보장되어야 하겠죠.

예를 들어, 교실에서 학생들의 석차 등급이 공개되는 것에 대해 학생들이 차별이라고 문제를 제기했을 때, 아마도 교사는 차별이 아니라 사실을 말한 것뿐이라고 이야기할 것입니다. 성적이 사실임에는 분명하지만, 교실이라는 사회에서 누군가를 깎아내릴 수 있는 정보라면 그 표현만으로도 누군가를 무시하기 쉬운 환경이 되는 효과가 발생합니다. 성적이 낮은 학생은 어떤 말과 행동을 하든 몇 등급 학생이라는 딱지를 갖게 되고, 이것은 의사 표현을 위축시키는 효과를 낳습니다. 당사자뿐 아니라 그 등급 이하인 학생들도 함께 영향을 받게 되죠.

이렇듯 표현의 의도나 내용과는 무관하게 누군가를 무

시하는 효과를 낳는 말을 놓고 당사자와 주변에 미치는 영향에 대해 충분히 이야기하다 보면, 누구나 자신을 혐오하는 분위기가 있는 곳에서 자신의 이야기를 충분히 할 수 없다는 것을 깨닫게 됩니다. 이것은 그 사람의 표현의 자유를 침해하는 것이라는 걸 말할 수 있을 것입니다. 자신을 혐오하는 말을 쉽게 하지 못하는 환경에서 본인의 표현의 자유가 보장될 수 있는 것처럼, 누구도 혐오하는 표현을 할 수 없을 때 표현의 자유를 가장 넓게 보장받을 수 있는 거죠. 혐오 표현에 맞서기 위해서도 학교와 사회에 인권의 가치가 자리 잡는 것이 중요합니다.

'차별'을 인정해야 '반차별'을 실천할 수 있다

대학생의 상징처럼 여겨지는 '과 잠바'는 모든 대학에서 만들어질까요? 어떤 대학, 어떤 과가 만드는지 살펴보면, 사회에서 '좋은 대학'으로 인정받는 대학과 과에서만 제작된다는 것을 알 수 있습니다. 점퍼에 새긴 학교 이름을 일상적으로 노출했을 때 우대받거나 적어도 차별받지 않을 경우에만 가능한 일인 거죠. 편하기 위해 만드는 단체복에도 차별이 존재한다는 것을 알 수 있습니다. 이렇듯 차별과 공정은 언제나 상대적입니다.

대학 입시를 둘러싼 공정성 논의에서도 대학에 진학하

지 않는 학생들은 논의 대상에서조차 배제됩니다. 대학 입시 제도를 둘러싼 논란의 중심에 있는 수시냐, 정시냐의 논란 역시 수시·정시 모두 포기한 또는 포기할 수밖에 없는 학생들과 무관한 일이니까요. 오히려 '대학을 안 가는 학생들이 어떤 경로를 거쳐 사회 구성원으로 살아가는가?', '제대로 된 정보나 보호 장구조차 제공받지 못한 채 목숨을 앗아 가는 위험한 노동 현장에 떠밀려 들어가 일하다가 다치거나 죽는 현실은 어찌할 것인가?'에 대한 고민은 뒷전으로 밀리기 십상입니다. 학력 차별이 삶과 죽음을 가르는 기준선인 현실에서 삶이 보장된 자리에 들어갈 수 있는 사람들을 어떻게 뽑아야 공정한가 논의하는 것이 전체 교육의 공정성인 양 여기는 것 자체가 공고한 차별을 반영하고 있죠.

차별을 느끼는 감각이 상대적인 상황에서 차별은 인권 침해보다 훨씬 광범위하게 일어나지만 또 이를 증명하기는 더 어렵습니다. 차별은 행위라기보다는 공기에 스민 미세 먼지에 가까워서 느끼는 사람에 따라 감도도 다르기 때문이죠. 미세 먼지 때문에 모두 피해를 입는다고 생각하지만, 실내에서 일하는 사람과 실외에서 일하는 사람, 마스크가 지급되는 사람과 그렇지 않은 사람의 경험이 다릅니다. 이처럼 같은 차별이라고 하더라도 인접한 공간에 공기 청정기 등의 안전 장치가 있느냐 없느냐에 따라 생명에 미치는 영향, 즉 폭력으로 이어질 영향도 다른 것입니다. 이렇게 보면 현대 자본주의 사회에서 차별이 있는 공간과 없는 공간을 나누는 것은 무의미한 일일 것입니다. 차별은 경쟁 구조라는 습지에서 일어나는 곰팡이 같은 것이니까요.

거대한 경쟁 구조 안의 주체로 사는 한 의도하든 의도하지 않든 각자의 위치에 따라 차별하고 차별받고 있습니다. 차별 행위에서 자유로운 사람은 없다는 것입니다. 왜냐하면 우리가 매일 살아가는 현실은 각자의 처지에 따라 울퉁불퉁하기 때문입니다. 또 어느 시간과 공간이냐에 따라 기울어진 운동장의 중심에 있기도 하고, 저쪽 끝에 매달려 있기도 합니다. 나의 정체성에 따라 나의 위치가 결정되어 있는 것 같지만, 이 역시 상황에 따라 다르게 작동하는 거죠.

교사로서 저의 처지는 관리자 앞에서는 을이지만, 학생들 앞에서는 갑입니다. 동료 교사들 사이에서도 상대가 남성인지 여성인지, 경력이 나보다 많은지 적은지, 정규직 교사인지 비정규직 교사인지에 따라 발언권의 크기가 달라집니다. 따라서 같은 말도 관계에 따라 갑질이 될 수 있죠. "물 좀 떠오라"는 말을 누가, 어떤 관계에서 하느냐에 따라 어떻게 달라질지를 상상해 보면 짐작할 수 있습니다. 이러한 현실에서 자신이 각각의 상황에서 누구 앞에 서느냐에 따라 '갑'이 되고, '을'이 되는지 아는 것이 중요합니다. 왜냐하면 자신이 서 있는 위치에 대해 성찰하지 않으면 자신의 입장에서 자연스럽다고 느끼는 행동이 '갑질'이 될 확률이 높아지기 때문이죠. 각 상황에서 자신이 가지고 있는 정체성 중 두드러지는 것이 무엇이냐에 따라 위치성은 유동적이고, 자신의 정체성이 어떻게 교차하느냐에 따라 자신이 하는 행동과 받는 대접이 달라집니다. 예를 들어 학생들이 소비에 열광하는 듯한 모습을 보이는 이유는 학생으로 불릴 때보다 소비자로 불릴 때 더 나은 대접을 받기 때문입니다. 교복을 입은 학생에게 반말을 하는 것은 자주 일어나는 일이지만, '고객님'께 반말을 하는 사람은 별로 없으니까요.

학교에서의 반차별, 권력의 지렛대를 옮기는 힘

반차별을 실천한다는 것은 차별을 만드는 구조 안에서 폭력이 용인되는 갑-을 관계를 돌아보고, 그 권력에서 자유로운 인간관계를 맺는 것을 뜻합니다. 갑, 을을 구성하는 힘은 신체적·물리적 폭력으로만 나타나는 것이 아니라 때로는 돈, 외모, 인맥, 성별, 종교, 사상, 장애 여부, 성적 지향, 성별 정체성 등 개인을 이루는 많은 정체성들을 통해 나타납니다. 슬프게도 이런 정체성들이 갖는 힘은 쏠리는 경우가 많습니다. 소위 '엄친아', '엄친딸'은 굳이 드러내려 하지 않아도 그 존재만으로 힘을 갖는 반면, 그러한 배경을 갖지 못한 학생들은 자신감을 갖기 어렵죠. 그 '힘'은 일상의 모든 상황에서 계급표를 만들어 냅니다. 세상에서 인정하는 주류와 거리가 있는 사람은 모든 영역에서 피라미드의 가장 아래를 구성하게 됩니다. 피라미드의 위와 아래를 차지하는 존재들에 대한 사회적 대접은 다릅니다. 사회적으로 좋은 배경을 가진 사람들이 부탁했을 때, 그들이 가지고 있는 권력 때문에 부탁은 '지시'가 됩니다. 따라서 어떤 요구도 사회적으로 용인되는 상황이 쉬이 만들어지죠. 반대로 피라미드의 상위가 되지 못하고 사회의 최하위 집단을 구성하는 사람들에게는 갖은 무시와 냉대가 용인됩니다. 무시당해도 되는 존재는 쉽게 주먹이 나가도 되는 존재가 되고, 돈을 빌리고 갚지 않아도 되는 존재가 되며, 심부름을 시켜도 되는 존재가 됩니다. 학생들이 '인싸'와 '아싸'를 구분하고, '핵인싸'가 되기 위해 노력하는 이유를 짐작할 수 있죠.

군대에 가면 '고문관'으로 불리는 관심 사병이 있듯이 학교에도 그러한 대접을 받는 학생들이 존재합니다. 학교에서 학생들을 만나다 보면 그러한 학생의 특징은 매해 다릅니다. 어떤 해는 상대의 말을 잘 알아듣지 못하거나 표현이 어눌해서 친구 관계가 좋지 않은 학생이 있고, 어떤 해는 책도 많이 읽고 똑똑하고 수업 시간에 질문도 잘하는데 성적이 안 나오는 학생이 '눈치 없고 잘난 척한다'는 평가를 받기도 합니다. 이런 존재들이 학교생활을 하는 방법은 소리 없는 무시와 냉대를 아무렇지도 않은 듯 혼자서 잘 견디는 것입니다.

그런데 왕따로 낙인찍힌 학생에게 폭력을 가하는 데 재

미를 느끼는 학생이 나타나면, 그 학생을 너무 자극하지 않는 선에서 '관계'를 잘 맺어야 합니다. '돈을 빌려 달라고 할 때 빌려줄까', '매점에서 뭐 사다 달라고 할 때 사다 줄까?'와 같이 자신을 괴롭히지 않는 선이 어디일까를 고민하면서 이런저런 행위를 견디다 보면, 요구의 수위와 강도는 점점 세집니다. 다른 학생들은 이미 그 학생들을 '투명인간' 취급하기에 어떤 일이 벌어지고 있는지 잘 알지 못합니다.

앞에서 예로 든 웹툰 〈외모지상주의〉의 주인공은 가해자의 인형으로 취급받습니다. 피해자는 전형적으로 공부를 못하고, 잘하는 것이 없으며, 외모도 뚱뚱하고, 얼굴이 커서 어떤 행동을 해도 우스워 보입니다. 무엇보다도 집이 가난해서 괴롭힘을 피해 전학 가고 싶어도 엄마가 어렵게 자리를 잡은 지역이라 이마저도 쉽지 않죠. 주인공은 가해자의 비위를 맞춰 줘서 더 큰 폭력을 피하고자 합니다. 가해자는 이것을 알고 학생들 앞에서 억지로 피카츄 흉내를 내며 바닥을 기어다니도록 해서 다른 학생들이 함께 웃도록 만듭니다. 매우 가학적인 행위이지만, 함께 웃는 행위를 통해 가해자는 '장난'이라는 면죄부를 받게 되고, 그 상황에서 '웃지 않거나 그 행동을 제지하는 행위'는 피해자와 동급으로 취급받는 길입니다. 평등하지 않은 관계에서 무시와 냉대가 어떻게 폭력으로 전이되는지 엿볼 수 있는 장면이죠.

지금까지 학교폭력 예방 교육은 학생들을 잠재적 가해

자로 설정하고 협박하거나, 잠재적 피해자로 설정하고 신고하라는 2가지 주문 위주였고, 이 과정에서 학생들은 '타자화'되었습니다. 학교폭력 가해자로 지목받은 경우 자신의 행동이 어떤 면에서 폭력적이었는지에 대해 성찰하는 것이 아니라 부인과 인정 사이에서 일어나는 '불이익'과의 저울질에서 어떻게 행동할까를 결정하게 되었죠. 가해 혐의를 받는 학생들은 미안해서가 아니라 신고당할까 봐 사과하고, 피해자인 학생은 신고하든 안 하든 자신의 피해를 인정받고 공감받기 어려워졌습니다. 목격하면 '신고할 권리'만 있을 뿐, 그 상황을 어떻게 해결할 수 있을지 고민하거나 함께 실천할 기회는 주어지지 않습니다. 앞에서 언급했듯이 '사법 기관화'된 학교폭력자치위원회를 통해서는 가해자와 피해자 모두 만족스러운 해결책을 얻지 못하고 괜히 시끄러워지기만 하기 때문에 신고할 권리를 행사하지 않는 것입니다. 이런 과정에서 학생들은 폭력이 발생해도 외면하며 무력감을 느끼게 되죠. 그렇기에 학생인권조례가 제시하는 차별받지 않을 권리는 매우 의미심장합니다.

> **서울 학생인권조례**
> 제5조(차별받지 않을 권리) ① 학생은 성별, 종교, 나이, 사회적 신분, 출신 지역, 출신 국가, 출신 민족, 언어, 장애, 용모 등 신체 조건, 임신 또는 출산, 가족 형태 또는 가족 상황, 인종, 경제적 지위, 피부

> 색, 사상 또는 정치적 의견, 성적 지향, 성별 정체성, 병력, 징계, 성적
> 등을 이유로 차별받지 않을 권리를 가진다.

사람이 지닌 어떤 요소에 의해서도 누구나 차별받지 않을 권리가 있고, 인간답게 대접받을 권리가 있다는 것은 이러한 갑-을의 관계가 전복될 수 있다는 것을 공적으로 선언하고 있기 때문입니다. 이러한 면에서 학생인권조례의 차별 금지 조항에 '성소수자 차별'을 명시하느냐, 하지 않느냐의 문제는 단순히 종교적 신념의 문제가 아니라 성소수자 학생들을 폭력에서 보호할 대상으로 볼 것인가, 말 것인가의 문제가 됩니다. 실제 폭력이 많이 일어나는 남학생의 세계에서 남학생이 지닌 여성성은 쉽게 차별의 대상이 되고, 폭력의 먹잇감이 되기 때문입니다.

사람들이 흔히 객관적으로 정당화하는 차별의 근거들 — 가난한 사람은 게으르기 때문이다, 남성이 여성보다 우월하다, 유색 인종이 백인종보다 열등하다 — 이 역사적으로 지배층에 의해 구성된 것이며, 차별은 사회적으로 만들어지는 것이라는 점을 알게 하는 것이 중요합니다. 내가 못나서 차별을 겪는 게 아니라 내가 못났다는 이유 자체가 지금 세상을 지배하는 사람들이 만들어 낸 것임을 깨닫게 하는 것입니다. 그랬을 때 자신에게 가해진 부당한 대우를 그저 받아들이지

않고 그에 저항하는 힘을 만들 수 있습니다. 다른 한편으로 자신이 피라미드의 상위에 있다고 생각하는 사람들도 그 힘이 사실은 기득권자들에 의해 조작된 힘이라는 것을 알게 될 때, 자신의 힘을 이용해 누군가를 함부로 대하는 일을 다시금 돌아보게 되겠죠.

이렇듯 차별이 가능한 구조에 대해 성찰하도록 하는 것은 폭력을 당하는 상황에서 자신의 문제를 드러내는 데에도 큰 도움이 됩니다. 학교폭력 피해자들이 피해 상황에 대해서 드러내기 어려워하는 이유는 이것이 본인이 찌질해서 당한 수치스러운 일이라고 생각하기 때문입니다. 차별이 사회적인 문제이고 이것이 나뿐만 아니라 모두에게 칼날을 들이댈 수 있는 문제라는 인식을 할 때, 자신의 문제를 드러내는 것이 자신의 개인적 치부를 드러내는 것이 아니라 사회적 문제를 용기 있게 증언하는 것이 될 수 있습니다.

그렇게 될 때 자신이 가진 힘을 함부로 사용하는 일도 줄고 자신이 가지고 있지 않은 힘에 대해서 위축되지도 않게 될 것입니다. 나아가 타인을 고통스럽게 하는 힘을 그대로 놔둘 때 그 힘이 자신에게도 고통이 될 거라는 걸 깨닫고, 타인의 고통에 기꺼이 오지랖 넓게 끼어들 수 있는 힘이 생길 것입니다. 이러한 과정에서 중요한 것은 행위가 아니라 타인의 인권을 침해하는 기준이나 상황, 맥락을 공유하는 것으로 이어질 수 있습니다. 인권에서 가장 중요하게 여기는 것은 한 번도 생각해 보지 않은 타인의 시선으로 세상을 다시 보는 것입니다. 여성들의 가사 노동을 임금으로 따지면 연봉 수천만 원에 이른다는 것을 깨닫는 것처럼 지금 내가 '당연하게 여기는 세상'은 사실 다른 사람에게는 '전혀 당연하지 않은 세상'이라는 것을 깨닫는 것입니다. 내가 당연하다고 생각하는 것이 당하는 사람에게는 전혀 당연하지 않을 수 있다는 것을 깨닫는 것이 바로 장난과 폭력을 구분하는 핵심이 될 것입니다. 자신에게 물리적으로든 정신적으로든 상처받지 않을 권리와 부당한 지시를 거부할 권리가 있음을 인식하게 될 때 피해자는 무력한 존재가 아니라 갈등 해결의 주체가 되고, 폭력이 이루어지는 비대칭적 관계에서 동등한 관계로 지렛대를 움직일 힘을 갖게 될 것입니다.

사법적 접근이 아닌
교육적 접근이 가능하려면

 스쿨 미투나 체벌 등 학생들이 당한 인권 침해에 대해 가해 교사를 사법 기관에 신고하는 일이 늘어나고 있습니다. 고발당한 당사자는 아니더라도 교사로서 불안감을 느끼기도 하는데요. 교사들이 느끼는 불안감은 이런 것이 아닐까요?

> "수업 시간에 일어난 일에 대해 문제를 제기하려면
> 학교에서 해야지, 교육청에 신고할 일인가?
> 그리고, 교육청은 자신들이 해결책을 내놓지 않고
> 왜 경찰로 이 사안을 넘기는가? 민원 사안이 이렇게
> 바로 경찰로 송치되면 민감한 부분에 대한 교육은
> 어떻게 하라는 말인가? 이것이야말로 교권 침해이다."

우발적인 폭력의 경우, 가해자가 즉각적이고 진심 어린 사과를 하고 피해자의 회복을 위해 필요한 것들을 책임지는 선에서 해결됩니다. 하지만 권력관계가 분명한 주체들 간의 폭력일 경우 약자는 자신이 당한 폭력에 대해 즉시 문제를 제기하지 못하는 경우가 많습니다. 피해자가 성폭력 사건으로 인지하고 '신고'한 이후 발생한 폭력에 대해 가해자인 권력자 앞에서 다시 증언하는 과정은 2차 피해가 될 확률이 높기 때문입니다. 그리고 대다수의 가해자들은 '신고'를 당한 후에야 비로소 '소통'하고 싶어 하기에 피해자는 '분리' 조치를 원합니다. 가해자가 소통을 하자고 접근하는 의도가 의심스럽고 자신의 피해 회복을 막으려는 시도로 보이기 때문입니다. 그리고 가해자를 제도적으로 분리하지 않으면 결국 주변의 압력에 의해 피해자가 조직에서 분리될 수도 있기 때문에 이러한 모순을 막기 위해 즉시 분리 조치가 이루어지는 것입니다. 모든 폭력을 해결하는 과정에서는 '소통'이 필요하지만, 그 소통이 어느 시점에 일어날 때 유효한 것인가의 문제가 매우 중요한 판단의 지점이 됩니다.

공신력을 위해 사건이 수사 기관으로 넘어가지만, 이 과정에서 가해자도 피해자도 문제 해결에 불만족할 확률이 높습니다. 수사를 통해 사법적인 책임을 묻는 것은 증거와 범죄 의도가 매우 분명한 행위에 대해 보수적으로 해석하여 결정될 수밖에 없기 때문에 피해자의 상처에 상응하는 처벌이 되기 어렵습니다. 그럼에도 불구하고 피해자가 '신고'를 할 수밖에 없는 이유는 자신이 당한 피해를 다룰 수 있는 유일한 창구가 사법부이기 때문입니다. 그리고 유죄 판결이 났을 경우, 그것은 자신의 피해 상황을 '공식적으로' 인정받는 최초의 경험이 됨과 동시에 다른 피해자들도 같은 상황을 당하지 않을 수 있는 근거가 됩니다. 그러니 100번의 신고에 단 한 번의 유죄 판결이 있다고 하더라도 법원을 향할 수밖에 없습니다. 따라서 '공론화'를 통한 문제 해결이 궁극적으로 올바른 방향이라고 하더라도 이러한 절차에 '공론화'가 더해지는 방식이어야지 징계나 분리를 완화하는 방향이 될 경우 피해 회복과 멀어질 수 있습니다.

예를 들어 스쿨 미투 역시 교사와 학생의 권력관계에서 일어난 성희롱, 성폭력을 고발하고 있습니다. 사실 수업 시간에 일어나는 교사의 담화에 대해 학생이 그때그때 의견을 보태거나 문제를 제기하기는 어렵습니다. 특히 수업 내용에 대해서는 그 순간 문제를 제기하는 것이 소수의 사람들이 다수가 수업을 듣는 분위기를 깨거나 방해할 수 있기 때문에 확신이 없는 한 넘어가기 마련입니다. 그래서 결국 교사에게 직접 문제를 제기하는 방식이 아니라 '신고'의 형태를 띠게 됩니다. 그러나 학생이 느끼는 피해에 상응할 만큼 가해 교사가 처벌되지 않으려니와 경찰 수사 과정에서 무혐의 처분을 받은 교사들은 수사 과정에서의 피해와 억울함을 호소하기도 합니다. 처벌하는 데에만 앞장서는 교육청의 행태에 대해 무책임하다며 분노하기도 합니다.

공론화는 언제 일어나는가?

학생의 교사 고발 사건이 이런 식으로 해결되지 않으려면 무엇이 필요한 것일까요? 많은 사람들이 학교 내에서의 대화와 토론을 이야기합니다. 그러나 대화와 토론은 필요하지 않으면 일어나지 않습니다. 특히 권력이 있는 자가 권력이 없는 사람과 대화와 토론을 하는 것은 흔치 않은 일입니다. 스쿨미투의 해법으로 학교 내에서 성평등 문화에 대한 공론화와 토론장을 여는 것을 대안으로 이야기합니다. 하지만 대다수 학교는 이런 것을 공식적으로 이야기하는 것을 꺼립니다. 이것은 학내에서 대자보나 포스트잇으로 스쿨 미투 고발을 했던 학생들의 경험을 통해서 보면 알 수 있습니다.

> 일부 학생들이 포스트잇을 칼로 찢거나 떼어 버리고, 누가 붙이는지 찾아내려 하면서 분위기가 경직되었다. 지현 씨와 평소 갈등 관계에 있던 학생들이 지현 씨를 주동자로 지목해 공격하고 포스트잇 활동을 적극적으로 방해했다. 교사들도 수업 등에서 포스트잇 활동을 공공연히 비판하면서, 포스트잇을 통해 제기하는 문제와 학생들 사이의 갈등에 대처하는 것은 피했다.

> **지현** "처음 한두 번은 분위기도 괜찮았고, 생각보다 오래 포스트잇이 남아서 잘되고 있구나 싶었다. 그러던 어느 날, 포스트잇을 떼러 갔다가 칼로 난도질되어 있는 것을 보게 되었다. 거의 모든 포스트잇이 난도질이 되어 있었고, 반에 들어가면 "왜 붙이냐", "누가 붙이냐", "누군지 찾자"는 이야기를 빈번히 들을 수 있었다. 처음에는 포스트잇을 붙인다는 것을 알리지도 않았지만 그렇다고 숨기지도 않았는데, 상황이 그렇게 되니 당당히 말할 수가 없게 되어 버렸다. 그때 느꼈던 공포에 가까운 감정은 같이 붙이던 사람들 모두가 아직도 공유하고 있는 마음이다. 학교에서는 누가, 어떤 이유로 포스트잇을 붙이는지 당당히 밝히며 붙이라는 내용의 방송을 했다. 우리는 그 말을 믿었고 다 같이 교무실에 찾아가서 붙이는 이유와 기간을 밝히며 난도질하는 사람들에게 자제해 달라는 방송을 해 줄 수 있느냐고 물었다. 그러자 무슨 소리냐며, 너네가 하고 있는 짓은 무단 설치물이라며 붙이면 교칙에 따라 처리하겠다고 말하는 것이었다. 그리고 난도질하는 사람들에 대해서는 학교에서 어떻게 해 줄 수 없는 일이라며 방임했다. 학교의 태도는 난도질하는 사람들에게 명분이 되었다. 더 빨리 난도질을 당했고, 당당히 자기가 했다며 말하고 다니는 사람들도 생겼다. 그런 날들이 계속되자 더 이상 붙이기 어려울 것 같다는 생각이 들었다."[66]

학교가 공론화가 가능한 공간이라면, 또는 교사와 학생이 수업 시간에 일어난 대화에 대해 자유롭게 소통할 수 있는

---

[66] 이경은, 〈누가 어떤 잘못을 했다고 말하기는 쉽지 않다〉, 《오늘의 교육》, 2019년 9·10월호.

분위기라면, 스쿨 미투를 증언하는 대자보에 대한 반박 대자보가 붙거나 쟁점이 있는 부분에 대한 즉각적인 공개 토론회가 열렸을 것입니다. 하지만 학생들이 붙인 포스트잇이나 대자보는 이에 반대하는 학생들과 학교에 의해 폭력적으로 없어지고, 증언한 학생들은 상처만 입었습니다. 학생들의 '공론화'에 학교가 책임지는 모습을 보여 주지 못했기 때문입니다. 학생의 대자보에 대해 반박 대자보든 공개 토론회든 의미 있는 방식으로 공론화가 이루어졌더라면, 스쿨 미투에 반대하는 학생들이 포스트잇을 떼는 등의 행위를 하지 못했을 것입니다. 오히려 그렇게 반대하는 학생들에게도 다른 의견에 어떻게 대응하면 되는지 그 방식을 배울 수 있는 기회가 될 수 있었을 것입니다.

그렇지만 학교는 대자보나 포스트잇을 떼는 폭력에 대해 눈감음으로써, 문제를 제기한 학생을 억압하는 방식으로 대응하였습니다. 이처럼 학생들이 학내에서 공론화할 줄 몰라서 신고라는 방식을 택하는 것이 아니라 학교가 학생들의 공론화 자체를 꺼리기 때문에 공론화가 일어나지 않는 것입니다. 학교는 학생의 신고가 이루어진 이후에 교육청의 지침에 따라 토론회, 연수 등을 통한 공식 사과와 같은 공론화 자리를 떠밀려 마련합니다. 즉 사건 해결에 필요한 소통은 모두 사법적 절차 후에 이루어지는 것입니다. 이러한 상황이다 보니, 피해자 입장에서 가해자 처벌은 더 중요해질 수밖에 없습니다. 어느 정도 합리적 처벌이 이루어질 만한 상황에서야 공론화가 이루어지기 때문입니다. 만약 스쿨 미투 문제를 그 문제의 양상과 상황에 따라 학교 내에서 소통을 통해 해결하고자 한다면 대화와 토론이 피해자에게도 유의미한 소통이 일어날 수 있는 시점에 마련되는 것이 필요합니다. 그 시점은 물론 그 행위가 일어난 직후입니다. 그런데 아직도 교사에 대한 학생의 즉각적인 문제 제기는 '교권 침해'로 간주됩니다. '교권 침해 행위'에 대해서는 사법 기관까지 넘어가지 않아도 피해 교사의 호소만으로도 바로 교권보호위원회가 열립니다. 학생의 피해에 대해서는 민원을 통해 경찰 수사가 끝나야 그 결과가 처리되는 반면[67] 교권 침해 행위는 피해 호소만으로도 징계까지 이어지는 시스템입니다. 신고가 이루어지기 전에 피해 상황에 대해 소통하는 것이 가장 좋은 해결책이겠지만, 그 '소통'을 하기 위해 학생은 징계를 무릅써야 하는 상황인 것입니다. 따라서 교육적 해결이 가능한 시점에서 공론화할 기회를 놓치고 가해자 처벌로 대처할 수밖에 없는 현실이 반복되고 있죠.

---

[67] 학교 성고충심사위원회는 가해자에 대한 징계권이 없고, 그 경중에 따라 교육청에 신고하는 역할만을 대행한다.

공론장의 열쇠 — 학생인권의 제도화

교사-학생 간 폭력의 문제를 소통으로 해결할 수 있으려면 벽으로 둘러쳐져 있는 교실 안의 담화에 대해 의도적으로 공론화할 수 있도록 학생인권이 보다 폭넓고 촘촘하게 보장되는 것이 필요합니다. 예를 들어, '교사에게 상처를 주는 말', '학생에게 상처를 주는 말'을 주기적으로 모니터링해서 학교 언론이나 학생회를 통해 공론화하고 토론회를 여는 등의 노력이 의도적으로 이루어질 필요가 있는 거죠. 더욱이 성 관련 사안은 2차 피해 때문에 공론화하기가 쉽지 않을 수도 있습니다. 따라서 학생인권 침해 사안에 대한 공론화가 일상적으로 일어날 수 있어야 합니다. 그래야 필요한 순간에 2차 피해가 일어나지 않는 공론화를 정교하게 진행할 수 있을 테니까요. 그런데 일상적인 문제에 대해 공론화가 금지되어 있다가 성 관련 사안만 공론화를 하게 되면 문제를 제기한 학생이 다시 비난받는 상황이 전개될 확률이 높습니다.

학생인권조례에서 학생인권 실태 조사를 의무적으로 실시하도록 한 것은 피해 상황을 늦지 않게 확인하고 대책을 세우기 위함입니다. 학내에서도 학생회 등이 학생인권 실태 조사를 주기적으로 실시해서 그 문제 현황과 대책에 대해 즉시 논의하는 분위기가 형성되고 그것이 해결될 수 있다는 신뢰가 생기면 신고 절차로 갈 확률도 줄어들 것입니다. 그리고 아동학대나 성 비위에 대한 처벌만 강화되어 있다 보니, 학생인권 침해에 대한 모든 민원이 그쪽으로 쏠리는 경향도 존재합니다. 따라서 학생인권 전반에 대해 학생의 입장에서 구제할 수 있는 제도가 필요한 거죠. 학생인권조례에서 학생인권센터나 옹호관 등의 기구 설치를 의무화한 것도 이러한 이유입니다. 학생의 입장을 충분히 고려하여 피해 호소 상황을 판단할 수 있는 행정 기구를 둠으로써 모든 사건이 사법 절차로 가면서 생기는 문제를 예방할 수 있도록 한 것입니다. 이런 면에서 학생인권 구제 기구는 학생뿐만 아니라 교사를 위해서도 필요합니다. 그리고 이런 인권 침해 행위는 한 교사의 인권 감수성이나 성인지 감수성의 문제만으로 일어나는 것은 아닙니다. 그 교사가 속한 학교나 교육청에도 그런 행위가 용인되는 문화를 만든 책임이 있는 거죠. 따라서 가해자가 속한 학교나 교육청에서 이런 문제가 재발하지 않기 위해 구성원의 인식 개선을 위한 연수나 제도의 개편 등에 대해 학생인권옹호관이 요구하고 권고할 수 있습니다. 교육청도 가해 교사 처벌로 할 일을 모두 했다면서 학교 현장만 탓할 것이 아니라 스스로 변화해야 할 부분에 대한 대책을 함께 세워야 할 것입니다. 성 비위 처벌에만 그치는 것이라 교육청 내 구성원들도 성인지적 감수성을 제고하고, 일상적인 학생인권 구제 강화 등 예방 정책에 누락된 부분은 없는지 다시 살펴야 합니다. 이러한 조치가 있을 때, 교육 기관에서 일어난 인권 침해 행위는 개인의 일탈 행위를 넘어 공동의 책임이라는 메시지를 전달하여 교육 문화 전체를 바꿔 나갈 수 있을 것입니다.

이른바 '진보적인 교육' 내용에 대해서도 학생이 신고하면 처벌받아야 한다는 우려 역시 마찬가지입니다. 이 역시 신고 전에 학생이 문제를 제기할 수 있는 상황이 마련되면 해결이 가능합니다. 하지만, 소위 '진보적인 교사'의 교실도 이러한 침묵에서 자유롭지 못한 것이 현실입니다. 실제 교사의 정치 편향 교육을 고발했던 학생도 자신에 관한 생활기록부 기록이 끝난 다음에 '용기'를 가지고 증언한다고 언론에 밝히기도 했죠.[68] 그의 행동의 옳고 그름을 떠나 그가 자신의 행위를 정당화할 수 있는 핵심적인 근거는 무엇일까요? 그것은 자신은 생활기록부 협박이라는 제도적 억압 속에 있는 학생이고, 교사는 그러한 권력을 휘두를 수 있는 존재라는 사실입니다.

교사의 생각을 교실 안에서 보다 자유롭게 말할 수 있기

---

68 "최군은 이날 조선일보 디지털편집국과 만나 "평소에도 교실에서 정치 편향성 주입 문제가 있다고 느껴 와 1·2학년을 포함해 함께하고 싶은 친구들을 모았다"라고 말했다. 최군은 3학년을 중심으로 공개적인 목소리를 내기로 했다고 했다. 3학년은 지난 8월 31일부로 대입에 영향을 줄 수 있는 학생생활기록부(생기부) 작성이 끝났기 때문에 더 이상 선생님들의 눈치를 안 보고 부담 없이 나설 수 있기 때문이라는 것이다. 최군은 "선생님들의 평가와 시선 때문에 침묵할 수밖에 없는 1~2학년 후배들에게 앞으로 더 이상의 불이익이 가지 않도록 나서서 돕고 싶었다"라고 말했다."
"정치 편향 교육에 맞선 인헌고 3학년들, "생기부 작성 끝나 용기냈다"", 〈조선일보〉, 2019년 10월 22일.

위해서라도 교사와 학생의 권력관계가 해체될 필요가 있습니다. 앞서 언급한 사건의 경우 교사는 학생이 문제라고 지적한 발언에 대해 공개적으로 사과하고, 자신의 입장을 대자보를 통해 표현하기도 하였습니다. 이러한 노력이 실제 문제 해결로 이어졌는지와는 별개로 학생과 교사의 권력관계를 인정하고 그 전과는 다르게 접근하려는 시도라고 생각됩니다. 하지만 이런 것이 교사 개개인의 책임으로만 맡겨지는 것은 한계가 있습니다. 교사와 학생의 권력관계가 분명한 상황에서 교사가 의도치 않게 한 언행을 억압으로 느낄 경우 그 소통의 시점을 놓치기 쉽기 때문입니다. 오히려 진보적인 교육 내용을 공격하려는 의도로 학생이 문제를 제기한 경우 진보적인 내용에 찬성하는 다른 학생이 지지 발언을 할 수 있는 분위기가 되는 것이 가장 좋지 않을까요? 이를 위해서도 어느 수업 시간이든 학생들이 수업 내용에 대해 문제를 제기할 수 있는 분위기가 '일상'이 되어야겠죠.

더불어 교사-학생 간, 학생-학생 간 발언권이 여러모로 기울어진 운동장인 교실을 어떻게 평등하게 만들 것인가의 고민도 필요할 것입니다. 물론 인간의 정체성은 복합적이어서 교사-학생 간 권력, 또는 젠더 권력에 따라 학생들의 위치성도 다양하게 볼 수 있습니다. 남성인 학생과 여성인 교사 또는 비장애인이면서 여성인 학생과 장애인이면서 남성인 교사 또는 남성이면서 장애인 학생과 성소수자인 비장애인 교사 등 각자의 정체성이 구성하는 위치에 따라 다른 권력 관계가 펼쳐질 수 있습니다. 어찌 보면 교사냐 학생이냐는 사회적 역할이 일시적으로 규정하는 정체성이지만, 성별·장애 여부 등은 평생을 통해 지속되는 정체성이기도 하죠. 그런데 이것을 '학생인권 vs 교권'의 문제로 단순화시키면 다양한 정체성에서 오는 차별 문제에 접근하기 어려워집니다. 오히려 역할은 역할일 뿐 인간으로서는 동일하다는 전제가 성립되어야 비로소 다른 정체성으로 인한 차별이 보이기 시작하겠죠. 이러한 논의가 본격적으로 가능하게 하기 위해서라도 학생인권의 제도화를 통해 의도적인 공론장이 자주 펼쳐질 필요가 있습니다. 토론 과정에서 교사-학생 간의 전복된 관계를 경험하게 함으로써 세상을 새롭게 해석하고, 정체성에서의 교차성과 위치성을 성찰하는 교육이 일어날 수 있을 것입니다. 즉 다양한 학생들이 자신의 의견을 충분히 표현할 수 있도록 학교 내 표현의 자유가 보장될 때, '공론화'를 통한 문제해결도 가능해지겠죠.

인권의 기준 앞에서 동일한 책임을

교권보호위원회의 대안으로, 인권의 기준으로 구성원 간의 갈등을 다룰 수 있는 기구를 설치할 수 있습니다. 현재 학교 내 갈등을 처리하는 기구는 학생에 대한 폭력 사안을 처리하는 학교폭력자치위원회와 교권 침해 행위를 처리하는 교권보호위원회로 이원화되어 있습니다. 학생이 학생에게 폭력을 행사한 경우 학교폭력자치위원회에서 다루고, 학생이 교사에게 폭력을 행사한 경우 교권보호위원회에서 다룹니다. 법률상 체벌이 금지되어 있음에도 불구하고, 교사가 학생에게 폭력을 행사한 경우 다루는 위원회조차 없습니다. 학생의 경우 교권보호위원회에 회부되면 최대 강제 전학과 퇴학까지 가능합니다. 동일한 인권 침해 행위에 대해 교사와 학생에게 묻는 책임에 있어 형평성이 부족하기 때문에 학생들은 폭력이나 성희롱 등의 인권 침해가 일어날 경우 바로 사법적 창구를 찾아 경찰에 신고하기도 합니다. 이러한 과정에서 교사들이 겪는 여러 가지 어려움은 '교권 침해'로 인식됩니다. 학교에 학생인권 침해를 제대로 다루는 기구가 없기 때문에 오히려 교사들이 사법 기관에서 고초를 겪게 되기도 하는 상황이죠. 이러한 악순환을 방지하려면, 학교 구성원 누구든 폭력이나 폭언 등 인권 침해를 당했을 때 '인권'이라는 동일한 기준으로 다룰 수 있는 일원화된 기관이 필요합니다.

학생인권조례에 의해 교육청에 설치된 학생인권위원회의 역할을 학교 현장에 맞게 변형하여 학교 구성원의 인권을 보장하는 기구로 둘 수도 있습니다. 그러니까 학교 구성원 간에 다툼이 생겼을 때, 인권의 기준으로 해결책을 찾아보는 것입니다. 이것을 교내에 설치한 인권위원회라고 칭했을 때, 유명무실한 분쟁조정위원회와 다른 역할을 기대할 수 있을 것입니다. 분쟁조정위원회의 목적이 양자 간의 갈등을 타협하여 분쟁을 조정하는 데 있다면, 인권위원회는 인권 침해의 당사자 입장에서 문제의 해결책을 찾는 거죠. 이를 위해 교사, 학생, 학부모, 교직원 등 학교 구성원 당사자들의 대표자뿐 아니라 조사의 역할을 할 수 있는 인권 전문가가 포함되어야 할 것입니다. 즉 피해자가 학생이든지 교사든지 인권 침해를 당했을 때 구제를 신청하고, 그 정도에 따라 사법 기관으로 이송할 것과 절차를 거쳐 가-피해자가 회복적으로 해결할 수 있는 것을 구분하여 처리하는 기구를 설치하는 거죠. 이 기구는 단순히 가해자에 대한 조치 사항만 정하는 것이 아니라 피해자 보호를 위한 지원책, 피해자의 회복을 지원하기 위한 조치, 가해자 교육, 가-피해자 관계 회복을 위한 절차 마련, 인권 침해의 구조적 해결책에 대한 피드백을 할 수도 있습니다.

예를 들어 두발·복장 지도 과정에서 일어난 성희롱이라면 그 교칙과 더불어 학생 생활 규정 전반을 개정하여 감시-적발의 구조가 아니라 학생들이 스스로 생활 규정을 결정하고 지키는 문화로 변화해 갈 수 있겠죠. 인권 침해에 대한 개인적 구제책 외에도 이러한 문제가 발생하게 된 구조적 원인을 탐색하여 해결책을 제시하는 역할을 하는 거죠. 일례로, 수업 시간에 집중하지 않는 학생과 교사 사이에 갈등이 일어나고 이러한 과정에서 인권 침해가 일어났다면 그 침해 행위에 대해서는 사과와 보상을 하도록 하고, 그 학생이 수업 시간에 집중하지 못하는 원인을 파악하여 그 학생이 선택할 수 있는 교육과정을 학교 내에 어떻게 만들 것인가와 같은 해결책까지 제안하는 것입니다. 폭력적인 행위가 일어나기까지 그러한 관행을 묵인했던 공동체의 문화도 있었을 것입니다. 따라서 가·피해 당사자뿐 아니라 공동체 전체에 대한 인권 연수도 제안할 수 있겠죠. 이러한 구조적인 해결책이 실현되기 위해서는 정책적 변화와 예산도 필요할 것입니다. 따라서 교육청은 갈등 발생의 구조적 원인에 대한 위원회의 분석과 개선 방안을 매년 교육 정책에 반영해야겠죠. 지금까지는 교육부에서 결정한 교육 정책이 학교에 전달되는 하향식이었다면, 매년 인권을 기준으로 학교가 제안하는 정책을 교육청이 지원하는 상향식의 정책 변화가 일어나야 할 것입니다.

물론 이에 대해 학생이 학생인권 구제 기구에 교사에 대한 거짓·과장 고발을 할 수 있다는 우려가 있을 수 있습니다. 이것은 현재 인권 침해를 고발하는 학생과 교사 간의 권력 차이를 고려하지 않아서 생기는 우려입니다. 실제로 교사와 학생 간에 벌어진 인권 침해에 대해 고발했을 때, 학생들은 교사를 고발한 학생으로 낙인찍혀 학교생활에 많은 어려움을 겪습니다. 장난이나 앙심만으로 고발하기에는 당사자가 져야 할 짐이 가볍지 않다는 뜻입니다. 그렇기 때문에 학교교육에 있어 인권이 중요한 논의의 기준이 되는 것은 꼭 필요한 일입니다. 왜냐하면, 인권의 기준에 대해 공유하고 있어야 당사자가 호소하는 인권 침해에 대해 공감하고 그 기준에서 해결책을 찾아 나갈 수 있기 때문입니다.

Q&A

학생들의 폭력을 어떻게 비폭력적으로 제지할 수 있나요?

 송 선생님

학생들이 혐오 표현을 굉장히 일상적으로 씁니다. 특히 엄마 비하를 많이 하고, 응용해서 엄마 대신 교사나 자기가 왕따시키고 싶은 아이를 집어넣어 표현하기도 하고, 자기혐오도 심하죠. 너무나 일상화되어 있어 교육을 해도 지치고 힘듭니다. 교사들은 최대한 학생들을 인간적으로 대하려고 노력하는데, 오히려 학생들이 따라 주지 않고 상처를 많이 입힙니다. 어떻게 해야 학교에서 혐오 표현이 줄어들까요?

조영선

학생들이 혐오 표현을 하게 되는 배경을 살펴보면, 오랜 기간 혐오 표현을 듣고 자란 경우가 많습니다. 어렸을 때부터 "너 때문에 죽고 싶다", "너는 부모의 발목을 잡는 등골 브레이커야", "공부 못하는 사람은 다 공장 가야지", "너는 못생겼으니 공부라도 잘해야지"라는 말을 들으면서 자란 거죠. 자신의 행위를 반성하기 위해서는 자신이 한 행위가 잘못이라는 것을 인정해야 하는데, 주변에서 특히 가족들이 이런 말을 해 왔다면 반성하기보다는 혼나는 것을 억울해할 것 같습니다. 일상적으로 무시당할 때는 아무도 자기 편이 되어 주지 않다가 자신이 누군가를 무시하는 말을 했다는 이유만으로 제지하는 말을 들을 때, 그 말이 잘 들리지 않는 거죠. 혐오 표현에 무감각하다면, 언제 혐오 표현에 가장 먼저 노출되었는지 살펴볼 필요가 있습니다. 제가 만났던 한 학생은 '애자'라는 혐오 표현을 일상적으로 사용했는데 알고 보니 "네가 특수반이냐?"라는 말을 지속적으로 들었던 경험이 있었습니다. 혐오 표현이냐 아니냐가 정해져 있는 것이 아니라 그 표현이 만드는 효과와 그 말을 하는 맥락에 따라 결정된다는 것을 전하기 위해서라도, 그가 들었던 표현들과 그로 인해 느낀 불쾌감에 대해서 공감해 주는 것이 효과적일 것 같습니다. 자신이 무시당한 경험에 대해 공감받고 그것을 부당한 차별로 명명하는 경험이 있어야 본인의 행위에 대해서도 차별이나 혐오라는 성찰을 할 수 있겠죠.

 윤 선생님

복도에서, 교실에서 교사-학생 간의 관계는 명백한 권력관계라는 생각을 계속 하게 됩니다. '내 말을 왜 듣지?' '내 말을 왜 믿지?' '왜 인사를 하지?' '왜 내 눈치를 보지?' 권력관계가 아니고서는 상상할 수 없는 일들이니까요. 그래서 그 권력관계를 낯설게 보려고, 거기에 빠져들지 않으려고 노력합니다. 교사-학생 간에 권력관계가 아닌, 다른 관계를 만들어 가고 싶지만 어떤 식으로 관계를 맺어야 할지 고민입니다. 학생이 무언가를 배워 갈 수 있으려면, 혹은 학생이 다른 사람을 존중하지 않을 때 그러면 안 된다는 것을 알려 주려면, 결국 교사에게는 가르치고 지적하고 문제를 제기하는 역할이 주어지는 것 같습니다. 그런데 이러한 역할은 그 자체로 권력을 불러일으키고 작동시킬 수밖에 없는 게 아닐까 싶은 생각이 들기도 합니다.

조영선

교사와 학생의 관계에 대해 근본적인 고민을 하고 계시는군요. 교사의 역할이라고 요구되는 대부분의 일들은 '지적을 통한 관리 노동'이지요. 이러한 요구는 학생의 행동이 교사 개인의 지적과 훈계를 통해 교정될 수 있다는 생각을 전제로 한 것입니다. 하지만 앞에서 살펴봤듯이 인간의 행동은 가정 환경, 관계의 맥락, 한 공간에서의 위치 등 다양한 변수에 따라 달라지지요. 결국 행동의 변화는 본인의 의지가 있을 때 가능하다는 것이죠. 그런데 본인이 의지를 가질 수 있도록 하기 위해서는 타인에 의해 조종되는 존재가 아니라 스스로 결정할 수 있는 존재라는 전제가 학습될 필요가 있습니다. 이러한 면에서 교육을 가능하게 하기 위해서라도 학생인권을 존중하는 것이 꼭 필요하다고 봅니다.

그럼에도 불구하고, 교사와 학생의 역할에서 올 수밖에 없는 필연적인 권력관계의 한계에 대해서는 '늘 인지하고 성찰하는 것' 외에는 다른 방법이 없는 것 같습니다. 저는 학생들에게 정말 친해지기 전까지 존댓말을 쓰는데, 어떤 선생님은 반대로 학생들에게 반말을 쓰게 하더라고요. 이런 것은 학생과 수평적 관계를 맺기 위한 노력의 일부이긴 한데요. 관계를 전복할 정도로 핵심적인 것은 아니지만, 관계를 새롭게 맺게 되는 시작점이 되기는 하는 것 같습니다. 무엇보다도 고정적인 역할이 있다고 하더라도 학생의 입장을 늘 묻고, 귀담아들어서 교육 행위에 고려하는 것이 중요하다고 생각합니다.

5부

학생이 아니라 교육을 바꾸기 위해

교육을 바꾸기 위해 필요한 힘, 교사의 노동권과 시민권
18세 선거권의 시대, '교실의 정치화'가 위험하다?
현재, 이곳에서 교사의 역할은 무엇일까?
Q&A 교육에 품었던 이상이 내 교실에 녹아들지 않아요

교육을 바꾸기 위해 필요한 힘, 교사의 노동권과 시민권

　학생인권을 주제로 강의를 하다 보면 앞에서 말한 것들에 동의하면서도 답답한 교육 현실을 바꿀 수 있을지 여전히 의문을 품는 사람들을 많이 만납니다. 당장 내 앞에서 떠드는 학생의 문제가 그 학생만의 문제가 아님은 알겠는데, 구조적인 문제인 학급당 학생 수 감축이나 입시 경쟁 폐지가 실제로 이루어질 수 있을까 의심스럽다는 거죠.

　변화가 어느 정도 속도로, 어느 만큼 이루어질까에 대해서는 분명히 말하기 어려울 것입니다. 하지만 변화를 바라는 주체들이 그 정책들에 대해 영향을 미칠 수 있는 권리가 있느냐에 따라 대안에 대해 품는 희망의 크기가 달라지겠죠. 국가권력에 따라 좌지우지되는 교육이 아니라 교육 당사자들이 바라는 교육이 되기 위해 교사에게 어떤 권리가 보장되어야 하는가에 대해 질문해야 할 것입니다.

헌법이 보장하는 '모든 국민에게 보장되어야 할 교육권'은 어떻게 보장할 수 있을까요? 헌법에 보장된 교육은 자주성과 전문성, 정치적 중립성을 핵심 가치로 삼고 있습니다. 권력을 가진 독재자들이 공교육을 자신의 권력을 유지하기 위한 수단으로 삼았던 역사가 있었기 때문이죠. 나치 치하의 독일 교육은 권력자가 독재를 유지하기 위해 어떻게 교사들을 탄압하고, 학생들에게 차별적인 의식을 조직적으로 가르쳤는지 알 수 있게 해 주는 역사 속의 사례입니다.

> 나치 학자와 교육자들은 북유럽 인종과 다른 "아리아" 인종들을 찬양하는 한편 유태인들과 다른 소위 열등한 인종들은 문화와 문명 창조의 능력이 없는 "잡종 인종" 취급을 하였다. 1933년 이후, 나치 전권은 공립 학교 교사 시스템을 유태인 또는 "정치적으로 신뢰할 수 없는" 집단으로 규정하여 축출하였다. 그러나 대부분의 교육자들은 그들의 위치에 남아 국가 사회주의 교사 연합에 가입하였다. 1936년경, 모든 공립 학교 교사의 97%에 해당하는 약 300,000명의 교사들은 이 연합에 가입하였다. 사실 나치당에 가입한 사람들 중에는 다른 어떤 직업보다 교사들이 가장 많았다.
> 교실과 히틀러 청년단에서의 교육은 인종적 자각, 복종, 지도자와 조국을 위해서 자기를 희생하는 독일인에 초점이 맞추어져 있었다. 또한 아돌프 히틀러에 대한 헌신이야말로 히틀러 청년단 수련의 핵심이었다. 독일의 청년들은 국경일인 그의 생일(4월 20일)을 경축

> 하며 회원 가입일로 삼았다. 독일의 사춘기 소년 소녀들은 히틀러에 대한 충성을 맹세하고 미래의 군인으로서 국가와 지도자에게 헌신할 것을 맹세하기도 하였다. 이러한 독일 청년들에 대한 나치 사상의 유포에 있어서 학교교육은 중요한 역할을 담당하였다. 일부 서적들이 검열에 의하여 교실에서 사라지는 동안 독일 교육은 새로운 교과서를 가지고 학생들에게 히틀러에 대한 사랑과 국가 권위에 대한 복종, 군사주의, 인종주의, 그리고 반유태주의를 가르쳤다.[69]

국가가 국민에 의해 민주적으로 통제되지 않고, 독재자에게 휘둘릴 때, 국가교육 역시 국민을 배반하는 교육으로 남을 수밖에 없습니다. 이러한 현실 속에서 모든 국민에게 자주성과 독립성, 정치적 중립성을 보장한 교육을 국민의 기본권으로 보장하게 된 것입니다. 헌법에 쓰인 '정치적 중립성'이란 표현은 사실상 '정치적 독립성'에 가까운 의미일 것입니다.

그럼에도 불구하고 지금까지 교육의 정치적 중립성은 교육의 장에서 정치적 주제 자체를 금기시하거나 교사가 자신의 정치적 의견을 드러내는 것을 금지하는 것으로 이해되었습니다. 교사들이 정부의 잘못을 꼬집는 '시국 선언'을 했다는 이유로 대량 징계를 당하고 소송을 당하는 일도 있었습

---

[69] 홀로코스트 백과사전 홈페이지에서 발췌.

니다. 원래 '교육의 정치적 중립성'이라는 말은 수업이 정권에 따라 마구 휘둘리지 않도록 하기 위해 나온 것인데, 한국에서는 거꾸로 정권이 바뀔 때마다 교육과정이 바뀌고 그 정권이 내민 슬로건이 교육 내용을 좌지우지하는 일들이 반복되어 왔던 것입니다. 교사에게 가장 기본적인 정치적 권리가 없다 보니 나머지 '가르칠 권리' 역시 갖가지 의무와 제한 요건이 덕지덕지 붙어 있습니다. 〈교육기본법〉 제14조 및 〈초·중등교육법〉 제20조의 내용을 기초로 현재 교원의 교육할 권리와 이에 대한 의무를 규정하면 다음과 같습니다.

교사의 '가르칠 권리'	교사의 대표적 의무
• 교육과정 결정 및 편성권 : 국가의 권한 • 교재의 선택·결정권 : 검·인정 교과용 도서 사용 • 교육 내용 및 방법 결정권 : 초·중등학교 소극적 보장 • 성적 평가권 : 객관적 기준 확보 • 학생 지도권	• 법령 준수 의무 • 복종 의무 • 직무 전념 의무 • 친절 의무 • 품위 유지 의무 • 정치 활동 금지 의무 • 집단행동 금지 의무

실제 교육과정을 결정하는 것은 교사가 아닌 국가입니다.[70] 교사는 이에 따르지 않으면 안 되는 '복종의 의무'를 집니다. 대학 교수는 수업 교재를 직접 결정할 수 있지만, 교사들은 마음에 들지 않더라도 검·인정 교과서만 사용해야 합니다. 21세기에도 한국사 교과서가 국정 교과서로 전환될 위험에 처했던 경험은 국가 권력이 얼마나 교육의 자주성을 위협하는지 잘 보여 줍니다. 교육 내용도, 평가 방식이나 시험 내용도 학교 관리자나 외부에 의해 검열받아야 합니다. 교사의 수업 중 발언이나 보조 교재로 만든 자료가 정부 비판적이라는 이유로 처벌받는 사례도 끊이지 않고 있습니다. 이렇듯 '정치적 중립성'을 의도적으로 오독하여 교사를 정치적으로 종속된 존재로 만들고 교육의 정치적 독립성을 해쳐 왔던 주체는 국가 권력이었던 거죠.

---

70 〈초·중등교육법〉 제23조(교육과정 등)에 따라 학교는 교육과정을 운영하여야 한다. 교육과정의 기준과 내용에 관한 기본적인 사항은 교육부장관이 정한다. 교육감은 교육부장관이 정한 교육과정의 범위에서 지역의 실정에 맞는 기준과 내용을 정할 수 있다. 학교의 교과(敎科)는 대통령령으로 정한다. 제24조(수업 등)에 따라 학기·수업일수·학급편성·휴업일과 반의 편성·운영, 그 밖에 수업에 필요한 사항은 대통령령으로 정한다.

중앙 집중식 평가 대신 교사에게 교육과정 편성권을

현재와 같이 중앙 집중적인 평가 결과를 기준으로 학교별로 성적을 비교하는 시스템에서는 시험에 나올 내용의 진도를 나가는 것이 교육과정의 최대 과제가 됩니다. 거기에는 학생의 참여와 흥미도, 수업 방법 개선 등이 들어설 자리가 없습니다. 즉 중앙 집중식 평가[71]는 학생이 자신의 흥미와 동기를 가지고 학습에 임할 권리와 교사의 교육과정 편성권을 동시에 침해하고 있는 것입니다. 이러한 중앙 집중식 평가에 의해 교육과정이 좌지우지되다 보니, 결국 교사의 가르칠 권리라는 것이 국가의 시험을 보조하여 학생들이 시험을 잘 치를 수 있도록 도움을 주는 권리로 전락하였습니다.

헌법에서 모든 국민에게 보장한 교육권을 위해, 또, 유엔에서 보장하고 있는 아동의 교육권 보장을 위해 교사에게 필요한 권리는 무엇일까요?

다양한 학생들에게 교육의 자주성과 전문성을 보장하며 균등하게 교육받을 권리를 보장하기 위해서는 교사가 학

---

[71] '중앙 집중식 평가'란 대입수학능력시험과 같이 전체 학생을 대상으로 학생들 간의 성적을 비교 평가할 수 있는 시험을 의미한다. 현재 존재하는 중앙 집중식 평가는 수능과 이를 대비하기 위한 전국 모의고사이지만, 2008년에 학력 저하를 이유로 초등학교 때부터 일제 고사를 실시하는 정책이 시행되었고, 현장의 반발에 부딪혀 2017년에 폐지되었다.

생 개개인의 발달 단계에 맞춰 학생의 참여와 요청을 포함하여 교육과정을 설계할 수 있는 권한이 필요합니다. 이것은 교사 개인에게 보장하는 권리라기보다는 학생과 가장 근접한 위치에서 학생의 배움을 지원할 코디네이터 역할을 하는 교사에게 주어져야 할 직무상 권한이라고 볼 수 있습니다. 학생들이 국민으로서 자신에게 필요한 교육을, 적합한 방식으로 배울 수 있기 위해서는 교사에게 다양한 시도와 소통을 할 수 있는 권한이 필요하기 때문이죠. 이러한 면에서 100개의 교실이 있고, 100명의 교사가 있다면 10,000개의 교육과정이 만들어지는 것이 자연스럽겠죠. 이것을 위해서는 학생에게도 교육과정에 적극적으로 참여할 수 있는 권한을 보장해야 합니다. 즉, 학생의 민주적 통제를 받을 수 있다는 전제에서 교사에게 교육과정 편성권을 보장하는 거죠. 설사 교사가 편향된 교육 과정을 짠다 해도 이것을 학생들이 견제할 수 있을 테니까요.

프랑스의 경우, 출판사는 교육과정을 자율적으로 해석하여 교과서를 출판하고, 교과서로 대표되는 교재의 선택은 교사의 책임에 맡깁니다. 또 교사에게는 교육 방법의 자유가 보장되어 있습니다. 교과서는 학교별로 교사 집단에 의해 선택되며, 교과서 선택에 교육 행정이 관여하는 경우가 없습니다. 교사는 교과서를 사용해도 되고 사용하지 않아도 됩니다.[72] 프랑스를 비롯한 많은 선진국들이 이렇듯 교사에게 교육과정 편성권을 폭넓게 보장하는 이유는 국가의 교육과정의 목표가 '민주 시민'을 양성하는 것이기 때문입니다. 국가 권력에 의해 통제된 교육이 아니라 민주주의에 기여할 수 있는 교육이 되기 위해 학생들과 가장 밀접한 존재인 교사에게 학생들의 참여로 함께 교육을 만들 수 있도록 교육과정의 재량권을 부여한 것입니다. 이것이 가능하기 위해서는 교사와 학생이 민주 시민으로서의 시민권을 온전히 누려야겠죠.

교사와 학생에게 시민권을 허하라!

헌법에서 국민에게 보장한 교육권의 측면에서 볼 때, 교사의 역할은 모든 국민이 균등하게 교육을 누리기 위해 필요한 교육의 자주성·전문성·정치적 중립성을 실현하는 주체입니다. 국민에게 제공되는 공교육의 자주성·전문성·정치적 중립성을 지키는 데 필요한 권리는 바로 노동 기본권입니다. 이것은 교사 이전에 시민으로서 누구나 누려야 할 권리이기도 하죠. OECD 국가 중 교사의 노동3권을 부정하는 국가는 한국이 유일합니다. 교사의 단결권과 단체 교섭권은 보장하고 있지만, 단체 행동권의 경우 국민의 수학권과 배치되는 권리

---

72 송용구(2010), 〈프랑스의 학교 시민교육에 관한 연구〉, 《시민교육연구》, 42(2), 83~118쪽.

세계 각국의 교원의 정치 활동 허용 여부와 범위[73]

국가	정치 활동 제한/허용	내용
일본	일부 제한	정당 가입, 거주지 외 선거 운동, 정치 자금 모금 및 기부 등 허용
미국	일부 제한	정당 가입, 선거 운동, 정치 자금 모금 및 기부, 공직 후보 출마 등 허용
프랑스	허용	정당 가입, 선거 운동, 정치 자금 기부, 공직 후보 출마 등 허용
독일	허용	직위 이용하지 않으면 제한 없이 허용, 지방의원의 경우 의원 겸직 허용
캐나다	허용	정당 가입 등 허용, 선거 결과에 직접 영향을 미치는 행위는 제한
호주	허용	공직 후보 출마 시 상급자와 협의
뉴질랜드	허용	공직 후보 출마 시 미리 행정 부서장에게 보고
영국	허용	직위 이용하지 않으면 제한 없이 허용
핀란드, 스웨덴, 네덜란드, 덴마크	제한 법률 없음	제한 없이 허용

라는 이유로 보장되지 않았습니다.

물론, 교사의 가르칠 권리는 국민의 수학권을 바탕으로 성립하는 권리이지만, 헌법에서 보장하는 '국민이 균등하게 자주적이고 전문적으로 교육할 권리'를 보장하기 위해서는 국가 권력으로부터 독립적으로 행동할 권리도 포함되어

---

[73] 김행수, "교사가 정치 후원하면 잡아간다는 유일한 나라", 〈민중의 소리〉, 2010년 1월 31일.

야 합니다. 앞에서 예로 든 집권기 나치 독일 교육처럼 국가가 교육의 독립성을 훼손하고자 할 때, 그에 저항할 수 없다면 국민의 교육권 역시 박탈되는 것과 마찬가지이기 때문입니다. 그리고, 교사가 국민으로서 누려야 할 기본권은 국가 안전 보장·질서 유지·공공 복리를 위하여 필요한 때에만 적법한 절차를 거쳐서 제한할 수 있는 가장 최상의 권리이기도 합니다.[74]

따라서 교사의 시민적 권리 향유를 원천적으로 봉쇄하는 현재의 법은 심각한 인권 침해입니다. 다른 나라의 사례를 보면 일반적으로 공공 질서 유지 및 국가의 안전과 관련이 있다는 판사와 경찰도 노조에 가입되어 있습니다. ILO는 교사·공무원의 노동3권 및 정치적 자유 보장을 지속적으로 한국 정부에 권고하고 있죠.

---

74 헌법 제37조 2항 기본권제한 일반원칙.

18세 선거권의 시대,
'교실의 정치화'가 위험하다?

　우리 사회에서 이런 기본권 특히 교사의 정치적 권리가 쉽게 침해되는 원인 중 하나는 학생에게 시민으로서의 권리가 없기 때문입니다. 흔히 교사들의 단체 행동권이나 정치적 권리를 제약하는 논리는 대부분 "학생들은 미성숙하고 판단력이 부족하여 교사의 행동에 쉽게 영향을 받는다"라는 것입니다. 이것을 뒤집어 말하면 학생 스스로 판단하여 결정할 수 있는 권리가 없기 때문에 그들의 선택조차 교사의 책임이라는 거죠.

　하지만, 현실에서의 학생들은 이미 정치에 참여해 왔습니다. 이들은 2008년 광우병 소고기 수입 반대 집회 참여 문자를 서로 돌리면서 광장에서 '이명박 out'을 외쳤고, 2012년 '안녕들 하십니까' 대자보 릴레이에 함께하며 학교에 대자보를 붙이기도 했습니다. 2013년 역사 교과서 국정화 시도 때에는 이에 반대하는 서명을 돌렸으며, 2014년에는 세월호 참사의 진상 규명과 책임자 처벌을 요구하는 행동을 하였습니다. 이 흐름은 2016년에 대통령 탄핵 집회 참여로 이어지기도 했죠. 이렇게 사회적으로 알려진 사건 외에도 급식비를 못 내는 학생을 차별하는 학교에 항의하고, 오랜 기간 학교에서 묵인되었던 성희롱과 성추행 문제를 '스쿨 미투'의 이름으로 공론화하기도 했습니다.

 최근 선거 연령이 하향될 수 있었던 것도 청소년들의 이러한 행동이 지속적으로 이어져 왔기 때문입니다. 그런데 사회에서는 학생들이 준비도 되지 않았는데 갑자기 선거권이 주어진 것처럼 우려하는 목소리가 더 큽니다. 학생들은 이미 행동하고 있었지만, 이들의 행동은 보이지 않았던 거죠. 선거 연령 하향은 학생들을 갑자기 정치에 눌늘이는 사건이 아니라, 이미 사회와 정치에 활발히 참여하고 있던 학생들의 목소리에 제 몫의 권리를 부여한 것입니다. 들리지 않았던 목소리가 들릴 수 있도록, 유권자로서 대접할 수 있는 최소한의 제도가 마련된 거죠.

 19금의 공간이었던 투표소에 교복 입은 학생들이 등장하는 광경을 상상하며, 어떤 사람들은 벌써부터 '교실의 정치화'를 걱정합니다. 학업에 집중해야 할 고3 시기에 정치에 관심을 갖고, 어떤 정당을 지지하는지 토론하는 모습이 이들에게는 무척 '위험하게' 보이는 거죠. 그래서 아직 준비되지 않은 학생들이 준비할 수 있도록 교육을 해야 한다고 하면서도 다른 한편으로는 교사는 정치적 중립성을 지켜야 하기 때문에 교사가 학생에게 선거교육을 해서는 안 된다는 주장을 하기도 합니다. 또, 학교 밖에서 이루어지는 선거 운동이 학교

---

75   트위터 계정 @youth_minjung, 2015년 11월 26일.

안에서는 제한되도록 가이드라인을 마련해야 한다고 이야기합니다. 교사와 학생의 정치적 권리가 서로 어떻게 맞물려 있는지 보여 주는 대목이죠. 학생의 정치적 권리가 없을 때는 그것을 이유로 교사의 정치적 권리를 제한했다가 학생의 정치적 권리가 일부 허용되자 이제 교육할 수 있는 교사의 권리가 없기 때문에 학교 안에서는 정치적 이야기를 하지 못하도록 금지하겠다는 것입니다. 하지만 후보가 어떤 이야기를 하는지, 내세우는 공약이 신빙성이 있는지에 대한 검증과 토론이 학교에서 이루어지지 않는다면 어떤 일이 일어날까요? 후보와 사적인 이익 관계가 있을 수 있는 외부인이 가공한 정보를 접하거나 출처를 확인할 수 없는 동영상이나 가짜 뉴스의 영향을 받을 확률이 높아지겠죠.

학교에서 이러한 정치적 사안에 대해 주체적으로 토론할 기회가 없었던 학생들은 특성 사이트를 통해 관련된 정보를 접합니다. 물론 그 사이트에서 콘텐츠를 만들어 올리고 댓글을 달며 적극적으로 활동하는 학생은 소수지만, 그 사이트를 넘나들며 퍼 온 지식들을 근거로 사회·정치적인 문제에 대해 판단하는 학생들이 많은 것도 사실입니다. 누군가 자신을 일베로 취급하는 것은 싫어하지만, 일베와 같은 논조의 의견에 동의하는 학생들은 많은 거죠. 널리 알려져 있듯 일베 사이트에는 소수자에 대한 혐오에 기반을 두고 정치적 이슈를 해석하는 글들이 많습니다. 제공하는 지식들도 가짜 뉴스를 근거로 한 팩트가 확인되지 않은 것들도 있죠. 학생들과 일베 사이트의 이러한 면을 토론하려면 학생의 어떤 의견이든 하나의 생각으로 존중받을 수 있어야 합니다. 의견 자체는 존중하되, 그러한 의견을 갖게 된 근거를 정확하게 대도록 요구할 수 있어야 한다는 거죠. 그래서 그 근거도 하나의 편견이 만들어 냈다는 것이 드러날 때, 자신의 생각을 되짚어 볼 수 있겠죠. 하지만, 학생들은 독립된 정치적 주체로 존중받지 못하기에 '애들이 무슨 쓸데없이 정치에 관심을 갖느냐, 그 시간에 공부나 해라'라는 핀잔을 듣기 일쑤죠.

이러한 상황에서 학생들의 생각에 대한 반박은 학생이라는 존재에 대한 무시로 받아들여질 수도 있습니다. 그래서 일부 학생들이 갖는 생각의 근거가 된 왜곡된 사실에 대해 교사가 토론하고 싶어 해도 학생들은 특정 사상에 대한 주입이나 강압이라고 여길 수도 있죠.

어른들이 걱정하는 것처럼 한쪽으로만 편향되게 생각하지 않고 누구에게 휩쓸려 투표하지 않도록 하기 위해서라도, 학생들이 가장 많은 시간을 보내는 배움의 공간인 학교에서 정치에 대한 토론이 활발하게 일어나야 합니다. 이러한 면에서 제대로 된 민주시민교육을 위해 오히려 '교실의 정치화'는 필요한 일이라고 할 수 있습니다.

물론 교사들이 정치 편향 교육을 할 수도 있기 때문에 안 된다고 주장하는 분들도 계실 것입니다. 이러한 문제가 해결되려면 어떻게 해야 할까요?

교사도 한 명의 시민이자 인격체로 주관적인 견해를 가지고 있고 이것은 어떤 식으로든 배어 나오기 마련입니다. 오히려 짚어 봐야 할 것은 이러한 의견에 대해 반박하지 못하도록 할 때 교사의 견해가 권력이 될 수 있다는 거죠. 교사의 견해라고 하더라도 사실에 근거하지 않고 왜곡된 생각이라고 느껴질 때 학생들이 자연스럽게 반박할 수 있는 상황이라면 그 견해의 영향력은 조정될 수 있을 것입니다.

따라서 교사에게 영향을 받을 것이기 때문에 학생의 권리를 제한하자는 주장은 적절하지 않습니다. 오히려 학생의 발언권을 통해 교사의 영향력을 견제할 수 있을 때 교사도 학생도 제대로 된 표현의 자유를 누릴 수 있겠죠.

이러한 과정이 가능하다면 국가 권력에 의해 교육의 자주성과 독립성이 침해될 때 당사자인 학생과 교사가 그 정책의 문제에 대해 비판적으로 토론하고 어떻게 행동할지 함께 머리를 맞댈 수 있을 것입니다. 이런 일이 실현되려면 특히 교육의 주체이면서도 집단적인 목소리를 내기 어려운 학생들에게 언론·집회·결사의 자유 등 표현의 자유를 온전히 보장하는 것이 필요하겠죠. 교육 내용이나 방식을 정할 때 당사자가 참여할 수 있어야 교육의 본질과 멀어진 정책이 권력에 의해 강제될 때 이에 대한 저항이 가능합니다. 이러한 면에서 유엔아동권리협약에서 보장한 아동의 권리 중 참여권이 중요한 축이라는 것은 큰 시사점을 줍니다. 제대로 교육받을 권리는 그렇지 않은 교육에 대한 거부권이 있을 때 온전히 누릴 수 있다는 거죠.

그럼에도 불구하고, 사회와 교육의 문제에 참여한 학생들은 늘 "너희들이 뭘 알아", "뜻이 좋은 것은 알겠는데, 공부에 지장이 가지 않도록 해라", "기특하지만, 밤늦게 돌아다니는 것은 안 된다", "학교 안에서 좋게 해결해야지, 왜 외부에 알려 학교 망신을 시키니?", "뜻은 알겠지만, 학교에서 대자보를 붙이거나 서명을 받는 것은 교칙 위반으로 징계 대상이야"라는 말을 들어야 했습니다.

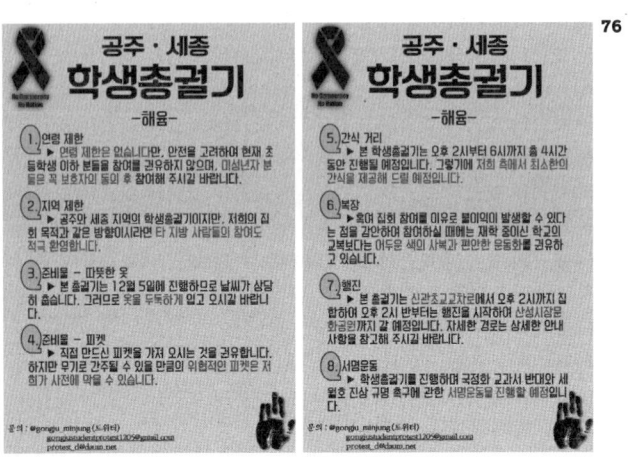

76 트위터 계정 @Gongju_minjung, 2015년 11월 24일.

이러한 상황에서 학생들은 어느 집단 못지않게 적극적으로 세상에 참여하면서도 보호자의 동의를 구하고, 집회 참여의 불이익 때문에 사복을 입으면서도 어두운 색의 사복과 운동화로 스스로의 복장을 제한하며 끊임없이 자기 검열을 하기도 했습니다. 금지된 정치에 참여하기 위해 자신들의 다른 자유를 포기해야 했던 거죠.

선거 연령이 하향된 이후에도 학교에서 학생들의 의사 표현의 자유를 보장하지 않는다면 '참여'가 '징계'로 이어지는 상황은 계속될 것입니다. 아직도 학생 징계 기준에는 '정치 집회 또는 불량 서클에 참석하거나 가담한 학생', '허가 없이 서클을 조직 운영하여 교칙을 문란하게 한 학생', '학생을 선동하여 질서를 문란하게 한 학생' 등을 처벌하는 항목이 포함되어 있습니다. 자신이 지지하는 정당 활동에 적극적으로 참여하는 학생들은 징계의 대상이 될 확률이 높은 거죠.

이러한 상황에서 관심을 가져야 할 것은 청소년들에게 어떤 선거교육을 할 것인가가 아니라 오히려 정치적 힘을 가진 주체로서 청소년을 어떻게 대접할 것인가를 준비하는 일일 것입니다. 이것은 그냥 앵앵거림쯤으로 취급했던 학생들의 목소리에 어떻게 가정과 학교와 사회가 권위를 부여할 것인가 하는 질문과 맞닿아 있습니다.

학생인권이 보장되는 공간 = 교사의 인권이 살아나는 공간

역설적으로 교사들이 '교권 침해'에 대한 호소를 할 수 있는 상황이 된 것은 학생인권이 제기한 만큼 학교 내에 인권의 감도가 높아졌기 때문이기도 합니다. 이전에도 교사가 학생의 공격에 의해 모욕감을 느끼는 일이 존재했지만 인권 침해라는 언어로 명명하지 못했습니다. 그러한 일을 당하는 것은 교사에게 학생을 장악할 능력이 없음이 드러나는 부끄러운 일이었습니다. 학생들이 교사에게 행하는 성희롱 역시 이전에는 피해를 호소하는 교사가 2차 피해를 입거나, 성장기에 있을 수도 있는 장난이나 이성에 대한 호기심으로 넘어가야 쿨한 교사로 인정받기도 했죠. 하지만 학생들의 스쿨 미투 이후 이를 학교 내의 성희롱, 성폭력이라는 언어로 명명할 수 있게 되었습니다. 학생인권의 향상으로 인권에 대한 학교 구성원의 감수성이 높아지면서 이전에 교사에게 부끄러운 일이었던 경험도 권리의 이름으로 문제를 제기할 수 있게 된 거죠.

이 외에도 많은 장면에서 학생의 인권과 교사의 노동권은 연결되어 있습니다. 예를 들어 학생인권조례에 있는 '정규 수업 이후에 수업을 선택하고 적절한 휴식을 취할 권리' 조항에 따라 강제 야간 자율 학습 및 보충 수업이 폐지되었습니다. 이는 학생들에게 휴식권을 보장하기 위한 것이기도 하지만, 이 과정에서 교사가 야간 노동에서 좀 더 자유로워질 수 있었습니다. '조회-정규 수업-종례-보충 수업-야자 감독'의 쳇바퀴를 돌며 수업 준비나 학생과의 깊이 있는 만남을 고민할 수 없었던 상황에서 벗어날 수 있게 되었죠.

그리고 700여 명이 있던 4층짜리 학교 건물에 화장실이라곤 1층에 단 한 군데뿐이던 학교에서 학생들을 위해 교사들이 요강 시위를 벌였던 사건[77]이 있었죠. 이는 학생들에게 쾌적한 환경에서 학습할 권리를 보장하기 위한 행동이기도 했지만, 교사가 쾌적한 환경에서 수업할 수 있는 권리를 획득하는 과정이기도 했습니다. 그리고 '학생들이 자신의 소질과 적성에 맞는 학습을 할 권리'가 보장될 때, 교사도 학생들의 적성에 맞는 교육과정을 다양하게 꾸릴 수 있는 교육과정 편성권을 보장받을 수 있고, '학생의 관심과 참여 속에 교사가 수업할 권리'를 누릴 수 있겠죠. 중앙 집중식 평가인 일제 고사에 교사들이 저항했던 이유는, 모든 학생을 줄 세우는 평가가 배우고 싶은 것을 배우고 싶은 만큼 배울 수 있는 학생의 권리와 학생을 소외시키지 않고 수업할 수 있는 교사의 권리를 동시에 침해하기 때문이었습니다.

그럼에도 불구하고, 어떤 사람들은 학생인권을 존중하

---

[77] ""똥쌀 권리 보장하라, 요강 들고 등교하자!" 서울 충암학원 학생과 교사들의 간절한 하소연", 〈오마이뉴스〉, 2008년 4월 14일.

자는 주장에 대해 "교사와 학생을 똑같이 대하자는 거냐? 교사와 학생이 어떻게 같냐?"라고 하기도 합니다. 이러한 질문에 대해서는 이렇게 반문할 수밖에 없습니다. 학생과 교사가 역할은 다르지만 인간적으로 동등한 존재라는 것을 전제하지 않고, 어떻게 학생들에게 교사에 대한 인간적 존중을 요구할 수 있을까요?

교사에 대해 특별한 권리를 보장하거나 대우를 해 달라고 요구하는 것이 아니라 학교에 있는 누구나 부당한 대우를 받지 않을 때 교사에 대한 존중을 요구하는 것도 보다 쉬워질 것입니다. 교사에 대한 공격 행위가 일어나지 않기 위해서라도 학교라는 공간에 있는 누구도 그러한 일을 하거나 당하지 않게 해야 하는 거죠. 학생이든 교사든 교직원이든 비정규직 교사든 정규직 교사든 여성이든 남성이든 장애인이든 지위 고하를 막론하고, 폭언·혐오 발언을 포함한 폭력 행위에서 자유로울 때 교사에게도 그러한 일은 일어나지 않을 것이기 때문입니다. 이를 위해 여러 주체 중 학생의 인권에 주목하는 이유는 학교 안에서 일어나는 모든 교육 활동에 가장 광범위하게 처음부터 끝까지 참여하면서 학교 내 모든 주체를 만나는 다수의 주체이기 때문입니다.

차별과 혐오는 위치에 따라 상대적으로 다르게 일어나고, 결국 가장 큰 폭력은 가장 약한 사람을 향하기 마련입니다. 학생들의 모든 교육 활동 과정에서 차별과 혐오가 없어진다는 것은 그 과정에 종사하는 모든 사람, 즉 교사와 교직원 모두 그 인권의 자장에서 숨 쉴 수 있다는 뜻이기도 하죠. 학교라는 공간에서 일어나는 일을 가장 많이 겪으면서도 가장 차별이 일어날 가능성이 큰 대상을 중심으로 차별적 구조에 대해 성찰하지 않으면 사각지대가 생길 확률이 높아질 것입니다.[78]

이러한 면에서 인권은 그 자체로 누구나, 예외 없이, 기본적으로 모든 주체에게 보장되는 권리입니다. 특정 집단의 이익을 대변하는 이권利權과는 다르죠. 따라서 학생인권이 보장되면서 교사의 인권이 침해되거나 교사의 인권이 보장되면서 학생의 인권이 침해되는 상황은 일어나지 않는다는 뜻입니다. 통념상 학생인권과 대척점에 있다고 여기는 교권은 교사 권력이지 교사 인권은 아닙니다.

이렇게 볼 때 학생인권조례는 교사가 국가 권력으로부터 독립적으로 자신의 교육 활동을 성찰하는 데 중요한 기준점이 될 수 있을 것입니다. 민주공화국의 국민으로 균등하게

---

[78] 이러한 면에서 몇몇 교육청에서 요즘 학생인권조례의 대안으로 제기되는 학교인권조례는 겉으로는 교사-학생-학부모 3주체의 권리를 명시한다고 하지만, 이 세 주체가 실질적으로 평등하지 않다는 점에서 주체들 사이의 행위로 드러난 폭력에 대한 기준으로만 의미가 있거나 실질적으로 가장 취약한 주체의 인권을 제약하는 근거로 사용되기 쉽다.

교육받을 권리를 보장하기 위해 행하는 교육 활동이 정작 학생들의 인권을 침해한다면 그것은 교육으로 인정받기 어려울 것이기 때문입니다. 이러한 점에서, 인권의 한계가 교사가 행할 수 있는 교육의 한계가 아닐까요?[79] 교사가 아무리 교육적 목적을 가지고 한 활동이라고 해도 학생들의 인권을 침해한다면 교육이라고 주장하기 어렵다는 거죠. 교사가 준비한 수업의 내용이나 방식에 대해 학생들이 인권 침해라고 주장한다면 그것은 교권 침해가 아니라 교육다운 교육이 되기 위해 귀담아들어야 할 목소리일 것입니다.

---

[79] 정용주 씀(2012), 〈인권의 한계가 교육의 한계다〉, 《가장 인권적인, 가장 교육적인》, 교육공동체 벗.

현재, 이곳에서 교사의 역할은 무엇일까?

아무리 학교와 사회를 구조적으로 바꾸려는 노력을 한다고 해도 교사로서 고민되는 상황은 계속 발생할 것입니다. 인권을 존중해야 한다는 명제를 아무리 곱씹어도 막상 수업에 들어가면 실천하기가 쉽지 않지요. 그 상황마다의 매뉴얼은 존재하기 어렵겠지만, 다음과 같은 질문을 가지고 실마리를 찾아가는 것이 중요합니다.

첫째, 누구의 입장에서 문제가 정의되었나?

수업 중 문제 상황이 발생했을 때, 이것이 학생들의 입장에서도 문제 행동인지, 혹시 학생들의 입장에선 별 문제가 아닌데 교사만 '문제'라고 생각하는 행동인지에 대해서 생각해 볼 필요가 있습니다.

　　이 상황 자체가 정말 학생들에게도 문제적인 상황인지 생각해 보는 것입니다. 대표적인 것이 수업에 참여하지 않는 행동입니다. 솔직히 학생 입장에서 수업에 참여하지 않는 것이 문제는 아니죠. 배울 수 있는 기회와 권리를 자신의 뜻에 따라 포기한 것이니까요. 실제 많은 학생들이 수업에 참여하는 것이 자신에게 제공된 기회와 권리라고 인식하지 못합니다. 그저 꾸역꾸역 해내야 할 의무인 거죠. 이러한 상황에서 교사가 할 수 있는 것은, 교사와 학생이 만나는 이 수업 시간이 교사의 시간이기도 하지만 학생의 시간이기도 하다는 점을 설득하고, 그 시간을 의미 있게 보내자는 동의를 구해 보는 것일 겁니다. 그리고 학생 자신에게 의미 있는 시간이 되기 위해 교사가 어떻게 교육과정을 재구성하고 교수-학습 활동을 짜는 게 좋을지 함께 논의하는 과정에서 교사와 학생의 바람과 욕구가 공존할 수 있는 상황을 만드는 것이 최선일 것입니다.

　　수업 시간에 자는 행동 등 생활 습관의 경우에도 마찬가지입니다. 문제 행동의 1차적 책임은 당사자에게 있을 것입니다. 하지만 어떤 상황들은 도덕적 해이나 악덕으로만 판단하기 어렵기도 합니다. 밤에 게임을 하다 수업 시간에 자는 학생의 경우 혼을 내서 습관을 고치도록 하는 것이 전통적인 방식이었죠. 그런데 게임만 하다가 밤을 새게 되는 경우, 그 학생은 어떤 상황에 처해 있는 것일까요? 우선, 학원에서 늦게 돌아와 게임을 하는 경우가 있을 수 있죠. 이것은 휴식 시간이 적절하게 주어지지 않았기 때문에 게임이 취침 시간을 잡아먹은 거죠. 만약 저녁 시간부터 밤새도록 지속된다면 그 시간 동안 함께 대화를 나누고 시간을 보낼 만한 사람이 집에 없거나 그러한 관계가 깨진 경우겠죠. 아니면 지금과 같은 입시 경쟁 교육에서 더 이상 학교에 다니는 것에 의미를 두지 못하기 때문에 최소한 졸업을 위한 출결을 유지하는 상태일 수도 있습니다.

즉 행위는 그 이면의 다양한 상황이 빚어낸 어떤 '징후'일 가능성이 높습니다. 빙산의 일각처럼 문제 행동의 외양 뒤에는 문제를 만드는 구조가 숨어 있는 것입니다. 이런 상황에서 이 학생들이 수업에 참여하기 위해서는 '수업 시간에 자는 행위'라는 행동의 문제성을 인식하도록 돕는 일도 필요하지만 행동 뒤에 어떤 욕구가 숨어 있고, 기존의 생활 리듬과 구조 중 어느 부분이 조정되어야 하는지 접근할 수 있을 때, 비로소 학생 스스로도 변화를 모색할 수 있겠죠.

또 문제에 제대로 접근하려면 학생들과 소통이 가능해야 합니다. 그런데 학생들의 입장에서 담임 교사는 소통하고 싶은 사람일까요? 전문 상담 교사들이 학생들과 상담을 하다 보면, '담임 선생님께 말하지 말아 달라'고 이야기를 꺼내는 경우가 많다고 합니다. 이는 특별히 그 교사의 문제라기보다 담임 교사의 역할 자체가 학생의 행동을 평가하고 지적하는 데 치중해 있기 때문이죠.

상담자는 내담자를 고치려 하지 않고 스스로를 드러낼 수 있도록 내담자 스스로 문제라고 생각하는 행동을 오히려 긍정하기도 합니다. 그런데 학생들의 '이상 행동'을 1년 안에 고쳐야 한다는 의무감에 사로잡혀 있는 교사에게 학생들이 자신의 마음을 드러내는 것은 쉬운 일이 아니겠죠. '교사의 입장에서 학생들의 어떤 습관을 고칠 수 있다는 것은 가능한 일인가? 아니 바람직한 것인가?' 하는 질문을 하게 됩니다. 오히려 다음의 말이 진실에 가깝지 않을까요?

We can influence, but not control, student behavior (우리는 학생의 행동을 통제할 수 없다. 다만, 영향을 미칠 수 있을 뿐이다).[80]

둘째, 학생들의 어떤 심리적인 욕구를 바탕으로 한 것인가?

학생 입장에서도 문제 행동이라면, '어떤 심리적인 욕구를 바탕으로 이것이 표출된 것인가?'를 고민해 볼 수 있을 것입니다.

---

[80] Albert, L. & Desisto, P.(1996), *Cooperative Discipline*, American Guidance Service.

수업 시간에 자는 학생들도 저마다의 이유를 가지고 있듯이 수업 방해 행동의 배경도 다 다릅니다. 이 행동이 교사를 공격하기 위한 것인지 아니면 자신의 답답한 상황을 어찌하지 못해서 한 행동인지, 아니면 친구 사이의 갈등 관계에서 일어난 행동인지, 다각도로 이 문제 행동의 이면에 숨겨진 학생의 심리적 욕구를 파악하는 것이 필요하겠죠. 똑같이 수업에 참여하지 않는 경우에도 그 이유는 상반될 수도 있습니다.

제가 만난 학생 중 하나는 똑같은 강의를 세 번째 듣는다고 말했습니다. 즉 과잉 선행 학습이 수업에 참여하지 않는 원인이었던 것입니다. 반면 "수업 자체를 안 들은 지 3년 이상 됐어요"라고 말하는 학생도 있었습니다. 학습 부진으로 인한 단절의 시간이 이러한 상황을 만든 것입니다. 어떤 학생은 대학에 진학할 마음이 없기 때문에 수업이 필요 없다고 말하기도 했습니다. 이 학생의 경우 자신이 하고자 하는 분야가 가르치는 내용과 별 관계가 없을 때, 또는 수업 시간의 공부가 입시에만 관련이 있고 자신의 삶과 관련이 없다는 생각이 들 때 왜 수업에 참여해야 하는지 동기 부여가 되지 않았던 것입니다. 그래서 세 번째 반복하여 듣는 학생에게는 수업을 듣는 역할이 아니라 다른 학생들을 가르치는 활동을 하도록 했습니다. 수업 자체를 안 듣는 학생에게는 그 학생의 설명을 듣고 이해 가능한지 평가해 보라는 과제를 주기도 했습니다. 늘 수업을 따라오지 못하는 학생의 입장에서 잘 아는 사람의 설명을 평가하는 사람의 입장으로 위치 변화를 꾀한 거죠. 물론 그렇게 해서 모든 문제가 해결된 것은 아니지만, 학생들의 행동 뒤에 숨은 마음을 알 때, 교사 입장에서 수업의 답답함을 조금씩 해소해 나가는 방향을 찾을 수 있었습니다.

이후 문제집이나 지식 교과 위주의 수업에서 탈피하기 시작했습니다. 많은 사람들이 고등학교 3학년 수업에서는 무조건 EBS 문제집을 풀어야 한다고 생각하지만 실제로 그 문제집 풀이 수업에 참여하는 학생은 10% 이하입니다. 그래서 학생들 각자에게 자신의 진로와 연관된 책을 파악해서 책을 읽는 수업을 진행하였습니다. 대학을 가고자 하는 학생들을 위해서는 그 진로에 맞는 자기소개서에 쓸 수 있는 책을 준비하고 대학을 안 가고자 하는 학생들을 위해선 대학 진학을 안 한 학생들을 위한 에세이 또는 기술과 직업에 관련된 책을 준비했습니다. 또, 그것조차 관심 없는 학생들을 위해서 연애 인문학 책이나 공고 학생들이 학교생활에 대해서 쓴 시집을 갖다 놓고 자신과 비슷한 처지에 있는 학생들의 시를 읽고 나누는 것을 시도했습니다.

그런데, 정말 수업 시간에 내내 자던 학생이 자기의 미래를 위해서 노력하는 청춘들의 이야기를 담은 《레알 청춘》이라는 책을 2시간, 3시간에 걸쳐서 몰입하며 읽는 모습을 발견하였습니다. 어떤 학생은 독후감에서 "어떤 소설을 읽는데 그 소설이 너무 재미있어서 국어 시간이 굉장히 기다려졌다"

고 하였습니다. 사실 고3 수업에서 책을 읽힌다는 것 자체가 긴장된 시도이기도 했습니다. 그렇지만, 학생들이 각자가 처한 삶의 맥락에 따라 다른 학습에 관심이 있다는 점을 알게 되고 나서 수업 방식의 구조를 바꾼 후 학생들과 더 많은 소통을 할 수 있었습니다.

이렇게 모든 학생들이 다 문제집을 풀 필요도 능력도 안 되는 상황에서 수업 듣기를 강요하고 학생들이 자는 것에 대해 '문제 행동'으로 취급하는 것이야말로 '문제'인 것입니다. 이는 구조적인 '문제 상황'의 원인을 학생 개인의 책임으로 돌리는 거죠. 오히려 대부분의 상황에서 필요한 것은 서로 다른 처지와 욕구를 가진 학생과 교사가 공존할 수 있는 '문제화되지 않는 상황'을 만드는 것이 아닐까요?

한 학급에 있는 학생들은 각자 처해 있는 상황, 목표, 마음가짐이 다 같지 않습니다. 한 사람의 것도 시시각각 변화합니다. 학생들의 마음이나 상태의 변화를 수용하지 못하는 수업에 대해 참여할 의지를 갖지 못하는 학생들이 존재할 수밖에 없는 것이 현실입니다. 이렇게 보면 수업을 방해했다는 그 학생들이 사실은 수업에서 '방해자'가 아니라 학습권을 침해당한 '피해자'로 살아왔을 확률이 훨씬 높습니다. 앞서 언급한 '학교 와서 수업 안 들은 지 3년 되었다는 학생'은 지속적으로 자신의 학습권을 침해당했지만 오히려 계속 수업 방해자로 호명되어 왔던 거죠.

셋째, 구조적인 문제는 없는가?

해방 이후 우리나라는 분단과 전쟁, 농지 개혁 등의 영향 때문에 다른 나라에 비해 상대적으로 계급적 차이가 적고 계급 간 이동의 폭이 컸습니다. 이런 조건에서 많은 사람들이 교육이 계층의 사다리 역할을 할 수 있다는 희망을 품을 수 있었죠. 이 희망은 문맹률 0%를 이룬 교육열의 바탕이기도 했습니다. 어쨌든 출발선상의 평등을 바탕으로 앉아서 엉덩이를 오래 붙이고 있는 사람이 승리할 수 있다는 교육을 통한 성공 신화. 이것은 민주화·산업화와 함께 두터운 중산층을 만들어 냈고, 그 중산층은 입시를 통한 계층 상승 희망의 살아 있는 증거가 되었습니다. 그들이 중고생의 학부모가 된 지금 그러한 희망은 아직도 유효한 것일까요? '금수저', '흙수저'라는 말이 일상화된 현실 속에서 이러한 신화는 깨지고 있습니다. 그럼에도 불구하고 여전히 교육 정책은 '얼마나 공정한 입시 정책을 만들 것인가?', '부모의 계급이 성적을 결정하는 사교육을 어떻게 없앨 것인가?'에 초점이 맞추어져 있습니다. 그러다 보니 사교육의 영향력을 줄이기 위해 학교 공부를 중심으로 대학 입시 정책이 변화해 왔고, 이에 대한 반작용으로 전국 단위의 수능이 보다 공정하다는 주장이 득세하며 논란을 벌이는 것이 현실입니다. 이렇게 '공정성'만이 잣대인 상황에서는 학생들을 분별해 내는 데에만 집중할 뿐, 수업 시간에 무엇을 가르치고 배워야 하는지에 대한 질문은 사라집니다. 내신이 공정한 잣대라는 것을 보여 주기 위해 내신 상대 평가를 실시하면서 학교에서의 평가는 상위권 학생들을 분별해 내기 위한 문제를 내는 일이 중요해졌습니다. 예전의 학생들이 모두 시험 문제가 쉽기를 원했다면 지금의 공부를 잘하는 학생들은 시험 문제가 쉬워지면 1등급이 안 나올까 봐 불안해합니다. 그래서 수업 과정과 밀접한 관계가 없거나 지엽적인 문제도 '분별'을 위해 출제하게 됩니다. 수능 역시 마찬가지입니다. 학력고사를 대신하여 사고력을 측정하기 위해 탄생한 수능은 제한된 시간 안에 수능형 문제 풀이에 얼마나 숙달되었냐를 측정하는 것에 불과한 시험이 된 지 오래되었습니다. 학생 수의 감소로 모든 학생들이 마음만 먹으면 대학 진학이 가능한 시대가 되었지만 부모의 세대처럼 대학을 나오는 것만으로는 고용 시장에 진입하기 어렵습니다. 그나마 고용 시장에 의미 있는 '스펙'이 되는 대학에 진학하는 학생은 서울 강남 등 일부 지역을 제외한 대부분의 일반고에서는 한 반에 1~2명에 불과합니다. 따라서 공부를 열심히 해서 입시에서 좋은 성적을 거두기 위해 학교에 다닌다는 신화는 다수의 학생에게 이미 깨졌습니다. 결국 학생들이 눈을 반짝이면서 6~7시간을 조용히 수업을 듣는 그런 장면은 상상 속에서만 가능한 모습일 수 있습니다.

    사회적으로 계층 격차는 날로 심해지고 있습니다. 학생

들에게 교육을 받는 것은 권리이기도 하지만, 학벌을 통해 분배되는 노동 시장에서 견딜 만한 노동 환경으로 진입할 수 있는 '입시'라는 문을 통과하기 위해 참고 견뎌야 하는 의무이기도 합니다.

대부분의 학생들은 일찍부터 입시 교육의 압박에 시달리고, 저학년 때부터 경쟁에서 패배하여 좌절감을 겪고 있습니다. 반대로 교육과정은 학생의 발달 과정을 고려하지 않아 대부분의 학생들을 소외시키고 있죠. 사교육을 포기한 계층의 학생들은 학업 자체를 포기하고, 사교육을 붙잡고 있는 계층의 학생들은 사교육의 압박 속에서 학교 수업 시간에라도 쉼과 휴식을 확보하려 하는 상태에 놓여 있습니다.

극한직업 '학생'[81]

실제 사교육의 레이스에서 요즘 아이들은 인생이 갈라지는 시점이 초등학교 4학년 때라고 합니다. 이때부터 본격적인 학원 레이스가 시작됩니다. 이 과정에서 첫 번째 도태가 일어납니다. 처음에는 부모의 기대에 부응해 보려 하지만 아무리 노력해도 잘 되지 않고 노력의 과정 자체가 고통스럽다고 생각되는 순간, 부모의 기대를 무너뜨리는 것이 자신의 살 길이라는 것을 알게 됩니다. 이런 아이들

---

81 월간 《작은책》 2012년 11월호에 실렸던 필자의 글을 다시 싣는다.

은 초등학교 5~6학년 때부터 부모와 대립을 시작하며 비슷한 또래들과 '놀기' 시작합니다. 그렇게 부모와의 거리를 두면서 자기 또래들과 살길을 모색하지만 공부 안 하면 굶어 죽는다는 두려움을 늘 가지고 있습니다. 그래서 그러한 두려움을 이기기 위해 더 가오를 잡고 센 척하려 합니다. 그리고 다른 한편으로는 자신의 노력이 아니라 부모의 배경에 따라 자신의 삶이 결정되리라는 것을 예상하게 됩니다. 이러한 미래에 대한 불안 속에서 공부를 이어 가는 보통의 아이들도 중학교에 입학한 후 어려워진 공부에 치이고, 그나마 초등학교 때까지 부모와 학교의 기대에 부응했던 것은 자신이 뛰어나서가 아니라는 것을 알게 됩니다. 게다가 고교 입시가 다양해지면서 대부분의 학원은 특목고나 자사고 준비를 목적으로 운영됩니다. 좋은 고등학교에 가야 한다는 부모의 채근은 심해지고 스트레스도 커져만 갑니다. 진로를 선택해야 하는 중3이 되면 잘하는 것도 없고, 하고 싶은 것도 없는데 주변에서는 꿈을 가지라, 적성에 따라 고등학교를 선택하라는 압박이 심해집니다. 그런데 꿈에 대한 대우는 동등하지 않습니다. 외고나 사사고를 가서 외교관이 되겠다는 꿈은 칭찬받지만 특성화고에 가서 싱어송라이터가 되겠다는 꿈은 지지받지 못합니다. 결국 대학은 가야 하니까 특성화고에 가서 내신을 따는 게 쉬울까, 일반계고에서 입시를 준비하는 것이 쉬울까 주판알을 튕깁니다. 중3 11월이 지나며 두 번째 도태가 일어납니다. 특목고도 못 가고 특성화고도 못 가는 학생들이 더 이상 입시가 자신이 어쩔 수 있는 리그가 아니라는 것을 알게 됩니다. 고3이 아니라 중3 때 말입니다. 그래서 입시 공부와 더욱더 멀어지고 비행의 강도도 세집니다. 몇몇은 학교를 떠나기도 합니다. 이런 어영부영한 상태에서 인문계 고등학교에 진학합니다. 특목고나 자사고는 떨어졌지만 공부 못하는 애들이 모인 인문계 학교에서 내신을 따겠다는 전략을 갖고 온 다섯 명 정도의 아이들과 첫 번째, 두 번째 과정에서 도태된, 실제 많은 영역에서 학업 결손이 있는 대다수의 학생들이 한 교실에서 공부합니다. 그런 가운데 인문계 고등학교라는 특성에 따라 입시 위주의 수업이 이루어집니다. 학습 결손이 심한 대부분의 아이들은 집중하지 못하고 자기 시작합니다. 의무교육인 중학교 때까지는 떠들기라도 했지만 고등학교는 잘릴 수도 있으므로 그냥 자는 걸로 그 시간을 때웁니다. 내신을 따서 대학을 가겠다는 다섯 명 정도의 아이들은 자신의 내신 성적을 받쳐 주는 다른 아이들을 보며 열심히 필기를 합니다. 그런데 요즘엔 학종이다 뭐다 해서 공부만 할 수도 없습니다. 괜찮은 스펙이 될 만한 대회나 봉사 활동, 체험 프로그램이 있는지 게시판을 유심히 보아야 합니다. 하지만 대부분은 참가비가 있습니다. 참가했다가 상도 못 타면 돈만 쓰는 꼴입니다. 스펙이 되는 체험 활동이 무엇인지는 학원에서 잘 가르쳐 주는데 내가 다니는 보습 학원은 아무래도 정보력이 떨어지는 것 같습니다. 내신이 나온다 해도 수능으로 최저 등급을 맞추지 않으면 '좋은 대학'을 가기 어렵습니다. 만에 하나 들어간다 해도 취직이 어렵다니 마음이 무겁습니다. 그러다 어영부영 고3이 됩니다. 고3 3~4월에는 누구나 숨소리도 내지 않고 열심히 공부합니다. 도태되었던 아이들도 마지막 승부를 걸어 보는 것입니다. 그러나 3월 모의고사, 6월 모의고사를 거치면 사람들이 이름을 아는 대학에 죽어도 갈 수 없다는 사실을 깨닫게 됩니다. 전문대조차 2학년 때 내신이 좋지 않으면 갈 수 없다는 것도 알게 됩니다. 모두가 가장 공부를 열심히 할 것이라는 고3 때, 대다수의 학생들은 교실에서 시간을 죽이며 보냅니다.

이러한 사회 시스템 속에 놓인 학생들의 내면을 외면한 채, 겉으로 드러난 학생의 행동만을 벌하는 방식으로 교육이 가능할까요? 어찌 보면 이러한 구조적 모순 속에서 학생들이 어떤 내면을 갖게 되는지 살피고 함께 해결책을 찾는 것이 필요한 것은 아닐까요?

넷째, 어떻게 교육과정 내 쉼과 회복을 가능하게 할 것인가?

문제화되지 않는 상황이란 다양한 학생들이 자기 속도와 필요에 맞는 학습 스타일을 가지고 공부를 해도 수업에 크게 방해가 되지 않는 상황을 뜻합니다. 그러나, 학교에서의 일과는 50분 수업과 10분 휴식이라는 빡빡한 시간표로 진행됩니다. 이러한 상황에서는 집중력이나 학습 습관의 차이, 즉 활동을 통해 더 잘 배우는 학생과 텍스트를 통해 더 잘 배우는 학생, 대화를 통해 배우는 학생과 혼자 더 잘 배우는 학생의 차이를 존중하기 어렵습니다. 소설 읽기 수업을 하다 보면, 마침 소설을 굉장히 흥미롭게 읽기 시작했는데 종이 치면 갑자기 읽기를 멈춰야 하거나 쉬는 시간에 한창 이야기를 하다 종이 치면 다시 책을 들어야 하는 상황이 벌어지죠. 이렇듯 학생들의 배움의 리듬과 수업의 리듬이 어긋나면서 수업이 분절적으로 이루어질 때 학생들의 주의력은 오히려 산만해질 수도 있는 것입니다. 이것은 단순히 시간의 운영뿐만 아니라 수업 방식 자체와도 연관이 있습니다. 각각의 집중력에 차이가 있는 상황에서 집중력이 높은 학생을 기준으로 수업을 하다 보면 집중력이 짧은 학생들은 또 다른 소외를 경험합니다. 오히려 참여형 수업이나 협력 수업으로 진행할 때 오랜 시간 집중할 수 있는 학생들과 그렇지 않은 학생들이 대화하면서 집중력이 회복될 여지가 생기고, 서로의 차이와 다른 습관들을 이해하고 협력할 수 있는 여유가 생기죠. 그런데, 일제식 수업에서는 이러한 쉼과 회복이 구조적으로 보장되지 않기 때문에 학생들 각자가 처한 상황이 '문제화되기'가 더 쉬운 것입니다. 이런 과정에서 배제된 학생들은 수업에서 이탈하고, 그 시간을 견디기 위해 휴대전화를 몰래 보거나 친구들과 딴짓을 하죠. 이것이 학교에서는 '문제 행동'이라고 불리는 상황이 됩니다. 이러한 상황에 어떤 벌을 내릴까가 아니라, 서로의 속도와 흥미가 다른 학생들이 섞여서 협력하는 상황을 어떻게 만들고 그 속에서 배움을 이어 나가는 흐름을 어떤 방식으로 만들어 낼까를 고민해야겠죠. 수업에서 교사의 역할은 활동을 통해 개념을 깨닫게 하는 것입니다. 되도록 일방적으로 들어야만 하는 시간을 최소한으로 줄이고 학생 스스로 활동을 할 수 있을 때, 학생 자신도 스스로의 상태를 조절할 여지가 생기니까요. 그러한 과정에서 화장실에 가거나 떠드는 상황 등이 문제로 도드라지지 않는 상황이 되기도 하고요. 또, 어찌 보면 학생들이 휴대전화를 보는 것은 일정 부분 수업을 자지 않고 듣기 위해 하는 몸부림이라고 느껴질 때도 있습니다(저도 교육청 의무 연수에 가서 휴대전화 덕분에 그 시간을 버티는 경우도 많으니까요). 그래서 적극적으로 모둠마다 휴대전화로 모르는 단어도 찾고 세상의 소식도 전해주는 '소통맨'을 두기도 합니다. 수업에 참여하기 위해 휴대전화를 사용하는 학생들에게 참여의 문을 연다는 차원이죠.

다섯째, 어떻게 학생들로 하여금 소속감과 기여감을 갖게 할 것인가?

'어떻게 하면 학생들이 교실과 학교를 내가 망치고 싶은 공간이 아니라 내가 포함돼 있고 소속되어 있는 공간으로 인지할 수 있을 것인가?'라는 고민 역시 필요합니다.

'자기가 소속된 공간인가, 소속되어 있지 않은 공간인가?'는 개인이 이 공간에서 어떤 행동을 선택하는가에 중요한 바로미터가 됩니다. 자신이 소속감을 가지고 있고 '지키고 싶은 공간'일 때 파괴적인 행동을 자제하기 때문입니다. 학생들이 이 공간을 자기가 소속된 공간으로 인지하게 하는 것, 더 나아가 공간의 주체가 되는 것, 이것이 문제 행동으로부터 자유로울 수 있는 열쇠인 거죠. 이렇게 볼 때, 학생들이 '자신이 배우고 싶은 것을, 배우고 싶은 방식으로, 배우고 싶은 만큼 배울 수 있을 때' 수업 방해자가 아니라 교육의 주체가 될 수 있습니다. 이를 위해서는 이 공간에서는 '늘 존중받기 때문에 자신감 있게 말할 수 있다'라는 느낌을 주는 것이 필요합니다. 그래야 '나도 여기에서 뭔가 해 볼까' 하는 공동체에 기여하고 싶은 마음이 생길 테니까요. 또, 그것이 가능하게 하기 위해 수업과 교육과정을 바꿔 내는 방법이 무엇일까에 대한 질문도 필요하겠죠. 1부에서 언급한 것처럼 저는 학생들이 수업에서 느낀 점과 개선되어야 할 점을 '수업일기'라는 이름으로 돌아가면서 쓰고 발표하도록 하는데요. 수업일기를 그 다음 시간에 읽어서 수업에서 느낀 점을 공론화하는 과정을 통해 "여러분들의 의견 하나하나가 이 수업이 이어지는 데 굉장히 중요한 힘"이라는 점을 전달하는 것에 그 목표를 두고 있습니다.

학생들 반응에 관계없이 수업 진도를 뺄 때 학생들도 교사가 자신들을 투명인간 취급한다고 느낄 수 있습니다. 학생들이 스스로 교사의 수업이라는 연극이나 영화를 구경하는 관객에 지나지 않는다고 생각하고, 작품이 자신과 안 맞을 때 나가거나 자는 것을 관객이 할 수 있는 당연한 선택으로 여길 수도 있죠.

따라서 학생들이 이 수업의 중요한 참여자라는 메시지를 주기 위해 문제 상황으로 이어지지 않도록 의도적으로 눈감아 주기, 격려하기, 출구 전략 마련하기 등 적절한 수업 구조를 만들어 내는 것도 필요할 것입니다. 단순하게 말하면,

학생들의 일거수일투족을 감시하며 매순간 교사에게 집중하도록 요구하는 것을 포기하고 까뮈가 《이방인》에서 말한 '다정한 무관심'[82]을 보여 주는 거죠. 자는 듯, 딴짓하는 듯, 휴대 전화만 들여다보는 듯 보여도 수업의 흐름을 함께 타고 있는지, 그 흐름 속에서 호흡하고 있는지 중간중간 안부를 물으며 우리가 이 시간 속에 '함께 존재하고 있음'을 느끼는 거죠.

분명 이 방법은 입시 교육의 틀에 갇혀 있는 학교 교육과정에서 실현되기 어려운 한계를 가지고 있습니다. 특히 '배우고 싶은 것'을 '배우고 싶은 만큼' 결정할 권한이 학생들, 심지어 교사에게도 없으니까요. 수업을 둘러싼 학생과 교사의 대립처럼 보이는 현상의 배후에는 교육의 주체라고 불리면서도 정작 그 내용이나 방식을 결정하는 데에서 학생이 배제되어 있다는 현실이 있습니다. 이를 위해 제도적으로 학생의 발언권을 어떻게 높일 것인가에 대한 고민도 필요합니다.

학교라는 공간에서 적대적인 행동을 보이는 학생들 대

---

[82] "알베르 카뮈의 소설 《이방인》에 등장하는 뫼르소는 세상의 문법을 거부하는 존재다. 그는 세상이 자신에게 보내는 어설픈 관심에 염증을 느낀다. 그래서 그는 세상의 문법으로 개인을 재단하는 것을 거부한다. 뫼르소는 어설픈 관심으로 섣부른 동정이나 이해를 비치는 대신, 다정한 무관심으로 개개인의 삶을 존중하려 한다. '다정한 무관심'은 수치나 통계로 개인을 묶어 버리는 대신, 개개인의 발화를 들을 준비가 되어 있다는 뫼르소의 선언이기도 하다."
이기쁨, "다정한 무관심, 소수자를 바라보는 방식에 대하여", 〈뉴스민〉, 2018년 7월 9일.

부분은 학교나 가정에서 신뢰할 만한 어른을 만나 본 적이 없는 경우가 많습니다. 모두가 당연히 가장 사랑해 줄 것이라고 기대하는 부모로부터 상처를 받거나, 가장 처음 만난 사회적 공간인 학교에서 존중이 아니라 수치심을 경험했던 거죠. 이런 경험을 한 학생들은 다시 그러한 상처를 받지 않기 위해서라도 적대적으로 행동할 수밖에 없습니다. 반대로, 그 과정에서 이미 학습된 무기력과 학습 결손 때문에 뭔가 노력하는 것조차 낯설게 여기는 학생들도 많습니다. '아무것도 하지 않고 가만히 있는 게 가장 안전하다'는 깨달음을 얻은 경우이죠.

이러한 상황에서 학교가 요구하는 것만큼 수행하지 못할 때 어떤 징계를 내릴 것인가가 아니라 마음속에 자리 잡은 무기력과 불신에 대해 '교육'의 이름으로 무엇을 제공할 수 있을 것인가의 질문에 부딪히게 됩니다. 이러한 질문에 답을 구하다 보니, 학생을 볼 때 ― 타인의 인권을 침해하는 것이 아니라면 ― 때로는 의도적으로 눈감고, 정말 아니라는 생각이 들어도 존중하며, 피할 수 없는 갈등이 격화되기 전에 출구 전략을 마련하는 것에 집중할 수 있게 되었습니다.

그리고 학생의 행동을 문제 삼기보다 오히려 학교 안팎으로 날로 처참해지고 있는 교육, 사회 상황을 바꿔 내기 위해 노력하는 것이 학생의 문제에 접근할 수 있는 실천이 아닐까하는 고민이 깊어지게 되었습니다.

가장 좋은 범죄 예방 정책은 징벌이 아니라 모든 사람들이 인간다운 삶의 감각을 회복할 수 있도록 하는 사회 정책이라고 합니다. 감옥이나 치안 인력을 늘릴 때보다 사회의 구성원으로 자리 잡을 수 있는 양질의 일자리와 삶을 포기하지 않도록 만드는 복지 정책이 있을 때 범죄율이 줄어든다는 거죠.

그렇다면 가장 좋은 '문제 행동'에 대한 대책은 가장 좋은 교육과 사회를 만드는 것이 아닐까요?

학생과의 만남이 미끄러질 때, 마음을 돌아보는 질문

첫째, 누구의 입장에서 문제가 정의되었나?
학생들 입장에서도 이것이 문제인가?
둘째, 학생들의 어떤 심리적인 욕구를 바탕으로 한
행동인가? 어떤 바람을 표현한 신호인가?
셋째, 구조적인 문제(수업의 구조, 학교의 구조,
사회의 구조)는 없는가?
넷째, 어떻게 교육과정 내 쉼과 회복을 가능하게
할 것인가?
다섯째, 어떻게 학생들로 하여금 소속감과 기여감을
갖게 할 것인가?
마지막, 나는 학생을 바꾸려고 하는 만큼 세상과
교육을 바꾸려고 노력하고 있는가?

Q&A

교육에 품었던 이상이
내 교실에 녹아들지 않아요

 정 선생님

원칙적으로 옳다고 생각하는 방향과 수업 상황에서 실제로 하게 되는 행동이 다른 것 같아요. 학생들을 인권 친화적으로 대하려고 노력하지만, 막상 실제 상황에서는 말 한 마디 한 마디 골라서 하는 게 아니라 튀어나오게 되죠. 수업이 유달리 어려운 반이 있어서 학생들과 무엇이 문제인지 터놓고 이야기하는 시간을 갖는 등 여러 방법을 시도해 봤지만 나아지지 않았어요. 오늘은 삐져서 학생들 눈을 마주치지 않고 혼자서만 말하다 나왔습니다. 한 발짝 거리를 두고 상황을 생각하면 어떤 방법으로 말해야겠다는 생각이 들지만, 막상 교실로 돌아가면 잘 되지 않는 것 같아요.

조영선

선생님, 학생들과의 만남에서 마음을 많이 다치셨군요. 저도 일상적으로

많이 부딪히는 상황입니다. 저는 인권적으로 학생을 대하려고
노력한다는 것이 무결점으로 학생을 대하는 것은 아니라고 생각해요.
일상을 살아가는 학생과의 관계에서 불가능한 일이기도 하고요.
오히려 '튀어나온 말'에 대해서 '아니다' 싶을 때 사과할 줄 아는 것이
중요한 것 같아요. 너무 많이 화가 나서 선생님이 실수했다고 인정하는
거죠. 그랬을 때, 학생들도 선생님의 상태를 알게 되고 '뭔가 노력해야
하나?' 하는 메시지를 받을 수도 있어요. 터놓고 이야기하는 시간을
가지셨는데도 나아지지 않으셨다고 했는데 사실 수업에 대한 기대치가
서로 다른 상황에서 한 번 터놓고 이야기한다고 해서 상황 자체가 크게
달라지지는 않는 것 같아요. 다만, 학생들에게 그래도 '이 선생님은
윽박지르지 않고, 함께 해결책을 모색해 보려고 하는 선생님이구나'라는
느낌을 주게 되겠죠. 이때 받은 느낌은 진심으로 학생들이 교사의
도움을 필요로 할 때 선생님께 마음을 여는 계기로 작용할 수도
있습니다. 다만, '나아지는 상황'에 대한 기준이 학생과 교사 간에 다를
수도 있겠다는 생각이 드네요. 수업 자체에 학생들이 별 관심을 갖지
않는 상황에서 아무리 '나아지고 싶다'는 생각을 한다고 하더라도
크게 달라지지 않은 모습으로 보일 수도 있거든요. 어쨌든 학생들은
선생님이 학생들과 소통하려고 노력하는 모습을 기억한다는 사실은
잊지 않으셨으면 좋겠습니다. 그리고 학생들과 눈을 맞추기 싫을
정도로 선생님의 마음이 안 좋다면 그 부분은 학생들에게 드러내고
얘기해 보는 것은 어떨까요? 분명히 선생님의 수업을 귀담아듣는
학생들이 있고, 그렇지 못한 학생들이 있을 것입니다. 특별히 협조를
안 하는 학생들과 개별적인 대화를 나눠 보는 것도 한 방법일 것 같아요.
목표는 선생님께서 다음과 같은 메시지를 전달하는 거죠. "이 공간에서
너를 투명인간으로 취급하고 싶지 않고, 너도 나를 그렇게 취급하지는
않았으면 좋겠다. 네가 의견을 준다면 네가 참여하기 쉽게 수업 내용과
방식을 조정해 보고 싶다." 이런 대화를 하는 과정에서 학생의 행동이

눈에 띄게 변화하지 않더라도, 학생들이 선생님과 함께하는
이 공간에서 중요한 사람으로 인정받고 있다는 느낌을 받는 것이
중요할 것 같습니다.

 장 선생님

올해부터 18세에게 선거권이 부여되는데요. 교육청에서는 선거교육을
하라면서 한쪽으로는 모의 선거 등은 하지도 말라고 합니다.
예상하건대 매뉴얼에는 투표 용지 그림이 나오고 어떻게 찍는지만
알려 주라고 할 것 같아서 답답합니다. 뭔가 민주시민교육을 할 좋은
기회인 것 같은데 제가 뭘 할 수 있을까요?

조영선

18세 선거권의 시대에 대한 기대감을 갖는 선생님의 태도에서 청소년
유권자에 대한 신뢰가 느껴지네요. 저도 비슷한 기대를 가지고
이런저런 생각을 해 봤는데요. 제가 생각할 때, 18세 선거권의 가장
중요한 핵심은 세상에 대한 룰을 만드는 정치에 내가 개입할 수 있다는
것 같아요. 사실 지금까지 우리는 법이라는 게 누가 언제 만들었는지도
모른 채 지켜야 한다고만 배웠잖아요. 그런데 그렇게 삶의 중요한
부분을 결정하는 정치에 우리가 참여할 수 있다는 게 가장 중요한
메시지라고 생각해요. 그래야 이미 정해진 부당한 제도에 대해서도

받아들이지 않을 수 있는 힘이 생길 테니까요. 그러한 면에서 내 삶이 정치랑 연결되어 있다, 내가 살면서 문제라고 생각하는 것을 정치에 참여해서 해결할 수 있다는 것을 공유하는 것이 가장 중요하다고 생각해요. 저는 올 한 해 동안 수업마다 한 명씩 자신이 해결하고 싶은 삶의 문제가 어떤 사회 문제와 연관이 있다고 생각하고, 그것을 어떻게 정책으로 요구할 것인가를 글로 쓰고 발표하도록 할까 생각 중이에요. 예를 들어 불합리한 입시 제도라고 하면 그것을 어떻게 해결하고 싶은지 물어보고, 법으로는 어떻게 실현할 수 있을지 얘기하는 시간을 갖는 거죠. 그래야 나의 삶-사회 문제-법이 어떻게 연관되는지 알 수 있겠죠. 그리고, 부당한 법이 학생들의 삶을 모욕한다면 그것을 없애거나 고치라고 하는 것이 정치라는 것을 알려 주고 싶어요. 유권자가 된다는 것은 어디를 찍을까를 결정하기 전에 정치인들이 나의 목소리를 들어야 하는 위치에 있다는 것, 내가 정치인을 만드는 주인이라는 주권자로서의 위치를 깨닫는 것이라고 생각해요. 그래야 권력자들은 국민이 만든다는 걸 잊지 않을 수 있을 테니까요. 누군가를 당선시키기도 하고 탄핵시키기도 하는, 권력을 만드는 사람이 국민이라는 걸 알면, 세상에 적응하기 위해 권력에 잘 보이는 데 덜 애써도 되겠죠. 저는 사람들이 자기 자신으로 살아갈 수 있도록 지지하는 사회와 세상을 만드는 방법을 가르치는 게 민주시민교육이라고 생각해요.

맺는 글

18세 선거권의 시대, 학생인권 보장이 선거교육이다

18세로 선거 연령이 하향된 2020년, 많은 사람들은 학생들이 갑작스런 투표권 보장에 당황할 것이라고 걱정합니다. 학생들이 정당의 정책이나 사회 문제에 대해 침묵하며 교칙을 어기고 장난치는 데 골몰하는 장면만을 봐 왔던 사람들에게 청소년이 정치에 참여하는 풍경이 잘 상상이 되지 않는 거죠.

한편에서는 민주시민교육이 강화되어야 한다고 합니다. 입시 위주의 교육 환경에서 민주시민교육의 필요성을 얘기하는 것은 환영할 만한 일이지만, 민주 시민 의식을 '교육'한다는 것은 어떤 의미일까요? 민주 시민 의식은 민주시민교육 교재를 새로 만들어 보급하고, 수업을 편성한다고 해서 길러지는 것일까요?

학교 밖을 나가면 학생들은 적극적으로 사회 문제에 대해 이야기합니다. 학생들이 관심이 없어서가 아니라 학교에서 '말할 권리'가 없었기 때문이죠. 학생인권조례가 만들어지고 학생들이 겪는 여러 인권 문제가 공론화될 수 있었던 이유는 학생들이 "그냥 참고 넘어가", "그럴 시간에 공부나 해", "학교가 그렇게 싫으면 다니지 마" 등의 말들을 견디며 인권 침해를 증언하고, 실태 조사를 통해 문제를 밝히고, 국가인권위원회를 통해 진정했기 때문입니다.

학생들이 18세 선거권을 획득할 수 있었던 것도 그러한 대접을 받으면서도 현실의 불의를 참을 수 없었던 학생의 용기와 노력으로 가능한 것이었습니다. 학생인권조례는 이것을 제도화하여 누구라도 온전한 개인으로 인정받고, 입이 트이는 환경을 만드는 거죠. 학생인권조례는 학생인권의 끝이 아니라 아주 기본적인 시작점인 것입니다. 이러한 토대 위에서 학생자치나 학내 언론을 통해 자신이 겪고 있는 문제를 공론화하며 그러한 문제의식이 정책으로 반영될 수 있는 통로를 만든 것입니다. 청소년이 국민의 한 사람으로서 청와대 국민청원을 할 수 있는 것처럼 학생도 학교 게시판에 대자보를 붙이고 서명도 받는 등의 기회가 보장될 때 민주주의를 배울 수 있겠죠. 청소년 유권자들이 참여하는 첫 선거가 입법 기관인 국회의원 선거라는 것도 주목해야 할 지점입니다. 지금까지 학생들에게 법은 국민이 합의하여 만든 약속이라기보다는 언제, 왜 만들어졌는지 모르지만 꼭 지켜야 하는 것이었기 때문입니다. 교칙 역시 이러한 법의 일부였죠. 하지만, 법을 만드는 국회의원을 국민의 손으로 뽑는다는 것은 법을 만들 수도 바꿀 수도 있다는 것을 배우는 것입니다. 더불어 학교의 교칙도 자신들의 인권을 보장하기 위해 필요한 내용을 만들 수도 있고, 바꿀 수도 있다는 것을 배우게 될 것입니다. 교칙이라는 것이 학교가 학생들에게 강요하는 것이 아니라 자신의 인권을 보장받기 위해서도 필요하다는 것을 깨달을 수 있겠죠. 이것이 가능하기 위해서는 학교 밖에서 국민으로 보장받는 인권의 원칙과 학교 안의 인권의 원칙이 일치해야 합니다. 이러한 과정에서 교칙을 무시하던 학생들도 교칙을 존중하게 될 것입니다. 교칙이 단순히 학교 안에서만 통용되는 이상한 규칙이 아니라 이 사회를 살아가는 데 꼭 필요한 규칙이라는 것을 인정할 수 있다면 규범으로서의 권위가 살아날 수 있을 테니까요. 또 '김용균법', '유찬이법' 등 어떤 문제가 생겼을 때 재발하지 않도록 법을 만들 수 있듯이, 학교에서도 학생들의 인권이 침해되었을 때 이것을 억울한 기억으로 남겨 두지 않고 공동체 안에서 '공론화'하여 법으로 만들 수 있다는 것을 배우는 것입니다. 이를 통해 문제가 일어났을 때 외면하지 않고 해결에 나서는 데 주저하지 않을 때 이 사회가 나아질 수 있다는 것을 경험함으로써 민주주의를 배울 수 있을 것입니다. 이렇게 볼 때 학생들에게 가장 필요한 민주시민교육은 학교 안팎에서 학생을 시민으로 대접하는 것입니다. 학생인권조례에서 열거한 권리들은 학교 안이든 밖이든 나와 타인의 인권이 존중받기 위해서 필요한 안전판이자, 시민으로서 사회에 참여하기 위한 최소한의 지지대인 거죠. 이러한 면에서 현재의 학생인권조례는 고정 불변의 법이 아닙니다. 앞으로는 당대의 학생들이 자신이 경험하는 인권 침해를 바탕으로 권리의 목록을 새로 만들고, 이를 실현하기 위해 조례의 내용을 고치고 새로 만들 것입니다.

2020년 청소년 유권자 시대를 맞이하여 민주시민교육은 학생들이 교육의 이름으로 행해졌던 비인권적인 굴레에서 벗어나 스스로 '자신이 받고 싶은 교육과 살고 싶은 사회를 만들어 갈 수 있도록 학생인권의 기본 토대를 마련하는 것'에서 시작되어야 할 것입니다.

부록

학생인권조례, 함께 읽기

학생인권조례, 읽어 보셨나요?

학생인권조례가 만들어진 지 10년이나 되었지만, 어떤 내용이 있는지는 잘 알려지지 않았습니다. 학생인권조례를 읽어 봤냐는 질문을 하면 자신 있게 대답하는 사람도 많지 않습니다. 법이라는 것이 잘 읽히지 않으려니와 이러한 것들이 보장되면 교육 현장에서 무엇이 달라질 수 있는지 잘 상상이 되지 않는 것이 현실이죠.

하지만 학생인권조례는 학교 내에서는 인권교육과 자치를 활성화하고, 교육청 단위에서는 정책적으로 교육감에게 학생인권 보장의 의무를 부여하고, 학생인권 보장의 체계가 작동할 수 있는 기관을 설치하도록 설계되어 있습니다. 이러한 것이 가능하도록 조례에 어떻게 구체적으로 규정되어 있는지 함께 읽어 보시죠.

* 이 글은 2012년 공포된 〈서울 학생인권조례〉의 내용을 바탕으로 가상의 질문과 답변을 구성한 것입니다.

서울 학생인권조례의 구성

제1장 총칙

제2장 학생인권

　　　　제1절 차별받지 않을 권리

　　　　제2절 폭력 및 위험으로부터의 자유

　　　　제3절 교육에 관한 권리

　　　　제4절 사생활의 비밀과 자유 및 정보의 권리

　　　　제5절 양심·종교의 자유 및 표현의 자유

　　　　제6절 자치 및 참여의 권리

　　　　제7절 복지에 관한 권리

　　　　제8절 징계 등 절차에서의 권리

　　　　제9절 권리 침해로부터 보호받을 권리

　　　　제10절 소수자 학생의 권리 보장

제3장 학생인권 증진을 위한 체계

　　　　제1절 학생인권교육과 홍보

　　　　제2절 학생인권위원회와 학생참여단

　　　　제3절 학생인권옹호관

　　　　제4절 학생인권교육센터와 학생인권영향평가

　　　　제5절 학생인권종합계획

제4장 학생인권 침해에 대한 구제

제5장 보칙

학생인권조례의 '총칙' 안 읽어도 되겠죠?

사실 법 조문의 '총칙'을 읽는 사람은 많지 않은데요. 써먹을 수 있는 구체적인 조항이 아니라 뻔한 내용이 있을 거라고 예상하기 때문이겠죠. 하지만, 학생인권조례의 '총칙'은 꼭 읽어 볼 필요가 있습니다.

학생인권조례를 한마디로 설명한다면, 모든 학생들이 학교에서 인간다운 대접을 받고, 그 자신도 다른 존재를 인간답게 대접하고 있는지 질문하는 것이라고 할 수 있습니다. 총칙에서는 학생인권 보장의 원칙과 법적 근거 ― 상위법과 국제 협약에서 규정한 학생인권 존중의 의무를 구체화하는 법규임 ― 를 밝히고 있습니다.

"〈대한민국헌법〉, 〈교육기본법〉 제12조 및 제13조, 〈초·중등교육법〉 제18조의4 및 〈유엔 아동의 권리에 관한 협약〉에 근거하여 학생의 인권을 보장함으로써 모든 학생의 인간으로서의 존엄과 가치를 실현하며 자유롭고 행복한 삶을 이루어 나갈 수 있도록 하는 것을 목적으로 한다."

한때 〈초·중등교육법〉 시행령 중 학교 규칙 기재 사항을 담은 제9조 1항과 충돌해 무효라는 소송이 제기되었지만 모두 패소로 끝나고, 2019년 교육부는 시행령을 개정하겠다고 발표했습니다. 가장 최근에 있었던 소송은 '혐오 표현 금지' 내용에 대해 동성애를 조장한다는 헌법 소원이었는데요. 이 역시 모든 국민이 차별받아서는 안 된다는 헌법의 정신에 부합한다는 합헌 판결을 받았습니다. 이렇게 학생인권조례는 상위법과 충돌하는 것이 아니라 상위법에서 규정한 학생인권 보장의 의무를 구체화한 것입니다.

무엇보다도 "학생인권은 학교생활에서 최우선적으로 그리고 최대한 보장되어야" 하며 "조례에 열거되지 않았다는 이유로 경시되어서는 아니 된다"는 학생인권 보장의 원칙에 대해서도 천명하고 있습니다. 따라서

조례에 없는 내용이라고 해도 학생인권 침해라는 의심이 들면, 그 감각을 믿고 방법을 찾아볼 필요가 있습니다. 이렇게 총칙에 학생인권조례의 근거가 되는 내용들이 풍부하게 포함되어 있으니, 꼭 읽어 봐야겠죠?

> 학생인권조례 때문에 교사가 학생·학부모 민원에 시달린다던데요?

학생인권조례가 없다면 민원이 사그라들까요? 오히려 기존 관행과 법적 기준 사이에 충돌이 일어나 더 큰 갈등으로 번질 수도 있습니다.

예를 들어 법률에서는 시민의 소지품을 압수하거나 수색할 때에는 영장이 있을 때에만 가능하도록 하고 있습니다. 압수·수색 영장은 범죄의 혐의가 있고 압수·수색의 필요성과 사건과의 관련성이 인정될 때에만 발급됩니다. 시민의 사생활을 보호하기 위해 기준과 절차를 마련한 것입니다. 이런 법률에 비추어 보면 관행적으로 해 온 학생에 대한 소지품 검사, 압수가 불법으로 간주될 수 있습니다.

학생인권조례는 안전을 위해 긴급한 경우가 아니라면 학생의 동의 없이 소지품을 검사하거나 압수할 수 없으며, 불가피하게 검사를 할 때에도 목적물을 소지하고 있을 것이라는 합리적 의심이 없는 학생을 대상으로 해서는 안 된다고 명시하고 있습니다. 법률이 학교에도 적용될 수 있도록 최소한의 가이드라인을 제시한 것입니다. 학생들의 인권 의식이 확대되고 있는 상황에서 학교 내 규범이 법적 권위를 확보하기 위해서라도 학생인권조례가 필요합니다.

> 두발 자유 외에 학생인권조례에 보장된 학생인권에는 어떤 내용이 있나요?

2장에는 학생이라면 보장받아야 할 권리의 내용이 정리되어 있는데요.

제2장 학생인권
  제1절 차별받지 않을 권리
  제2절 폭력 및 위험으로부터의 자유
  제3절 교육에 관한 권리
  제4절 사생활의 비밀과 자유 및 정보의 권리
  제5절 양심·종교의 자유 및 표현의 자유

그간 학생들에 대한 통제가 교육의 이름으로 이루어져 왔기 때문에 어떤 것이 인권 침해인지 구체적으로 밝혀야 할 필요가 있는 영역들이죠. 그래서 이러한 관행에 대해 학생의 인권을 보장하는 방향으로 변화할 수 있도록 권고하는 내용을 담은 것입니다. 1절부터 5절까지에는 학생들이 가장 관심을 가지는 두발·복장에 관한 권리와 휴대전화 사용에 관한 권리를 비롯하여 체벌 금지 조항이 들어가 있습니다. 또, 학교가 야간 자율 학습을 강제하지 못하도록 명시하고, 종교계 학교에서도 종교 수업 외에 대체 수업을 마련하여 학생들이 양심과 종교의 자유를 보장하도록 명시하고 있습니다.

학생인권조례에 반대하는 사람들이 많은 관심을 가지는 차별 금지 사유도 1절 차별받지 않을 권리에 포함되어 있습니다.

"학생은 성별, 종교, 나이, 사회적 신분, 출신 지역, 출신 국가, 출신 민족, 언어, 장애, 용모 등 신체조건, 임신 또는 출산, 가족 형태 또는 가족 상황, 인종, 경제적 지위, 피부색, 사상 또는 정치적 의견, 성적 지향, 성별 정체성, 병력, 징계, 성적 등을 이유로 차별받지 않을 권리를 가진다."
이 부분은 왜곡된 인식과 소문을 바탕으로 끊임없이 공격받고 있지만, 학생의 입장에서는 가장 중요한 부분이기도 합니다. 누구나 어떤 공간에서 주체로 인정받기 위해 가장 중요한 것은 그 존재 자체로 인정받는 것이기 때문입니다. 자신이 어떤 정체성을 가지고 있든 인간적인 모멸감을 느낄 대접을 받지 않을 수 있다는 것은 주체로서 굉장히 중요한 안전판입니다.

2절은 체벌을 포함하여 모든 폭력이 금지되어야 한다는 점을 명시하고 있습니다. 학생인권조례 이전에도 학생 간 폭력이 금지되었다는 점을 상기한다면 체벌 금지가 포함된 것은 특정 주체에게 허용되었던 폭력적 수단이 누가 누구에게 하는지에 관계없이 금지되었다는 점에서 의의가 있습니다. 이것은 학생이 어떤 말을 하든 적어도 맞지 않을 수 있다는 점에서 가장 기본적인 안전과 의사 표현의 자유를 보장하는 조항입니다. 기본적으로 신체의 자유와 연관된 두발·복장 규제 역시 마찬가지입니다. 옷을 어떻게 입든, 머리 모양을 어떻게 하든 적어도 자신의 신체와 밀접하게 관련된 부분에 대해 간섭받지 않는 것이 의견을 표현할 수 있는 최소한의 토대가 되죠.

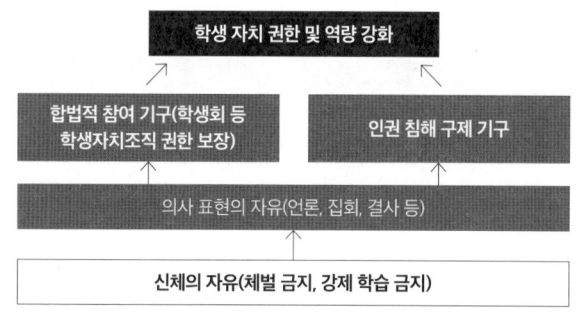

이렇듯 학생인권조례는 학생을 온전한 개인으로 존중하는 토대 위에서 의사 표현의 자유를 보장하고 있습니다. 이를 통해 학생들은 다양한 수단을 통해 자신의 의사를 표현하고, 서명이나 설문 조사를 통해 학생들의 의견을 모을 수 있죠. 이것은 참여권과도 연결되어 있습니다. 서명 운동이나 설문 조사 등을 통해 모아진 의견이 학교로 전달된다면 개인의 의견이 아니라 학생들 전체의 의견으로 반영될 확률이 높아지겠죠. 또, 교지 등 학생 언론 활동, 학교 홈페이지 등을 통한 언론의 자유 또한 보장되어 있습니다. 이것은 학교의 인권 침해나 부당한 관행에 공식적으로 문제를 제기하는 창구가 될 수 있습니다. 이러한 면에서 학생들이 학교에 공식적으로 쓴 글을 허위 사실 등의 명확한 이유 없이 고치거나 지울 것을 요구한다면 이것 자체로 학생인권 침해에 해당된다는 것을 학교에 알려야 합니다. 그야말로 학교의 문제를 학교 내에서 제기하여 자체적으로 해결하고자 하는 노력을 억압하는 것이니까요. 이렇듯 학생인권조례는 학생들 개개인의 신체의 자유 보장을 통해 표현의 자유를 촉진하고, 이런 과정을 통해 학생들이 학교 운영에 참여하고, 학교에서 일어난 문제를 해결하는 데 주체적으로 참여할 수 있는 구조를 만드는 마중물 역할을 한다고 볼 수 있습니다.

교사, 학생, 학부모가 합의한 경우, 학생인권조례에 보장된 자유권을 침해해도 되나요?

학생인권조례는 학교라는 공간에서 일상을 누리며 사회를 형성해 가는 학생들이 인간으로서 누려야 할 최소한의 자유를 명시한 것입니다.

이에 관한 규정을 개정할 때 교사, 학생, 학부모의 의견을 모두 수렴하여 결정하는 것이 과연 인권의 원칙에 부합하는지에 대해 검토할 필요가 있습니다.

특히 두발·복장 규정을 개정하는 데 교사와 학부모의 의견을 수렴한다는 것은 결국 신체의 자유가 보장된 영역을 '개인의 모습이 누구에게 어떻게 보이는가'를 기준으로 다수결로 결정하는 것이 됩니다. 학생들이 권리의 주체임을 존중한다고 하면서도 결국 누구의 시선에 좌우되도록 하는 것은 모순적이기도 하죠.

학생 생활 규정에는 개인의 신체와 관련된 영역과 타인의 권리를 침해할 수도 있는 영역이 섞여 있습니다. 자신의 행위가 타인의 권리를 침해하는 영역이 어떤 부분인지 알기 위해서라도 개인의 자유는 온전히 보장될 필요가 있죠. 따라서 침해받아서는 안 될 고유의 영역에 대해 합의를 빙자하여 규제하는 것을 합리화하고 있지는 않은지 따져 볼 필요가 있습니다.

학생인권조례가 있든 없든 기본적인 자유는 법으로 보장하거나 행정적 조치로 이러한 관행을 해소하는 것도 필요할 것입니다. 왜냐하면 신체의 자유가 개인이 어느 지역에 거주하느냐에 따라 다르게 보장된다는 것은 인권의 보편성에 어긋나기 때문입니다. 그리고 학생인권 보장에 관한 지침이나 법이 마련된다면 왜 이것이 필요한지에 대해 학교 현장에 충분히 홍보하고, 동시다발적으로 변화를 꾀하는 것이 필요합니다. 이 기준이 학교마다 달라지면, 보장하는 곳은 학생들을 방종으로 이끈다는 비난을 받고, 그렇지 않은 곳은 반인권적인 상황이 끝까지 방치됨으로써 비교육적 관행이 오래 지속되기 때문입니다. 실제 학생인권조례가 시행되는 서울에서도 공립 학교가 많은 지역은 규제가 없어져 학생들의 자유로운 상태가 자연스러운 것으로 받아들여지는데요. 반면, 사립 학교가 많은 지역의 공립 학교는 주변 사립 학교의 눈치를 보며 규제를 유지하고 있는 경우가 많습니다. 즉, 누구에게나 '당연하게 보장되어야 할 것'이 특정 학교에서만 보장되면, 이미 보장된 인권도 공격받게 될 확률이 높아지고, 다른 학교는 영원히 인권의 사각지대에 놓이게 되죠.

학교는 학칙에 학생들의 의견을 반영했다고 하는데, 대의원회에서만 논의되어도 되는 건가요? 학생 대표들의 의견만 수렴하고 끝나는 것 같아요.

학생회가 학생들의 의견을 제대로 대변하지 못할 때도 있습니다. 학생회가 역할을 제대로 하지 못한다고 생각하는 학생들은 동아리 등의 자치조직을 만들어 의견을 개진할 수 있습니다. 6절은 자치 활동에 관한 권리로 자치조직이 할 수 있는 역할과 권한을 매우 상세하게 서술하고 있습니다. 우선 학생자치조직은 학교의 간섭을 받지 않고 독립적으로 활동할 수 있도록 기본적인 예산과 공간을 제공받을 수 있는 권리와 학교 운영, 학교 규칙 등에 대해 의견을 개진할 권리, 행사를 개최할 권리가 있습니다. 또 학교 규칙을 제·개정하는 과정에서 학생자치조직이 요구하는 경우에는 반드시 전체 학생의 의견을 수렴할 수 있는 학내 공청회를 거쳐 그 결과를 반영해야 합니다.

제6절 자치 및 참여의 권리

제18조(자치 활동의 권리)

④ 학생자치조직은 다음 각 호의 권리를 가진다.

1. 학생 자치 활동에 필요한 예산과 공간, 비품을 제공받을 권리
2. 학교 운영, 학교 규칙 등에 대하여 의견을 개진할 권리
3. 학생자치조직이 주관하는 행사를 자유롭게 개최할 수 있는 권리

제19조(학칙 등 학교 규정의 제·개정에 참여할 권리)
① 학생은 학칙 등 학교 규정의 제·개정에 참여할 권리를 가진다.
② 학생 또는 학생자치조직은 학칙 등 학교 규정의 제·개정안에 대하여 의견을 제출할 수 있다.
③ 학교운영위원회는 제2항의 의견이 제출되었을 경우에는 학교 규칙소위원회를 구성하여야 한다.
④ 학교규칙소위원회는 설문 조사, 토론회, 공청회 등의 방법으로 전체 학생을 비롯한 학교 구성원의 의견을 수렴하는 절차를 진행하여 그 결과를 반영해야 한다. 다만 학생자치조직의 요구가 있거나 학교 규정의 제·개정안에 제12조, 제13조 및 제17조에서 보장하는 학생의 권리를 제한하는 내용이 포함되어 있을 때에는 반드시 전체 학생이 의견을 수렴할 수 있는 학내 공청회를 거쳐 그 결과를 반영하여야 한다.
⑤ 학교의 장 및 학교운영위원회는 학교 규정 제·개정에 대한 심의 절차에 학생자치조직의 의견 제출권을 보장해야 하며 학생의 인권을 존중·보호·실현하는 방향으로 학칙 등 학교 규정을 제·개정하여야 한다.

또한 학생들의 개성 실현의 권리, 휴대전화 및 전자 기기에 관한 권리, 학내 집회의 시간과 장소에 관해 제한할 수 있는 규칙 개정 등 학생의 자유를 제한하는 규칙에 대해서는 반드시 학생회나 학급회장의 의견 수렴만으로 끝내지 않고 공청회를 통해 전체 의견을 다시 묻도록 명시

하고 있습니다. 또 하나 중요한 점은, 교장이나 교사가 성적이나 징계 기록 등을 이유로 학생회나 학생자치조직의 구성원 자격을 제한할 수 없다는 것입니다. 많은 학교에서 교사에게 순종적이지 않은 학생이 학생들을 대변하는 역할을 맡는 것을 꺼려 규정을 어겨 징계를 받았다는 이유로 학생회장 출마 등에 자격을 제한하는 일이 벌어지고 있습니다. 이러한 관행은 학생 자치에 대한 심각한 탄압이며 반드시 근절되어야 할 것입니다.

> 학생회에서 논의를 거쳐 요구 사항을 정하고 건의했는데 학교에서 답변을 해 주지 않습니다. 이에 관련된 조항도 있나요?

학생회는 학생들의 직접 선거를 통해 구성되는 만큼 학생자치조직 중에서도 큰 권한을 가지는데요. 이 중 가장 중요한 것은 학생회의 의결 사항에 대해 '책임 있는 답변을 들을 권리'입니다. 학생들이 자치 활동을 활발하게 해서 학생들의 요구를 모아 전달한다고 하더라도 이에 대해 실질적인 답변을 들을 수 없다면 오히려 허탈함에 빠질 것이기 때문입니다. 또, 학교 예산을 결정하고, 학교 규정에 대해 심의하는 학교운영위원회에 참여하여 발언할 수 있습니다. 학교운영위원회가 수학여행, 교복, 체육복, 방과 후 학교, 학교 규정 등 학생들의 생활과 관련된 많은 사항을 결정하는 기구라는 점에서 학생들의 의견을 반영할 수 있도록 참여하는 것이 중요하겠죠. 그리고 학생회와 학교 사이의 정보 창구라고 할 수 있는 '학생회 담당 교사를 추천할 수 있는 권리'도 포함되어 있습니다. 이는 학생회가 활성화되는 데 영향을 미칠 수 있는, 담당 교사를 추천할 수 있는 권한을 학생들에게 보장한 것입니다.

제18조(자치 활동의 권리)

⑤ 학생회는 학생 대표 기구로서 다음 각 호의 권리를 가진다.

1. 학생회에서 함께 일할 임원을 선출할 권리
2. 학생총회, 대의원회의를 비롯한 각종 회의를 소집하고 개최할 수 있는 권리
3. 납부금 징수, 성금 모금, 학교생활, 학생 복지 등에 관련한 정보를 제공받고 의견을 밝힐 수 있는 권리
4. 학생회 예산안과 결산에 대해 심사·의결할 수 있는 권리
5. 학생에게 중대한 영향을 미치는 사항에 대한 학생회 의결 사항을 학교의 장 및 학교운영위원회에 전달하고 책임 있는 답변을 들을 권리
6. 다른 학교 학생회나 단체들과 연합하여 정보와 경험을 교류하고 활동 내용을 협의할 권리
7. 학생회를 담당할 교사를 추천할 권리

> 옆 학교는 교문 지도가 없어졌습니다.
> 우리 학교도 그렇게 할 수 있나요?

다른 학교 학생들과 연합하여 정보를 공유하고 함께 활동할 권리도 매우 중요합니다. 단위 학교의 변화를 이끌어 내기 위해서는 옆 학교가

어떻게 어떤 방식으로 변화하는지에 대한 정보가 필요하기 때문입니다. 실제로 학생들이 학교와 교섭을 진행할 때, 학교가 가장 관심을 가지는 부분은 다른 학교의 상황이기도 합니다. 한 학교에서의 권리 확장이 그 지역 전체로 퍼져 나갈 수 있도록 하기 위해서라도 다른 학교 학생들과 함께 학교 상황을 공유하고, 활동할 권리가 중요한 거죠. 요즘은 자치구나 지역교육청별로 학생회장단 모임이 활성화되어 있습니다. 학교별로 교섭을 진행하여 학생들의 요구를 전달하기 어렵다면 교육청의 교육장 면담을 공동으로 추진하여 학생들의 요구를 전달할 수 있겠죠.

학생을 위한 교육 정책이라고 하는데, 정작 학생의 목소리는 반영되지 않고 있는 것 같습니다. 교육청의 정책 결정에도 학생이 참여할 수 있나요?

6절 20조에서는 교육청의 정책 결정에 학생들이 직접 참여할 수 있는 권리를 명시하고 있습니다. 학생들 요구가 당사자의 자유권 영역에서 급식, 시설 등 예산과 연관된 사회권 영역으로 확대되거나 교육과정 등 단위 학교가 결정할 수 없는 정책적 요구들로 확대될 때 학교 내에서의 자치 활동 권한만으로는 부족할 테니까요.

제20조(정책결정에 참여할 권리)
　① 학생은 학교의 운영 및 서울특별시교육청(이하 "교육청"이라 한다)의 교육정책결정과정에 참여할 권리를 가진다.

② 학생회 등 학생자치조직 및 학생들의 자발적 결사는 학생의 권리와 관련된 사항에 대하여 의견을 밝힐 수 있는 권리를 가진다.
③ 학교의 장과 교직원은 학생대표와의 면담 등을 통하여 정기적으로 학생의 의견을 청취하도록 노력하여야 한다.
④ 학생대표는 학교운영위원회에 참석하여 발언할 수 있다.
⑤ 교육감, 학교의 설립자·경영자, 학교의 장 및 교직원은 학생에게 영향을 미치는 사항을 결정할 경우 학생의 참여가 효과적으로 이루어질 수 있도록 보장하여야 한다.

복지 영역의 특성상 예산을 결정하는 권한이 학교에 없는 경우도 있고, 필요 예산의 규모가 커서 당장 바꾸기 어려운 경우도 있기 때문입니다. 이때는 구성원들의 견해 차이만 조정하면 되는 것이 아니라 예산, 국가 수준의 교육과정 지침 등 여러 변수를 고려해야 할 것입니다. 이에 따라 학생들의 참여도 단위 학교의 자치 활동을 넘어서 여러 학교의 학생들이 요구 사항에 대해 직접 토론하고 조정하는 과정이 필요하겠죠. 그래서 다른 학교 학생들과 함께 의견을 모아 낼 수 있도록 교육청 단위에 학생참여기구를 두도록 하였습니다. 이렇듯 참여와 자치의 권리는 그 자체로도 중요한 권리이지만 다른 권리를 실현하는 지렛대 역할을 한다는 점에서 더욱 중요하다고 할 수 있습니다.

> 화장실이 오래되어 냄새가 나고, 급식의 질은 떨어진 것 같아요. 방법이 있을까요?

7절은 복지에 관한 권리로 학생들에게 중요한 급식과 교육 환경 등에 관한 권리를 담고 있습니다. 학생들에게 필요한 시설을 고치거나 급식에 배정된 예산 비율을 높이도록 요구할 수 있습니다. 이러한 예산에 대한 심의와 의결이 학교운영위원회에서 이루어지는 만큼 학교운영위원회에 학생 대표가 참여하여 이러한 문제에 대한 해결책을 찾을 수 있겠죠. 또, 급식 소위원회에 참여하여 메뉴 등에 있어 급식에 대한 학생 만족도를 높일 수 있도록 의견을 낼 수 있습니다.

> 학교에서 내일 징계위원회가 열린다는데 제가 잘못했다는 것 외에 아무것도 알려 주지 않네요. 제가 무엇을 유의해야 할까요?

8절은 징계에 관한 권리로 징계 과정에 놓인 학생들이 인격적 대우를 받을 수 있도록 규정한 것입니다. 학교에서의 징계 과정은 문제 학생의 격리가 아니라 회복과 복귀를 목적으로 한다는 점에서 인권적 절차가 강조될 필요가 있습니다. 모든 학생에게 적용되지만, 실제 징계 과정을 경험하는 학생이 다수가 아니어서 잘 모르고 있는 권리이기도 하죠. 하지만, 학생에 대한 징계는 누구에게 언제 적용되든 학생의 삶에서는 치명적일 수 있다는 점에서 중요하다고 할 수 있습니다. 우선 학생은 징계를 받는 과정에서, 징계 사유에 대해 사전에 통지받아야 하고, 소명 기회를 충분히 보장받아야 합니다. 그리고 자신의 입장을 충분히 설명하기 어려울 때 자신이 믿을 수 있는 사람을 대리인으로 선임할 수 있습니다. 법정에서 변호사와 같은 역할을 하는 사람에게 도움을 받을 수 있는 거죠. 만약 징계 결과가 부당하다고 느껴질 때는 재심을 청구할 수 있습니다. 또한 징계 결과에 대해서도 징계받은 당사자가 누구인지 알 수 있는 표현이나 방법을 사용하여 징계 내용을 공고해서는 안 됩니다.

> 학생인권 침해 사건이 일어났는데 피해를 입은 친구가 신고하면 불이익을 당할까 봐 두려워합니다.
> 꼭 당사자가 신고해야만 하나요? 그리고, 사건은 어떻게 처리되나요?

학교에 문제를 제기할 일이 있어도 불이익을 받을까 두려워 넘기는 일이 있을 것입니다. 그래서, SNS에 말하는 사람이 드러나지 않는 '대나무숲'이나 '대신 전해드립니다'와 같은 페이지가 학교별로 존재하기도 하죠. 제2장 9절은 권리 침해를 보호받을 수 있는 권리로 인권 침해를 당했을 때 도움을 받을 수 있는 방법과 기관을 명시하였습니다. 26조(권리를 지킬 권리)에서는 "학생은 인권을 옹호하고 자기나 다른 사람의 인권을 지키기 위한 활동에 참여할 권리를 가지며, 그 행사로 인하여 불이익을 받지 아니한다"라고 명시하고 있습니다. 그리고 침해 당사자가 아니어도 사건을 알게 된 사람이 교육청이나 학교에 인권 침해를 시정하도록 청원할 수 있죠. 또 당사자든 아니든 이 과정에서 비밀을 보장받고, 불합리한 처우를 받지 않도록 규정하고 있으며, 처리 결과에 대해 통보받을 수 있는 권리를 보장하고 있습니다.

모든 사건이 동일한 절차를 거치지는 않지만, 대체로 학생인권센터로 사건이 접수되면 이것이 어떤 방식으로 구제가 가능할지 판단하기 위해 1차 상담을 합니다. 이미 인권 침해로 판단된 선례가 있는 사안이면 그 기준에 준해서 학교에 시정하도록 권고하고, 대면 조사가 필요할 때는 상담 조사관이 방문하여 조사합니다. 조사 후 징계가 필요한 경우 해당자에 대한 징계를 권고하고, 대개는 그 사건이 일어난 학교의 학생 전체를 대상으로 학생인권 실태 조사를 하여 그와 유사한 사례들이 있는지 점검합니다. 왜냐하면 학생인권 침해 사건이 일어나는 배경에는 권위적인 학교 문화로 인해 크고 작은 인권 침해가 용인돼 왔을 확률이 높기 때문입니다. 그래서 설문 조사 결과를 바탕으로 인권 실태를 점검하고, 이를 바탕으로 학생, 학부모, 교사에 대한 인권교육을 실시합니다. 같은 문제가 재발하지 않기 위해서는 당사자는 물론 그 학생이 속한 공동체 전체의 인권 감수성이 높아지는 것이 필요하기 때문입니다. 이를 위해 일회성 교육에 그치지 않고, 여러 차시 교육을 통해 학교의 문화가 바뀔 수 있도록 지원합니다. 이 과정에서 비인권적인 교칙의 문제점이 발견된 경우 학교 규정 제·개정 과정을 거치기도 합니다. 그리고 이러한 활동이 이루어지고 있음을 가정통신문을 통해 공식적으로 학부모에게 알리도록 합니다.

이렇게 하는 이유는 인권 침해에 대한 신고와 구제를 학교를 부끄럽게 하는 일로 여길 것이 아니라, 학교가 변화하고, 학교 구성원이 변화할 수 있는 계기로 삼을 수 있도록 하기 위해서입니다.

> 학생인권위원회나 학생인권센터는 무슨 일을 하나요?
> 학생인권종합계획과 학생인권영향평가는 무엇인가요?

앞에서 제시한 인권의 기준이 학교에서 잘 지켜진다면 교육청의 기구 같은 것들이 왜 필요한가에 대해 의문을 가질 수도 있을 것입니다. 이것은 학생인권조례가 가해자 개인을 적발하여 처벌하는 것이 목적이 아니라 학교가 인권을 존중하는 문화를 어떻게 만들 것인가, 이를 위해 교육청은 무엇을 지원해야 하는가에 관심을 두기 때문입니다. 만약 가해자만을 특정하여 징벌하는 구조라면 〈학교폭력예방 및 대책에 관한 법률〉처럼 가해자에 대한 조치 사항이 열거되어 있을 것입니다. 하지만 학생인권조례는 오히려 여러 사람이 참여할 수 있는 기구들을 마련하고, 그 기구에서 의견을 들어 옹호관이 학생인권 옹호를 위한 여러 가지 활동을 할 수 있도록 설계되어 있습니다.

제3장 학생인권 증진을 위한 체계

    제1절 학생인권교육과 홍보
    제29조 학생인권교육
    제30조 홍보
    제31조 교직원 및 보호자에 대한 인권교육
    제32조 서울특별시 학생인권의 날
    제2절 학생인권위원회와 학생참여단
    제3절 학생인권옹호관
    제4절 학생인권교육센터와 학생인권영향평가
    제5절 학생인권종합계획

학생인권센터는 교육청 내 기구이기도 하지만, 학생들의 의견을 들어 학교를 조사할 수 있기 때문에 학교-교육청의 구조에서 조금 다른 위치에 서 있습니다. 만약 교육청만의 관할이라면 교육청에서 허용하는 수준의 활동만을 할 수도 있습니다. 그래서, 학생인권위원회라는 기구에 학생인권에 관한 전문가들이 모여 학생인권교육센터가 학생들의 신고와 증언에 대해 제대로 구제 조치를 하고 있는지, 학교가 인권 친화적으로 변화할 수 있도록 홍보나 교육을 제대로 하고 있는지 주기적으로 점검하고 현장의 의견을 전달하는 역할을 합니다. 그리고 학생인권센터가 핵심적으로 삼는 기능은 '교육과 홍보', 그리고 '공론화'입니다. 사실 행정 기관이 사법권이나 징계권을 가지고 있지 못하기 때문에 사안에 따라 징계 조치를 권고할 수 있으나 실행하기 어렵습니다. 그래서 학생인권센터의 주된 역할은 국가인권위원회처럼 발생한 사안에 대해 인권의 기준으로 권고하고 이를 통해 교육 기관이 지켜야 할 인권적 기준에 대해 공표하는 역할을 하는 것입니다.

학생인권위원회는 학생인권센터에서 하는 일련의 활동들이 잘 이행되도록 점검하고, 이러한 사례들을 모아서 그 학교뿐 아니라 다른 학교의 문제도 미리 예방할 수 있도록 전체 학교를 대상으로 실태 조사를 하거나 권고 공문을 보내기도 하죠. 또 이러한 사례를 모아 교육청이나 교육감에게 대책을 세우도록 요구할 수 있습니다. 현장에서 일어난 문제를 바탕으로 단위 학교에서 인권 침해를 해결했던 사례를 일반화하여 정책화하는 거죠.

학생참여단은 이러한 정책에 학생 당사자가 참여할 수 있도록 만든 학생참여기구입니다. 학생인권에 관심 있는 학생들을 지역교육청별로 추천하여 학생인권 실태를 점검하고, 변화해야 할 내용을 교육청에 제시하는 역할을 합니다. 서울학생참여단은 선도부의 폐지와 학생인권조례 교육 활성화를 교육청에 공식적으로 요청하고 이에 대해 답변을 받기도 했죠.

이렇듯 학교 현장의 문제를 바탕으로 정책을 만들고 이를 학교 현장에 적용하는 선순환 구조 속에서 학생인권종합계획을 세우고 이를 매년 교육청 사업 계획에 반영하도록 하고 있습니다. 장기간에 걸쳐 학교를 인권 친화적인 곳으로 바꾸기 위한 사업을 펼치기 위해 필요한 예산과 인력을 마련하기 위해서입니다. 인권 침해는 개인의 문제이기도 하지만, 이것을 용인하는 학교와 사회의 문제이기도 합니다. 학생인권조례는 문제가 반복되지 않도록 계속해서 발굴하고 해결할 수 있는 정책을 제안하고 실행하는 구조를 만든 것이라고 할 수 있습니다.

이러한 연장선에서 학생인권영향평가는 어떤 정책이 시행될 때, 그 정책이 집행되는 과정에서 일어날 수 있는 인권 침해 가능성에 대해서 사전에 점검하여 그러한 일이 벌어지지 않도록 예방하는 것입니다. 이를테면 학생들에게 경쟁을 강요하거나 학생들을 통제하기 위해 만든 정책들은 기본적으로 학생에 대한 인권 침해로 이어질 확률이 높습니다. 이러한 정책을 사전에 점검하여 그러한 요소를 없애거나 정책 도입을 신중하게 논의할 수 있도록 하는 제도인 거죠.

> 교육청에서 학교를 지도·감독하는데
> 굳이 학교 밖에 학생인권 지원 체계나 기구가
> 필요한 이유는 무엇인가요?

개인에게 인권 침해에 대한 구제를 맡겨 두면 현실의 권력관계를 넘어설 수 없는 경우가 많습니다. 즉 인권 침해에 대해 말할 수 있는 권력이 있는 사람만 말을 하는데 사실 그러한 사람은 인권 침해를 당할 확률도 적죠. 민주적인 학교 문화를 만들기 위해서는 교장 개인에게 민주적 자질을 요구하는 것을 넘어서 교장의 권력을 견제하는 교사회, 학생회, 학부모회의 법제화가 필요합니다. 민주적인 리더십이 없을 때, 권위적인 환경에서 학교의 중요한 결정이 특정인에 의해 좌지우지되고, 이 과정에서 인권의 원칙이 무너질 수도 있기 때문입니다. 하지만 교사회, 학부모회, 학생회가 법제화된다고 해도 학생인권의 문제를 구성원의 시야에만 두었을 경우 학교-교육지원청-지역교육청-교육부의 수직 구조 속에서 관행으로 굳어지는 문제를 해결하기 어렵습니다. 교사 역시 아무리 개인이 학생인권을 보장하려고 해도 학교 전체가 그런 분위기가 아니거나 지역 사회가 그런 분위기가 아닐 때는 무기력할 수밖에 없으니까요. 이를 위해 별도의 학생인권 지원 체계를 두고, 인권 침해 사건을 해결해 나가는 과정에서 구성원의 인권 기준을 높일 수 있도록 지원하는 것입니다. 학교가 변화하기 위해서는 몇몇 개인뿐 아니라 지역 사회와 학교 전체 문화가 동시에 바뀌어 나가는 게 필요합니다. 교사, 학생, 학부모가 무엇을 공통의 목표로 삼는지에 따라 논의의 방향이 달라지겠죠. 이때, 학생인권조례는 학교의 변화 방향에 대한 기준점을 제시한다고 볼 수 있습니다.

교육공동체 벗

교육공동체 벗은 협동조합을 모델로 하는 작은
지식공동체입니다. 협동조합은 공통의 목적을 가진 사람들이
모여서 만든 권력과 자본으로부터 독립된 경제조직입니다.
교육공동체 벗의 모든 사업은 조합원들이 내는 출자금과
조합비로 운영됩니다. 수익을 목적으로 하지 않기에 이윤을 좇기보다
조합원들의 삶과 성장에 필요한 일들과 교육운동에
보탬이 될 수 있는 사업들을 먼저 생각합니다.
정론직필의 교육전문지, 시류에 휩쓸리지 않는 정직한 책들,
함께 배우고 나누며 성장하는 배움 공간 등 우리 교육 현실에
필요한 것들을 우리 힘으로 만들고 함께 나누고 있습니다.

조합원 참여 안내

출자금(1구좌 일반 : 2만 원, 터잡기 : 50만 원)을 낸 후 조합비(월 1만 5천 원 이상)를 약정해 주시면 됩니다. 조합원으로 참여하시면 교육공동체 벗에서 내는 격월간 교육 전문지 《오늘의 교육》과 조합 통신을 받아 보실 수 있습니다. 출자금은 종잣돈으로 가입할 때 한 번만 내시면 됩니다. 조합을 탈퇴하거나 조합 해산 시 정관에 따라 반환합니다. 터잡기 조합원은 벗의 터전을 함께 다지는 데 의미와 보람을 두며 권리와 의무에서 일반 조합원과 차이는 없습니다. 아래 홈페이지나 카페에서 조합 가입 신청서를 내려받아 작성하신 후 메일이나 팩스로 보내 주세요.

홈페이지	communebut.com
카페	cafe.daum.net/communebut
이메일	communebut@hanmail.net
전화	02-332-0712
팩스	0505-115-0712

교육공동체 벗을 만드는 사람들

※ 하파타순

후쿠시마 미노리, 황지영, 황정일, 황정인, 황정원, 황이경, 황윤호성, 황봉희, 황기철, 황규선, 황고운, 홍정인, 홍용덕, 홍순성, 홍세화, 홍성구, 홍석근, 현복실, 현미얼, 허효인, 허장수, 허윤영, 허성균, 허보영, 허기영, 허광영, 함짐순, 함영기, 한학범, 한채민, 한지혜, 한은옥, 한영옥, 한소영, 한성찬, 한민혁, 한만중, 한날, 한길수, 한경희, 하정호, 하인호, 하유나, 하승우, 하승수, 하순배, 탁동철, 최희성, 최현숙, 최현미, 최진규, 최주연, 최정윤, 최정아, 최은희, 최은정, 최은숙, 최은경, 최유미, 최원؟, 최영식, 최영미, 최연희, 최연정, 최승훈, 최승복, 최선영, 최선경, 최봉선, 최보람, 최병우, 최미영, 최류미, 최대현, 최기호, 최광용, 최경미, 최경련, 최강토, 채효정, 채주민, 채윤, 채옥엽, 채민정, 차종숙, 차용훈, 진현, 진주형, 진용용, 진영준, 진낭, 지정숙, 지수연, 주윤아, 주순영, 조최정, 조형식, 조현민, 조향미, 조해수, 조진희, 조거연, 조주원, 조정희, 조웅현, 조윤섭, 조원희, 조원배, 조용진, 조영헌, 조영옥, 조영실, 조영선, 조여은, 조여경, 조성희, 조성실, 조성배, 조성대, 조석헌, 조석영, 조문정, 조남구, 조경애, 조경아, 조경삼, 조경미, 제남모, 정희영, 정희선, 정흥윤, 정혜령, 정현진, 정현주, 정현숙, 정해레나, 정태회, 정춘수, 정진영a, 정진영b, 정진규, 정종현, 정종민, 정재학, 정이든, 정은희, 정은주, 정은규, 정유경, 정유섭, 정원탁, 정원석, 정용주, 정예슬, 정영현, 정영수, 정애순, 정수연, 정선영, 정보라, 정민형, 정미숙a, 정미숙b, 정명옥, 정명영, 정득년, 정대수, 정남주, 정장호, 정광필, 정광일, 정산모, 정경원, 전혜원a, 전혜원b, 전정희, 전유미, 전세란, 전별기, 전민기, 전미경, 장현호, 전난희, 장홍월, 장현주, 장인하, 장우이, 장은미, 장윤영, 장영옥, 장식준, 장상욱, 장병훈, 장병학, 장병순, 장근영, 장군, 장경훈, 임혜정, 임향신, 임한철, 임지영, 임중혁, 임종길, 임전수, 임진수, 임수진, 임성빈, 임성무, 임선영, 임상진, 임동헌, 임덕연, 이희옥, 이희연, 이효진, 이화현, 이호진, 이혜정, 이혜린, 이현, 이혁규, 이향숙, 이한진, 이태영a, 이태영b, 이태구, 이충근, 이진혜, 이진주, 이진숙, 이지혜a, 이지혜b, 이지현, 이지향, 이지영, 이지연, 이중석, 이주희, 이주영, 이종은, 이정희a, 이정희b, 이재형, 이재익, 이재영, 이재두, 이임순, 이인사, 이이숙, 이은희, 이은향, 이은진, 이은주, 이은주, 이은숭, 이윤정, 이윤엽, 이윤숭, 이윤선, 이윤미, 이윤경, 이유진a, 이유진b, 이월녀, 이원님, 이용환, 이용석a, 이용석b, 이용기, 이영화, 이영혜, 이영주, 이영아, 이영상, 이연진, 이연주, 이연숙, 이연수, 이승헌, 이승태, 이승연, 이승아, 이슬기a, 이슬기b, 이수정a, 이수정b, 이수연, 이수미, 이소형, 이성화, 이성희, 이성호, 이성숙, 이성수, 이설희, 이선표, 이선영a, 이선영b, 이선애a, 이선애b, 이선미, 이상훈, 이상화, 이상직, 이상원, 이상우, 이상미, 이상대, 이병준, 이병곤, 이님희, 이민아, 이미옥, 이미숙, 이미라, 이문영, 이명훈, 이명형, 이동철, 이동준, 이덕구, 이남숙, 이난영, 이나경, 이기라, 이근희, 이근철, 이근영, 이광연, 이계삼, 이경화, 이경은, 이경옥, 이경언, 이경림, 이건진, 윤흥은, 윤지형, 윤종원, 윤우람, 윤영훈, 윤영배, 윤수진, 윤상혁, 윤규식, 유효성, 유효길, 유형길, 유수연, 유종영, 위양주, 원지영, 원윤희, 원섭희, 원성희, 우장숙, 우지영, 우완, 우수경, 오근근, 오정오, 오재홍, 오은경, 오은경, 오유진, 오수민, 오세림, 오민식, 오명환, 오동석, 염정신, 여희영, 여태전, 엄창호, 엄지선, 엄재홍, 엄기호, 엄기숙, 양해준, 양지선, 양은주, 양은숙, 양영희, 양애정, 양선형, 양서영, 양상진, 안효빈, 안찬원, 안지현, 안유순, 안지영, 안진철, 안성선, 안용덕, 안숙자, 안영신, 안영빈, 안순아, 심항일, 심보, 심승희, 심교원, 심동우, 심경일, 신혜선, 신충일, 신창호, 신창복, 신중위, 신중식, 신은정, 신은경, 신유은, 신소희, 신미옥, 송호영, 송혜란, 송하별, 송정은, 송인혁, 송용석, 송승호, 송명숙, 송근희, 손현아, 손진근, 손정란, 손은경, 손성연, 손민정, 손미숭, 소수영, 성현식, 성유진, 성용혜, 성열관, 설은주, 설원민, 선휘섭, 선미라, 석옥자, 석경순, 서혜진, 서지연, 서정오, 서인선, 서이슬, 서은지, 서우철, 서예원, 서예숙, 서금자, 서강석, 상형규, 변현숙, 백현희, 백영호, 백성범, 배희월, 배주영, 배정원, 배상헌, 배영진, 배아영, 배경내, 방득일, 방경대, 반영진, 박희진, 박희영, 박효정, 박효수, 박환조, 박혜숙, 박형진, 박형일, 박현희, 박현주, 박현숙, 박춘애, 박춘배, 박철호, 박진환, 박진현, 박진수, 박진교, 박지희, 박지홍, 박지혜, 박지인, 박지원, 박종구, 박정아, 박정미b, 박재선, 박은선, 박은정, 박은수, 박은경, 박은경b, 박슈나, 박세인, 남기자, 남궁영, 날명, 나라환, 박숙헌, 박수진, 박세영a, 박세영b, 박성규, 박복선, 박미희, 박명진, 박명숙, 박동혁, 박도정, 박도영, 박대성, 박노해, 바나현, 바나실, 박고형준, 박경화, 박경이, 박건형, 박건진, 민병성, 문정옥, 문용석, 문영주, 문순숙, 문수현, 문수영, 문수경, 문성철, 문명숙, 문경희, 모온정, 마승희, 류형우, 류창모, 류정희, 류재향, 류우종, 류명숙, 류경원, 도정철, 도망주, 데와 타카유키, 노영현, 노상경, 노미경, 노경미, 남효식, 남경희, 남효민, 남유경, 남령애, 남인재, 남기유, 날명, 나라환, 김희경, 김희숙, 김휴규, 김훈태, 김환희, 김홍규, 김혜림, 김혜림, 김형렬, 김현진a, 김현진b, 김현주a, 김현주b, 김현영, 김현실, 김현진, 김현택, 김필임, 김태훈, 김준성, 김전영, 김찬우, 김찬영, 김진희, 김진숙, 김진명, 김진, 김지훈, 김지연a, 김지연b, 김지미a, 김지재b, 김지영, 김중미, 김준연, 김주영, 김종혁, 김종원, 김종숙, 김종섭, 김종성, 김정숙, 김정식, 김정상, 김재황, 김재민, 김인순, 김이은, 김이민경, 김은과, 김은영, 김은아, 김은식, 김은숙, 김윤주, 김윤우, 김원예, 김원석, 김우희, 김우영, 김우, 김용훈, 김용양, 김용만, 김요한, 김영희, 김영정a, 김영정b, 김영진c, 김영주a, 김영주b, 김영아, 김영순, 김영삼, 김연정a, 김연정b, 김연일, 김연오, 김연미, 김애숙, 김아현, 김순천, 김수현, 김수진a, 김수진b, 김수정a, 김수정b, 김수경, 김소희, 김소예, 김소영, 김세호, 김성탁, 김성진, 김성숙, 김성보, 김선희, 김선철, 김선우, 김선미, 김선경, 김석연, 김석규, 김서화, 김상희, 김상정, 김빛나, 김봉석, 김보현, 김병희, 김병훈, 김병기, 김민희, 김민선, 김민곤, 김민경, 김미향a, 김미향b, 김미진, 김미숙, 김미선, 김문옥, 김무영, 김묘선, 김명희, 김명섭, 김동현, 김동훈, 김동일, 김동원, 김도석, 김대희, 김다영, 김남철, 김나혜, 김기웅, 김기연, 김규태, 김규민, 김광민, 김고종호, 김경일, 김경미, 김갑용, 김가연, 기세라, 금현진, 금현옥, 금명순, 권희중, 권혜영, 권혁천, 권태운, 권자영, 권용해, 권미지, 국찬석, 구자혜, 구자숙, 구완회, 구수연, 구본희, 구미숙, 괭이눈, 광흥, 곽혜영, 곽혜주, 곽진경, 곽노현, 곽노근, 곽정훈, 공현, 공영아, 고춘식, 고진선, 고은미, 고윤경, 고영주, 고영실, 고병헌, 고병연, 고민정, 강화정, 강현주, 강현정, 강한아, 강태식, 강준미, 강인성, 강이진, 강은영, 강윤진, 강영일, 강영구, 강순원, 강수미, 강수돌, 강성규, 강석도, 강서형, 강경모

※ 2022년 3월 8일 기준 774명

※ 이 책의 본문은 재생 용지를 사용해서 만들었습니다.